U0730118

| 台湾研究系列 |

深圳职业技术学院学术著作出版基金资助出版

两岸贸易对台湾劳动力市场的影响研究

范 芹 著

九 州 出 版 社 | 全国百佳图书出版单位
JIUZHOUPRESS

图书在版编目（CIP）数据

两岸贸易对台湾劳动力市场的影响研究 / 范芹著
. — 北京 ：九州出版社，2020.1
ISBN 978-7-5108-8754-3

Ⅰ. ①两… Ⅱ. ①范… Ⅲ. ①海峡两岸－贸易经济－
影响－劳动力市场－研究－台湾 Ⅳ. ①F249.275.8

中国版本图书馆CIP数据核字(2019)第297087号

两岸贸易对台湾劳动力市场的影响研究

作　　者	范 芹 著
出版发行	九州出版社
地　　址	北京市西城区阜外大街甲 35 号 (100037)
发行电话	(010)68992190/3/5/6
网　　址	www.jiuzhoupress.com
电子信箱	jiuzhou@jiuzhoupress.com
印　　刷	北京九州迅驰传媒文化有限公司
开　　本	720 毫米 ×1020 毫米　16 开
印　　张	15.5
字　　数	270 千字
版　　次	2020 年 8 月第 1 版
印　　次	2020 年 8 月第 1 次印刷
书　　号	ISBN 978-7-5108-8754-3
定　　价	56.00 元

★版权所有　侵权必究★

目　录

序　言

　　台湾经济增长低迷，失业率居高不下，工资水平停滞不前，岛内部分学者和民众将其归咎于发展迅速的两岸贸易，从而出现一些反对两岸深化经贸往来的声音。鉴于此，本书先从理论层面探讨两岸贸易对台湾劳动力就业和工资的影响机制，进而运用动态面板、向量自回归、投入产出等方法实证检验和测算两岸贸易对台湾劳动力就业与工资的影响大小。

　　与已有研究只重结果不重过程不同，本书第三章详细剖析了两岸贸易影响台湾劳动力就业和工资的传导机制。两岸贸易通过改变台湾的产业结构进而改变其三次产业之间以及制造业内部的就业结构，引起劳动力跨部门流动；在劳动力市场机制不完善的情况下，短期内会对台湾就业造成一定的冲击；两岸贸易提升台湾在全球及区域产业分工中的地位，增加其产品附加价值，从而提高岛内工资；但同时两岸贸易往来引致台湾进行防御性技术创新，增加对熟练劳动力的需求，扩大岛内熟练劳动力与非熟练劳动力的工资差距。

　　继第三章理论分析之后，本书使用1992—2017年的数据，考察两岸贸易对台湾劳动力就业和工资的影响，得出以下结论：

　　首先，两岸货物贸易确实对台湾就业产生了一定的冲击，但这种冲击具有短期性，且主要作用于劳动密集型制造业的劳动力就业。而台湾劳动力市场的信息不对称等摩擦因素带来新旧职位搜寻—匹配成本的提高，则加大了两岸货物贸易对台湾就业的冲击力度。更为重要的是，两岸货物贸易具有的"日本进口—台湾接单—大陆生产—出口欧美"的"三角"特征，使得台湾出口大陆拉动就业的效应弱于台湾自日本进口替代就业的效应，从而引起劳动力失业率的上升。

　　其次，两岸货物贸易有助于提高台湾岛内整体的实际工资，尤其是对台湾资本技术密集型制造业的总体薪资提升作用明显。但两岸货物贸易会引致台湾进行防御性技术创新，增加对熟练劳动力的需求，从而扩大岛内熟练劳动力与非熟练劳动力的工资差距。另外，两岸货物贸易的"三角"特征也弱化了两岸货物贸易对台湾岛内实际工资的促进作用。

在国际金融危机和欧债危机持续蔓延、两岸经济合作制度化开启的背景下，两岸货物贸易对台湾劳动力市场的影响发生较大变化。仅仅从两岸之间的贸易关系来看，2010年后，台湾出口大陆拉动就业量减少，台湾自大陆进口替代就业量上升，台湾出口大陆对工资的提升作用与自大陆进口对工资的抑制作用都在增强，但前者大于后者。两岸货物贸易总量仍对台湾就业和工资变动的贡献最大，但贸易结构的贡献在上升；从台湾与不同国别（地区）的贸易来看，相较于欧洲、美国和日本，台湾出口大陆对岛内就业和工资的拉动作用更大，台湾自大陆进口对台湾就业的替代和对工资的抑制作用明显较小。

最后，根据台湾经济发展阶段性分析，服务业已成为岛内劳动力就业的主战场，两岸服务贸易的经济社会效应也应该成为两岸学者研究的焦点，但基于两岸服务贸易往来严重滞后于货物贸易的特征，本书仅做一般性分析。首先基于附加值贸易核算方法计算了两岸服务贸易额，得出两岸服务贸易往来集中在劳动密集型服务业部门，但由于台湾当局的政策限制，两岸服务贸易的往来并不乐观。在此背景下，台湾对大陆服务贸易出口对岛内劳动力就业的积极作用并未得到明显显现；台湾对大陆服务贸易进口对岛内劳动力就业产生了替代作用。值得注意的是，近几年，服务行业台商赴大陆投资对岛内劳动力就业产生了替代作用，这与岛内产业转型升级、生产性服务业发展动力不足有关，而且研究显示《海峡两岸服务贸易协议》的未实施对岛内劳动力就业的潜在积极影响也未得到有效发挥。

基于上述理论和实践分析，本书认为：第一，理论与实践均充分证明，日益密切的两岸经贸关系给两岸尤其是台湾方面带来了巨大经济利益。但是，在岛内部分政治人物与媒体刻意扭曲与渲染下，一段时期以来台湾社会流行一种说法，即"两岸经济交流合作的利益'独厚特定阶层与大财团'，民众'无感'，造成台湾社会贫富差距扩大"。这是一种以偏概全、背离事实的错误认知，引发了岛内部分民众对两岸经济合作进一步发展的疑虑与恐慌感，严重阻碍两岸经济关系的健康发展。第二，就台湾方面而言，完善岛内劳动力市场，建立透明有效的信息传达机制，调整两岸货物贸易的"三角模式"，优化两岸货物贸易结构，将有助于提高台湾劳动力的就业水平和工资水平；就两岸经贸往来而言，充分做大两岸经贸交流合作利益"蛋糕"的基础上，提高大陆惠台政策效益，促进群体利益分配的平衡从而减少两岸经贸往来的阻力，深化两岸经济合作，实现互利共赢。第三，服务业已成为岛内劳动力就业的主战场，鉴于岛内经济发展的动力不足，服务业的发展需要境外投资的助力，限制两岸服务贸易往来，无助于岛内服务业的发展，从而影响服务业对岛内劳动力就业的吸纳能力，这也引致岛内高素质人才纷纷前往大陆一线城市寻找就业机会。因此，客观认识两岸经贸交流的积极作用和消极作用，促进两岸经贸交流健康发展。

第一章　导论

第一节　研究背景与意义

一、研究背景

1979 年元旦，全国人大常委会发表《告台湾同胞书》，吸引岛内思念家乡的民众以旅游、探亲为理由赶赴大陆，自此开始，台湾岛内民众与祖国大陆重新建立联系，两岸经贸也就进入"恢复期"。但由于台湾当局实行的"三不政策"，两岸经贸往来开始时呈现分散、隐蔽等特征。在 20 世纪末期全球经济向区域化、块状模式发展的大背景下，岛内经济发展遭遇困境，亟须向外延伸，台湾当局进一步放宽对大陆的经贸政策，台湾与大陆贸易金额大幅增加。尤其在大陆改革开放的实施带动下，大陆经济持续加快发展，全球商品、资本和人才等要素逐渐集聚大陆，大陆的内需市场也逐渐被释放。在此背景下，大陆不仅成为台湾最大的出口市场，也是台商投资的第一大地区。据台湾"经济部投审会"和"国际贸易局"的统计资料显示，2017 年台湾对大陆投资项目 497 个，投资金额为 173.02 亿美元，占台湾对外投资额的 63.13%，两岸货物贸易额为 1854.76 亿美元，占台湾对外贸易总额的 25.62%。

在两岸经贸关系迅速发展与深化之际，台湾岛内经济发展经历了低速甚至衰退发展的阶段，这一时期岛内劳动力市场出现高失业率、低工资成长以及所得分配不均恶化的现象，如 2000 年以后岛内失业率一直居高不下（高于 3%），岛内基尼系数也一直维持在 0.36 上下。此背景下，在岛内部分政治人物与媒体刻意扭曲与渲染下，一段时期以来台湾社会流行一种说法，两岸经济交流合作的利益"独厚特定阶层与大财团"，民众"无感"，造成台湾社会贫富差距扩大。这严重阻碍了两岸关系的健康发展。尤其是 2016 年台湾政党轮替以后，两岸关系不确定性增强，更是加剧了两岸经贸往来对岛内利益分配不均衡的渲染。

2010 年 6 月，海峡两岸关系协会与台湾海峡交流基金会签署了《海峡两岸经济合作框架协议》（简称 ECFA，全书均采用此简称）。2013 年 6 月，两会签署了《海峡两岸服务贸易协议》，这一系列经济合作交流会谈均是有利于深化两岸经贸合作与发展、有助于岛内经济产业的繁荣发展，但在台湾却掀起了轩然大波，相关争论愈演愈烈，特别是攸关岛内广大劳工的权益，岛内部分学者和民众认为台湾不断增加与大陆的联系，结果会导致台湾失业率增加、实际工资成长减缓甚至下降。因此，两岸经贸往来与台湾劳动力市场的关联再度成为两岸学界和实务部门共同关注的一个焦点问题。针对这一问题，台湾当局委托不同学术机构和专家学者进行专业研究，结果显示两会签署 ECFA 不仅促进台湾经济成长率，且增加岛内就业人数。但这一结论引起岛内部分学者的讨论和质疑，"新台湾国策智库"机构集中岛内众多学者探讨了 ECFA 的影响，这些学者大部分从经济的政治安全考虑得出两岸经贸往来不利于台湾经济独立性发展，进而不利于岛内劳工就业和发展（陈博志，2009；林忠正，2009；吴志忠，2009；王涂发，2009），也有学者从中心—边陲理论指出台湾与大陆进行经贸合作会逐渐沦为边缘地区，不利于台湾经济发展（黄天麟，2009；蔡易如，2009）。大陆方面以商务部的研究为主，结论显示两岸贸易可促使台湾经济增长、就业机会增加。从上述研究角度和结论可以看出两岸学界和岛内民众对两岸贸易与台湾劳动力市场的关系存在很大争议。

回顾台湾的经济发展轨迹，不难看出台湾受限于自然资源匮乏和岛内市场需求狭小，经济发展必须高度依赖于对外贸易。由此，对外贸易成为台湾经济发展的必要条件。20 世纪 80 年代以前，台湾主要是以进出口的形式参与国际经贸活动，当时依据国际贸易分工原则和比较优势理论，台湾利用进口原材料并积极出口劳动密集型产品的贸易形式在增加岛内就业机会的同时，也维持所得分配相对平均。自 80 年代中后期以来，由于岛内外经济环境发生巨大变化，经济增长的有利因素和条件明显改变，台湾传统劳动密集型产业的发展面临挑战，台商开始寻求岛外市场、转移劣势产业，与此同时，岛内劳动力市场出现恶化现象。基于理论研究来看，经典的要素禀赋理论、要素价格均等化理论、斯托尔帕-萨缪尔森定理和雷布钦斯定理均认为要素禀赋差异的国家（地区）通过贸易往来在促进产业分工生产过程中会导致要素跨部门流动和要素价格相对改变。因此，对外贸易在促进台湾产业专业化分工的过程中会影响岛内劳动力就业和工资。两岸贸易作为台湾对外贸易的组成部分也应该会对岛内劳动力就业和工资产生影响，但两岸贸易具有特殊性，这使得两岸贸易是否影响台湾劳动力市场以及具体产生何种影响的问题亟须客观、系统、深入地探讨。

鉴于此，在《告台湾同胞书》发表 40 周年之际、两岸经贸往来取得较大成就的大背景下，为了促进两岸经贸往来的顺利、健康进行和发展，本书结合主流贸易理论、现实考察、实证分析和效应测算来探讨两岸贸易是否影响台湾劳动力市场以及产生何种影响的问题，以期为客观评析两岸贸易与台湾劳动力市场的关系、两岸经贸合作的深层次效应提供理论和实证的研究支撑，同时，也为现有研究成果提供有益补充，为两岸经贸往来更有利于台湾劳动力市场运行以及岛内民生社会的发展指明合作方向。

二、研究意义

研究两岸贸易对台湾劳动力市场的影响具有重要理论价值和现实意义。

就理论价值而言，对外贸易影响劳动力市场的现实基础和途径因时间、空间和对象的不同而有所差异，可以将对外贸易与劳动力市场的研究对象扩展到一国不同关税区，为现有贸易体系下研究劳动力市场提供特例与重要补充，也为正确认识和整体评价两岸贸易对台湾劳动力市场的效应提供一个有益补充和启示。一方面，针对"两岸贸易与台湾劳动力市场的关系"这一主题，两岸学界和实务部门存在很大争议，本书将在现有理论和研究成果的基础上深入探讨二者之间的内在关系，从理论上回答两岸贸易是否影响以及通过哪些途径影响台湾劳动力市场；另一方面，本书利用行业面板数据实证研究两岸贸易对台湾劳动力市场产生的具体影响，以此检验现有理论的适用性。

就现实意义而言，实证结果不仅有利于客观评析两岸贸易的深层次效应，且提供参考建议。一方面，两岸贸易对岛内劳动力市场具有双重效应，即两岸贸易促进岛内工资提高的同时对就业产生短期冲击，这并不能否定两岸贸易往来的积极意义。面临全球化竞争，海岛型经济体的台湾在进行产业结构升级和提升经济发展动力时必须依靠对外贸易，而大陆是目前全球第二大经济体，也是各国（地区）争相投资的重要市场。另外，本书的实证结论具有短期分析特征，长期而言，伴随台湾对外经济的"三角模式"转变为台湾接单和研发—大陆生产—出口欧美的贸易模式，将不仅有利于台湾产业结构升级，也有助于就业空间的提升；另一方面，劳动力市场信息机制不完善对两岸货物贸易与岛内劳动力市场关系的影响至关重要。因此，岛内应积极改善劳动力市场信息机制、提高其搜寻匹配能力，进而降低失业人口与工作的匹配成本，以增加岛内就业机会。除此之外，两岸服务贸易的往来对岛内劳动力市场的影响并不显著，《海峡两岸服务贸易协议》中服务业开放的劳动力市场效应并未得到有效发挥。

本书理论和实践相结合，定量和定性相结合系统论述两岸贸易与岛内劳动力就业和工资的关系，不仅有助于客观、系统地梳理和对待两岸经贸往来的市场性和互利性，且有助于挖掘和厘清两岸经贸往来的内在效应，最终提出深化两岸经贸往来、促进两岸关系和平发展的政策建议。

第二节　研究思路与内容

一、研究思路

贸易往来包括货物贸易和服务贸易，但两岸服务贸易严重滞后于两岸货物贸易，基于此，本书集中探讨两岸货物贸易的劳动力市场效应，补充性分析两岸服务贸易的劳动力市场效应，以期全面客观、系统地了解两岸贸易与台湾劳动力市场的关系。

本书对两岸贸易影响台湾劳动力市场的研究从以下四个方面进行探讨：首先，在梳理已有研究成果的基础上，认识和把握对外贸易对劳动力市场的一般性影响，并进一步分析两岸贸易对台湾就业和工资的影响机制。其次，在理论机制分析基础上，结合岛内劳动力市场和两岸贸易特征事实，一方面，分别从劳动力市场不完全和"三角模式"的两个方面实证检验两岸货物贸易对岛内就业的影响；另一方面，分别从全球及区域产业分工和内生性技术进步两个方面实证检验两岸货物贸易对岛内工资的影响。再次，自2010年以来，两岸经贸往来的内外部环境发生巨大变化，在此背景下，本书进一步从实务层面测算两岸货物贸易对岛内就业和工资的具体效应及变化。最后，服务业成为岛内劳动力就业的主战场，两岸服务业贸易合作发展迅速，然而鉴于2013年签署的《海峡两岸服务贸易协议》搁置，笔者试图从理论和实证两方面模拟分析两岸服务贸易往来对岛内劳动力市场的潜在效应。

按照上述研究思路，本书将从四个方面探讨两岸贸易对台湾劳动力市场的影响。第一，归纳分析两岸贸易对台湾就业和工资的影响机制，从理论上回答两岸贸易与台湾就业和工资的关系；第二，主要运用面板数据进行检验和论证两岸货物贸易对台湾就业和工资产生的影响；第三，测算2010年前后两岸货物贸易对台湾就业和工资效应的变化，对主要结论做进一步说明。第四，利用附加值核算方法测算两岸服务贸易总额，实证和理论分析《海峡两岸服务贸易协议》的签署对岛内劳动力市场的潜在效应。

二、研究内容

遵循上述研究思路，本书共分为八章对两岸贸易影响台湾劳动力市场的问题进行研究，各章节的逻辑关系与内容概要如下：

第一章 导论。主要介绍本书的选题背景与意义、研究思路和内容、研究方法和创新，为本书提供一个总体概要。

第二章 理论基础和文献综述。本章系统地回顾和评述了关于对外贸易与劳动力就业、工资方面的文献，包括国内外关于对外贸易与劳动力就业、工资的理论和实证研究以及大陆与台湾关于两岸贸易影响台湾就业和工资的研究，通过文献梳理，寻找适合分析两岸贸易与岛内劳动力市场的相关理论基础和实证研究方法，并对现有研究不足之处进行改善。

第三章 两岸贸易对台湾劳动力市场的影响机制。在现有理论发展的基础上，分别探讨两岸贸易对岛内就业和工资的影响机制，试图从理论和现实背景分析中寻找到合理的逻辑关系，并总结出两岸贸易影响岛内就业的产业结构机制和劳动力市场机制，两岸贸易影响岛内工资的全球及区域产业分工机制和内生性技术进步机制，且在上述机制分析中均隐含地包括了经济增长机制。

第四章 两岸货物贸易对台湾就业的影响：实证检验。自20世纪80年代中后期以来，台湾失业率居高不下和就业不足逐渐演变成台湾最严重的社会问题之一，与此同时，两岸货物贸易规模处于快速增长期。两岸货物贸易到底对岛内失业产生怎样作用？本章借助面板数据具有更多样本的优点，在理论机制分析的基础上给予严密的实证检验，首先考虑劳动力市场不完下两岸货物贸易对岛内就业的影响，然后在此基础上考虑"三角模式"对两岸货物贸易就业效应的影响。对这个问题的清楚认识，有助于我们正确评价两岸贸易与台湾劳动力市场的关系。

第五章 两岸货物贸易对台湾工资的影响：实证检验。自20世纪80年代中后期经济转型以来，台湾在利用大陆比较优势促进岛内经济发展的同时，岛内真实工资却出现缓慢增长，尤其是2000年以来，岛内实际工资未明显成长，而相对工资（也称为工资差距）在上升。本章试图从实证角度回答这样一个问题：两岸货物贸易分别对岛内实际工资和相对工资有着怎样的影响？本章对这个问题进行严谨细致的实证分析，首先从全球及区域产业分工角度实证检验两岸货物贸易对岛内实际工资的影响，然后考虑内生性技术进步来检验两岸货物贸易对岛内相对工资的影响。

第六章 ECFA背景下两岸货物贸易对台湾劳动力市场效应的测算。与前面章节不同的是，本章从实务层面具体测算两岸货物贸易对岛内就业和工资的效应。2010 年后国际金融危机的蔓延、欧洲债务危机的爆发和 ECFA 的签署使两岸货物贸易外部和内部环境均发生较大变化，两岸货物贸易规模和结构也发生较大变化。因此，本章以经济增长机制为依据，采用台湾改进的竞争型投入产出表和社会会计矩阵分别就 2010 年前后台湾与主要国家（地区）的贸易对就业和工资的效应、两岸货物贸易对岛内贸易和非贸易部门劳动力就业、工资的效应以及两岸主要贸易产品的劳动力市场效应进行具体测算和比较分析。

第七章 两岸服务贸易对台湾劳动力市场的影响。服务业成为岛内劳动力就业的主要行业，也是台湾岛内经济发展的动力所在，但受限于岛内市场的狭小，虽然岛内当局百般阻挠，在市场经济规律的指引下，两岸服务贸易往来也处于一定的水平，一方面实证分析了两岸服务贸易对岛内劳动力市场的影响；另一方面鉴于《海峡两岸服务贸易协议》的搁置和未实施，从学理和现实背景出发探讨《海峡两岸服务贸易协议》对台湾劳动力市场的潜在影响。

第八章 研究结论与建议。首先归纳本书的主要结论，在此基础上，针对研究结论做进一步说明；其次依据客观事实和主要结论，结合当下两岸关系状态，提出切实可行的对策建议。

通过对研究内容的总结和归纳，第二章可看作为总论篇；第三章是本书的理论框架构建；第四章至第六章集中探讨两岸货物贸易对劳动力市场核心要素——就业和工资的影响，可看作专题篇，其中第六章具体测算两岸货物贸易对岛内劳动力市场的效应，可以看作是对第四章和第五章的补充；第七章是从现实和学理两方面探讨两岸服务贸易对台湾岛内劳动力市场的影响；第八章主要结论与研究展望，总结本书的研究成果、对策建议与后续研究方向。

第三节　研究方法与创新

一、研究方法

本书主要采用经济学已有规范方法以及近几年拓展的实证方法来考察两岸贸易对台湾劳动力市场的影响。在分析过程中，本书既注重理论分析方法，也重视实证分析手段，依据研究内容和模型特征选择适宜的方法和途径，使定性分析和定量分析、逻辑演绎和经验归纳能够有效结合，力求多角度、多方法和多层次地分析两岸贸易与台湾劳动力市场的关系。具体而言，本书采用的主要研究方法如下：

第一，文献分析和历史归纳相结合。在梳理已有研究成果的基础上，通过历史比较，结合两岸贸易和台湾劳动力市场的发展特征，归纳两岸贸易对台湾劳动力市场的主要影响机制，并寻找潜在的研究空间和突破口，在继承已有研究成果的同时，以期了解学术前沿和发展现有研究。

第二，实证分析和规范分析相结合。本书在把握丰富历史文献基础上，分析对外贸易影响劳动力就业和工资的理论，并在此基础上探讨两岸贸易对台湾就业和工资的影响机制。另外，在依据理论进行主观判断的同时，也进行客观事实的研究，力求做到每一种影响机制都有实证研究的支持。

具体来讲，实证分析主要采用面板数据单位根检验和协整检验，关于协整关系的估计方法，主要选择面板数据估计方法，包括差分 GMM 估计、固定效应和随机效应估计。由于现有数据库中仅有 20 多年的两岸货物贸易数据，在实证研究中采用行业面板数据扩大样本量、提高估计精度，用实证分析法检验理论推论，客观回答两岸贸易与台湾劳动力市场的关系。

第三，横向比较和纵向比较相结合。本书从纵向角度考察 20 多年间两岸贸易与岛内劳动力市场的发展，并结合实证方法进行研究。同时，本书还从横向角度比较两岸货物贸易、岛内生产技术、GDP 分别对台湾就业和工资的影响，以便能系统地客观评价两岸贸易对台湾劳动力市场的影响。

上述实证研究中需要借助大量的数据，而由于两岸统计制度存在差异，也受到有关原产地认定、汇率以及第三方转口等因素的影响，两岸有关方面分别公布的两岸货物贸易数字差别很大，尤其缺少两岸服务贸易额的统计。基于此，考虑到数据的可得性和连续性，本书所采用的两岸货物贸易统计数据（除引用文献的统计资料以外）均来自台湾"国际贸易局"网站，台商赴大陆投资数据均来自台湾"经济部投审会"资料库，另外，1992 年邓小平南方谈话掀起了改革开放的高潮，台商赴大陆投资开始加快，两岸货物贸易也发展迅速，贸易规模开始扩大（李非，2004）。因此，本书主要以 1992 年为起点分析两岸货物贸易的相关发展和影响，至于两岸服务贸易的数据则采用 OECD 的最新 TIVA 数据库计算两岸服务贸易的附加值额。

二、研究创新

尽管台湾部分学者和民众一直以台湾与大陆经济联系不利于岛内劳工为由反对两岸经贸往来的深化发展，但是从整体上系统探讨两岸贸易与岛内劳动力市场关系的文献却不多见，能够结合两岸货物贸易特征事实进行详细实证研究的文献更是稀缺。本书在主流贸易理论框架下结合两岸货物贸易特征事实分析两岸货物贸易对岛内劳动力市场的影响，并采用行业面板数据进行实证研究，在此基础上，进一步深入探讨两岸服务贸易对台湾劳动力市场的潜在影响。创新点如下：

其一是研究视角和论题创新。将两岸货物贸易作为解释变量引入，考察行业增加值、生产技术、人均资本等变量对台湾就业和工资的影响，本书就此具有一定的创新空间。以往研究忽略深入分析两岸贸易对台湾劳动力市场的影响，而本书集中从行业角度切入，不仅细致考察两岸货物贸易对台湾劳动力市场的影响，还引入两岸货物贸易的"三角模式"进行相关探讨。

其二是梳理两岸贸易对岛内就业和工资的影响机制。以往此类研究大多注重结论而忽视过程，本书在理论发展和两岸贸易特征事实的基础上就两岸贸易对岛内就业和工资的影响机制做了系统梳理。最终提炼出两岸贸易影响岛内就业的机制主要有产业结构机制和劳动力市场机制，两岸贸易影响岛内工资的机制主要有全球及区域产业分工机制和内生性技术进步机制。这有助于我们从理论层面结合两岸贸易和岛内劳动力市场的特征事实更加深入地分析这一问题。

其三是研究方法的创新。本书一个重要特征在于利用实证研究来验证理论结论的适用性，在检验过程中分别将影响就业和工资的因子做一个较全面控制，这是本书的创新之处。同时，为增加样本数量，本书使用台湾25个制造业的面板数据，实证研究方面主要采用动态面板数据回归方法。另外，为测算2010年以来全球化环境变化下两岸货物贸易对岛内劳动力市场的效应变化，但受限于只有2011—2013年的短期数据，本书采用竞争型投入产出模型，不仅绕开数据的短期性，且可以对比分析2010年前后两岸货物贸易的台湾劳动力市场效应变化，这也是本书最大的亮点。

第二章　理论基础与文献综述

自亚当·斯密开始，人们就认为对外贸易通过实现专业化分工、提高劳动生产率和扩大市场规模促进经济增长。随后的新古典贸易理论基于一系列严格的前提假设，分析对外贸易对劳动力市场的影响，并得出一般结论，即发达经济体因与发展中经济体进行贸易而导致就业减少和工资下降，反而会导致发展中经济体就业增加和工资上升。大量的经验研究结果发现上述结论与事实并不完全相符，甚至相悖。基于对现实的考察，理论研究不断地突破，学者从不同视角和更贴合实际的假定框架下，进一步深入分析了贸易与劳动力市场的关系。本章即是对二者的关系从理论和实证研究文献的述评。

第一节　理论基础

一、主流理论的概要

（一）国际贸易理论的演进

国际贸易理论的发展大致经历了古典、新古典、新贸易理论以及新型古典国际贸易理论四大阶段。古典和新古典国际贸易理论均以完全竞争市场等假设为前提，强调贸易的互利性，主要解释了产业间贸易，因此，被称为传统比较优势理论。二战后，国际贸易的产品结构和地理结构出现了一系列新的变化，如同类产品之间以及发达工业国之间的贸易量大大增加；产业领先地位的不断转移；跨国公司内部化和对外直接投资的兴起等，与传统比较优势理论认为的贸易只发生在劳动生产率或资源禀赋不同的国家，属于产业间贸易的经典理论是相悖的，而且古典与新古典国际贸易理论的相关假定（产品市场完全竞争）与当代国际贸易产生的现实情形也不吻合，在这样的国际环境下，新贸易理论应运而生，被称为战后国际贸易新理论，从不完全竞争、规模经济和技术进步等角度解释了新的贸易现象，批判和发展了传统比较优势理论，如新生产要素理论、动态贸易理论与产业内贸易理论等。而新兴古典贸易理论则将贸易的起因重新回到分工引起的规模报酬递增，是一种内生动态优势模型，使贸易理论与贸易政策相结合的模型，也是国内贸易和国际贸易相统一的模型，整合了绝大部分贸易理论的成果。

传统比较优势理论包括古典贸易理论和新古典贸易理论，均以充分就业、要素在国内可完全流动和产品要素市场完全竞争为前提，并从中得出国际贸易往来仅仅影响本国（地区）部门之间的就业变动，不存在总体就业的增减，即不考虑失业问题，因此这两个理论仅仅关注国际贸易对劳动力工资的影响。其中，李嘉图比较优势理论与赫克歇尔 - 俄林的要素禀赋理论分别是古典贸易理论和新古典贸易理论的主要代表，也是目前门类众多的理论具有的共同理论基础。所以接下来着重介绍这两个经典理论。

1. 李嘉图的比较优势理论

在李嘉图的单因素两种（多种）产品模型中（Ricardo,1817），假定全部产品都是可贸易产品，劳动是各个国家产业部门中唯一使用的生产要素，且两国劳动要素禀赋既定，劳动要素在本国内完全流动，但国与国之间不能流动。如果两国在生产单位产品中的劳动投入比例存在差别，则双方各自存在劳动力生产率的相对优势，也就具有相对优势生产某产品。国际贸易发生后，行业间相对劳动生产率不同的国家将会在不同的产品生产中进行专业化分工。在同样劳动量投入的前提下获得更多的产品和消费，从而促使各国福利增加。每个国家的贸易所得正是通过这种专业分工而获得的。至于生产什么、生产多少和收益多大则需知道产品的相对价格，尤其是，在单因素多种产品中，必须在相对工资率已知的情况下才能确定。因此，国际贸易是通过产出和产品的价格的变动作用于劳动生产要素的价格：根据产品的相对需求来推知隐含的对劳动的相对需求，在要素禀赋既定的情形下确定相对工资。下面的李嘉图模型反映了国际贸易对相对工资的影响。

假设 A 和 B 两国，以 A 国为分析对象，且 A 国有生产 X 产品的优势，B 国有生产 Y 产品的优势，没有进行贸易之前，两部门的劳动的工资是：

$$w_A = \frac{P_x}{a_x}$$

$$w_B = \frac{P_y}{a_y}$$

上述方程式中，a_x、a_y 分别表示 X、Y 部门单位产品劳动投入（即劳动生产率）；P_x、P_y 分别表示 X、Y 产品的价格。可以看出，工资与产品价格有关。

但一个国家的资源有限，它所能生产的产品也有限，存在替代问题。一旦进行贸易后，A 国专业化生产 X 产品，B 国专业化生产 Y 产品。各国的劳动生产效率提高了，整个国家获益。有：

$$\frac{P_x}{P_y} > \frac{a_x}{a_y}$$

在上述方程式中，唯一能确定的是两国相对工资的变化情况。所以李嘉图模型并未明确考虑本国劳动工资的变化。但我们应注意到，在相对价格水平逐渐向相对生产率水平靠近时，两国均生产两种产品（由于运输成本等因素存在，两国并未形成极端的专业分工），此时 A 工资水平会发生变化，但不确定方向。B 国也发生类似变化。

李嘉图的国际贸易模型对于研究贸易产生的原因和贸易对各国福利的影响非常有借鉴意义，该模型的主要含义——生产率差异形成的相对比较优势在国际贸易扮演者重要的角色——确实得到了广泛事实根据的支持。但在很多方面李嘉图也会导致错误的预测，与现实不符。首先，李嘉图模型预测各国专业生产与其他国家不同的产品，产生极端的专业化分工，这在现实世界中根本不存在；其次，李嘉图模型忽略了国际贸易对国内收入分配的影响，而是认为参与贸易的国家作为一个整体始终能够从贸易中获利，但在实际中，国际贸易对国内收入分配会产生强烈的影响；第三，李嘉图模型忽视了规模经济也是贸易的起因，这使他的比较优势理论无法解释二十世纪八九十年代明显相似经济体之间大量的贸易往来；[①] 最后，李嘉图模型假定一国经济充分就业，也与现实不符，并据此认为国际贸易未引起整体就业的增减，仅仅促使就业的行业间流动。

2. H-O 理论的主要内容及推论

赫克歇尔 - 俄林的要素禀赋理论（简称 H-O 理论，全文均采用此简称）是用于分析发达国家和发展中国家之间贸易结构的两要素—两商品（2×2×2）模型，假定规模报酬不变、商品可自由贸易、劳动和资本要素总量既定且在国际

---

① Paul R.Krugman and Maurice Obstfeld, *International Economics:Theory and Policy(8th Edition)*,Pearson Education Group,2012,pp.78-79.

间完全不能流动、商品不存在要素密集度转换和两国生产技术和消费偏好完全相同。如果两国之间的资源禀赋存在差异，两国之间的劳动生产率就会产生差异，从而造成要素价格的不同，即使两国资本与劳动生产率完全相同，但只要两者自然拥有的要素存量不同，两国生产产品的成本（即要素价格）就会不同。根据 H-O 理论，一国应通过出口密集使用本国丰裕要素生产的产品，进口密集使用本国稀缺要素生产的产品进行对外贸易，从而带动丰裕要素的需求，稀缺要素则发生需求萎缩，引起要素在行业间流动。因此，国际贸易贸易是通过对产品的相对需求，引致对不同要素的相对需求发生变化影响要素报酬。国际贸易对要素报酬效应的一般结论为：一个国家充裕要素的所有者可以从贸易中获利，稀缺要素的所有者会因贸易而受损。下面分别通过埃奇沃斯盒状图与阿巴·勒纳的方法分析国际贸易对生产与要素价格的影响。

假设两国 A 和 B 利用两生产要素劳动（L）和土地（T）生产两种产品棉布（C）和粮食（F），假设要素达到充分利用。以 A 国为分析对象，在没有进行贸易之前，如图 2-1 所示，该方盒的长代表一国劳动的总供给；方盒的高度代表土地的总共给。两部门之间的资源配置可以方盒中的一点（如 a 点）表示。用点 O_C 到点 a 这条线段的水平距离和垂直距离来分别衡量棉布生产部门使用的劳动和土地；对角点 O_F 到 a 这条线段就是粮食生产部门中使用的劳动和土地。

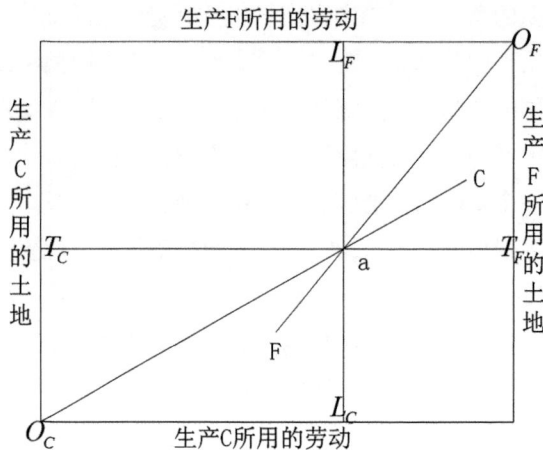

图 2-1　埃奇沃斯盒状图

在点 a, $O_F F$ 是投入棉布生产中的劳动，$O_C T_C$ 是投入的土地。$O_F L_F$ 是投入粮食生产中的劳动，$O_F T_F$ 是投入的土地。在给定商品价格时就可以确定棉布生产中的土地与劳动的比例T_C/L_C，即直线O_CC，且 a 点必须在这条直线上。类似的，粮食生产中的土地比例T_F/L_F，即直线O_FF，a 点也必须在这条直线上。我们注意到O_FF要比O_CC陡峭，是因为我们从实践中假定粮食是资本要素密集型，棉布是劳动要素密集型，所以粮食生产的土地—劳动比高于棉布生产中的土地—劳动比。由于假定 A 国的劳动对土地的相对供给高于 B 国，一旦贸易进行，A 国将生产更多的棉布，但一国资源有限，为了达到资源的充分利用，根据等产量曲线和成本预算线的相切性质可知 A 国两种商品相对价格发生了变化（棉布相对粮食的价格上升），两种产品使用的土地劳动比例就发生了变化（如图 2–2），FF 代表粮食等产量线，CC_1和CC_2代表棉布的等产量线。

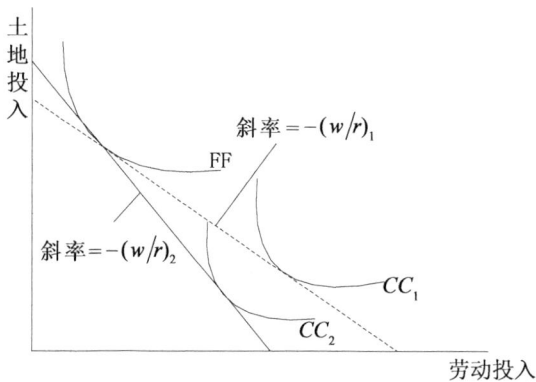

图 2–2 国际贸易对要素价格的影响

对于 A 国而言，将多生产棉布，棉布价格上涨使生产相同价值的棉布产量不用和以前多（即 CC2），相对应的工资—租金比值增加，劳动者收益，土地所有者受损。B 国的分析类似，劳动者受损，土地所有者收益。

萨缪尔森在 H-O 模型的基础上认为，由于不同国家产品的价格存在差异，进行贸易后，要素报酬会存在价格均等化的趋势。如果满足 H-O 上述全部假定时，自由贸易将会通过商品价格的趋同使要素的绝对和相对报酬趋于均等，即一种产品的相对价格增加使密集使用的丰裕要素的相对收入和真实收入都上升，同时降低密集使用的稀缺要素的相对收入和真实收入，如果对进口商品征税，稀缺要素的真实收入则不会下降，这个结论被学术界称为斯托尔帕 - 萨缪尔森定理（简称为 SS 定理，全文均采用此简称），与上述要素禀赋理论合称为 H-O-S 定理。

总体来看，赫克歇尔 - 俄林的要素禀赋理论基于自由贸易框架较完整的揭示了国家贸易对要素价格的影响。其作用机制为：一国进行对外贸易，商品的供给和需求均将发生变化，进一步引起商品价格的变化和生产产量的变化，也促使不同生产要素的重组和要素需求的改变，从而必然引起要素价格的变化。总之，就国际范围而言，进行贸易将会促使不同国家的同一要素的价格趋于相等，即产生要素价格均等化（简称 FPE，全书均采用此简称）的现象。就一国内部而言，进行贸易则会使不同要素的价格产生不同的影响，即对要素收入分配产生影响。但截至 21 世纪初，没有一个国家实行完全的自由化，且要素禀赋的假设十分严格，导致要素比例模型的实证检验与理论描述的对立将国际经济学家们置于困境。[①] 伴随新现象如发达国家（美国）的收入不是在缩小，而是在拉大，而发展中国家（中国）的收入差距也在拉大，H-O 理论受到一些学者的批判。尽管如此，因为该理论较成功地挑战了古典学派李嘉图的比较优势理论，奠定了现代贸易理论的基石，被认为是新古典学派的代表理论，同时也是被公认为贸易影响收入分配最早的理论框架，长期占据贸易理论的主导位置。此外，H-O 理论强调了不同生产要素在不同国家的资源中所占的比例和他们在不同产品的生产投入中所占的比例二者之间的相互作用，所以又被称为要素比例理论。

二战以前，李嘉图模型与 H-O 理论以完全竞争市场为假定前提解释不同产业之间的贸易，可以很好地解释发达国家与发展中国家的对外贸易。但假定劳动要素在任何时候都能达到完全就业。在实际中劳动在部门间的流动存在壁垒，需要转移成本，因此，至少在短期内劳动要素具有不可流动性，除了对要素价格产生影响导致收入分配效应以外，贸易也会对就业产生影响，引起失业问题。同时，传统比较优势理论假定资本和劳动等生产要素都是同质的，但无论是劳动要素还是资本要素的生产率往往存在着巨大的差异。随着全球化的深入发展，各国贸易自由化的进程的不断加快，以美国为代表的发达国家出现了非熟练工人就业和收入都快速下降的现象。除了新生产要素学说的解释以外，经济学家也开始考虑劳动力市场的不完全流动性和动态贸易理论纳入基本分析框架，发展了传统比较优势理论。另外，自 20 世纪 80 年代开始，国际贸易情况发生了巨大变化，发达国家和发展中国家之间的贸易总额占世界贸易总额的比重越来越小，而相似经济体之间的贸易总额占世界贸易总额的比重越来越大，传统比较优势理论显然无法很好地解释这一现象，许多经济学家陆续建立模型，以不完全竞争市场和规模经济为前提，从动态角度出发考虑需求情况，更符合实际，

———
①　Paul R.Krugman and Maurice Obstfeld, *International Economics:Theory and Policy(8th Edition)*,Pearson Education Group,2012,pp.99-102.

被广泛称为产业内贸易理论。

对传统比较优势理论的动态扩展主要体现在理论假设的放宽。上述两个理论均假定生产要素的存量是既定、不变的，所以这两个理论的推论是静态的。然而随着经济发展和生产力水平的提高，生产要素的数量会发生变化，生产要素的存量并不是一成不变的。基于此，经济学家从要素禀赋变动角度对传统比较优势理论进行了扩展。

李嘉图模型以广泛事实为根据得到了众多经济学家的认可并进行了发展，其中 Dornbusch,Fischer and Samuelson(1977) 对李嘉图单要素多产品模型进行了扩展，考察生产要素（劳动）存量的变化对贸易的劳动力市场效应。假定产品种类是由一个连续集 [0,1] 构成，商品的种类用 z 表示，且全部为贸易品。两国根据各自的相对比较优势进行进出口贸易往来，其中本国生产 0- z_0 商品，外国生产 z_0 -1 商品，z_0 为两国生产的临界产品。外国的生产要素（劳动）的增加将会促使外国出口商品范围扩大，外国的相对工资将下降，即一国要素禀赋变动与要素报酬负相关。根据 H-O 理论，资本相对丰裕而劳动力相对稀缺的发达国家应该是更多的出口资本密集型产品，进口劳动密集型产品。里昂惕夫通过分析 1947 年美国 200 个行业的进出口贸易数据发现，与要素禀赋的推论相反，美国更多的是出口劳动密集型产品，进口资本密集型产品。这一现象被称为里昂惕夫之谜或里昂惕夫悖论，并引起各国经济学家纷纷开始关注本国贸易的情况，从而进一步补充和发展了 H-O 理论，其中以要素禀赋相对变动和新要素为视角进行分析的理论主要有要素密集度学说与人力资本学说。要素密集度学说主要是指"一国以资本相对密集方式生产的产品在另一国确实以劳动相对密集方式生产的现象"，产生这一现象的主要原因与要素价格和要素之间的替代弹性相关。美国的工资水平相对较高，因此劳动对资本的替代弹性较小，即当某生产要素的价格提高，原本相对丰裕的要素资源就会变得相对稀缺。人力资本学说是指以基辛、舒尔茨为代表，对 H-O 理论做了进一步扩展，将人力资本（也被称为熟练劳动力）作为一种新的生产要素引入。通过对劳动力进行投资，提高其素质和劳动技能，进而提升了劳动生产率，人力资本丰裕的国家在贸易结构和流向上，往往趋向于出口人力资本或者技能要素密集型产品，而美国出口的劳动密集型产品则属于劳动密集型产品及人力资本密集型产品。新生产要素不仅包括资本、劳动和熟练劳动力，还包括其他自然资源、技术、信息、管理等新兴生产要素，丰富了要素禀赋理论。同时，新生产要素的出现让经济学家认识到劳动的异质性，摒弃了 H-O 对劳动同质性的既定，开始注重分析发达国家和发展中国家熟练劳动力和非熟练劳动力的就业与收入分配问题。此外，部分经济学家认为传统比较优势理论中要素充分流动与现实不符，进一步假定要素受到地理等因素限制不能充分自由流动，不断发展模型分析贸易对劳动力市场的效应。

Jones and Scheinkman(1977) 将基本的两商品、两要素理论框架拓展到多种商品、多种要素模型，指出在某些条件下可得更一般化的结论：一种商品的价格上升将会使该商品密集使用的生产要素的实际收入相对上升，同时降低该商品稀缺使用的生产要素的实际收入。Neary(1978) 在两国家、两要素、两产品模型的框架下，对生产要素流动性做了限制使模型更符合现实中生产要素流动性质，结论表明，一方面，当生产中劳动和资本均不能完全流动，则对外贸易使劳动密集型行业的劳动与资本的实际价格增加，而资本密集型行业的要素价格均下降；另一方面，当资本不可流动而劳动可流动时，则对外贸易使劳动密集型行业要素的实际价格增加，劳动的流动性导致劳动价格在两类行业中趋同。其中，第二种情形中假定一种要素不能自由流动，被引申称为"特定要素模型"即在这个模型中，存在某一专用要素，核心思想：增加专用要素并不能等比例额的增加对应部门的产量，甚至引起其他部门产量的下降。可流动要素的报酬上升，部门专用要素报酬减少。另外，如果流动要素增加将降低本身要素报酬但提高了对应部门专用要素的报酬。Davis(1996) 在多个国家、三种产品、两种要素的 H-O 理论分析框架下对国际贸易影响发展中国家要素收入分配进行了分析，得出结论发展中国家中对外贸易对收入分配的具体效应则取决于本国产品生产中相对要素禀赋的情况。Jones(1997) 在原有著作的基础上加入技术变动和生产国际化因素，构建了两要素多产品的理论分析框架，分析国际贸易、技术变动和生产国家化因素对要素收入的影响。研究指出在考虑技术进步的情形下，劳动密集型产品价格的下降可能会引起实际工资的上升，而在资本丰裕的国家将伴随劳动密集型产品转移至发展中国家也会带动本国实际工资的增加。该研究最大的贡献在于首次分析了以生产的垂直国际化为主进行的国际贸易（发达国家将劳动密集型生产过程转移到发展中国家）对劳动力市场的影响。Falvey(1999) 在 H-O-S 理论的框架，构建多要素多产品模型，认为 FPE 的结论并不成立。并进一步分析小国进行对外贸易时要素禀赋的变动与要素价格之间的关系，结论表明由于本国为小国，其生产的变动不会影响产品的世界价格，价格仍然与封闭时一致，此时必定存在一部分要素的价格因成本补偿而增加，其他要素的价格则趋于下降。

综上所述，传统比较优势理论从静态的角度论证了各国参与国家贸易的动因、形成的模式与贸易所得，为本书分析国际贸易的劳动力市场效应，提供了坚实基础。但因其十分严格的假定前提使理论与现实出现不符的现象促使经济学家不断对假定前提进行修正，分析生产要素变化对国际贸易的劳动力市场效应的动态变化。

3. 生命周期理论

雷蒙德·弗农将市场营销学中的产品生命周期理论与技术进步结合起来阐述国际贸易的形成和发展，1966 年他在著作《产品周期中的国际投资与国际贸易》中指出美国企业对外直接投资与产品生命周期有密切关系。产品生命周期（简称 PLC，全文均采用此简称），是产品的市场寿命，即一种新产品从开始进入市场到被市场淘汰的整个过程。费农认为：产品生命和人的生命类似，均需经历诞生、成长、成熟、衰退的类似周期：开发、引进、成长成熟、衰退的阶段。这四个阶段在不同发展水平的国家，发生的时间和过程是不相同的，在产品周期间总存在一个较大的差距，表现为不同国家某一行业在技术上的差距。正是这一差距反映了同一产品在不同国家市场上的竞争地位的差异，从而决定了国际贸易的变化。[①] 此外，为了明确清楚地分析产品生命周期理论，费农把国家分为三类：最发达国家、一般发达国家和发展中国。这一产品生产的国家转移理论，假定各国之间信息传递受到一定程度的限制、生产函数可变以及各国的消费结构不同，指出产品在其生命周期的不同阶段对生产要素的需要是不同的，而不同国家具有的生产要素丰裕程度决定了该国的产品生产阶段和进出口状况。下面通过产品生命周期曲线的特点阐述国际贸易与劳动力市场的关系。

---

① 霍伟东、张莉：《贸易理论：从完善传统到直面挑战》，《经济问题》2008 年第 4 期，第32 页。

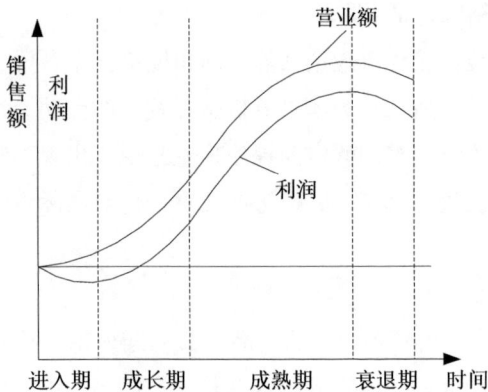

图 2-3 产品生命周期

假设有 A 国（代表发达国家）、B 国（一般发达国家）和 C 国（发展中国家），一开始 A 国按照比较优势生产产品 P，在进入期，销售量很低，由于生产工人的不熟练等使生产成本较高和技术方面不成熟的原因，产品不能大批量生产。当进入成长期，生产技术的改进，生产成本相对较低，市场逐步扩大，产品大批量生产，企业的销售额和利润也迅速上升，竞争者增加，同类产品供给增加，产品的市场价格下降。随着市场需求趋向饱和，销售额增长开始由直升转向缓慢下降，产品进入成熟期。在这一阶段竞争加剧，企业利润增加。随着经济社会和科学技术的发展，消费者习惯的改变，价格便宜以及新的产品或者新的代用品的出现，将促使顾客消费的倾向转移代用品，本国产品的销售量开始下降。但同一产品在不同国家所处的产品周期不一定相同，P 产品可以从 A 国外移 B 国，把该国产品的销售重心转移到还处于成长成熟期的产品，延长产品的寿命周期，继续获得利润，直至进入衰退期，依次类似外移到 C 国。在产品生产的不同生产阶段，国家之间进行进出口贸易的同时，由于产品的外移，产品的生产和需求将会发生变化，引起产品价格的变化、生产要素的重组和要素需求的改变，从而必然促使要素价格发生上升或者下降。

产品生命周期理论将比较优势论与资源禀赋论动态化，很好地解释了战后一些国家从某些产品的出口国变为进口国的现象。这一现象改变了各国之间的相对产品需求与要素需求。

4.产业内贸易理论

李嘉图比较成本理论与要素禀赋模型很好地解释了二战之前许多国家进行贸易并从事专业化生产的动因与模式，众多国际经济学家也对这两个模型进行了扩展，使贸易模型更具有一般化和标准化。但传统比较优势理论都无法解释同类产品及相似经济体之间的贸易量逐渐增加的趋势以及跨国公司内部直接贸易的兴起。产业内贸易理论以不完全竞争市场为前提，探讨了规模经济与比较优势理论如何相互作用并决定国际贸易模式的，并隐含讨论了贸易所得。

产业内贸易理论又称差异化产品理论，认为规模经济的内生化性技术进步是贸易产生的动因，指出随着贸易的开展，规模扩大，厂商可以通过规模经济效应使产品的边际生产成本会降低从而实现专业化生产的效用，技术也获得内生性增长。一方面，规模经济引起的成本降低又可以刺激厂商进行生产扩张；另一方面也使厂商偏向支持建设贸易限制扩大出口的自由贸易政策。因此，在产业内贸易理论中，生产要素的需求和价格与商品生产的规模有密切关系，但由于产业内贸易理论的前提假定是不完全竞争市场，不同国家生产的模式受诸多因素的影响，如市场进入次序、历史因素或偶然事件以及一国发展战略等。此外，生产过程中的技术变化都会影响生产要素的需求及工资，因此并不像 H-O 理论的推论。所以，在产业内贸易理论中，明确贸易带来的要素结构的变化，进一步分析贸易的劳动力市场效应是较为困难的。但学术界大部分都接受与产业间贸易相比较，产业内贸易对一国收入分配没有强烈影响。

克鲁格曼（1979）[①]采用张伯伦垄断竞争模型，并借鉴迪克西特和斯蒂格利茨（1977）提出的差异产品和内部规模经济考虑在内的模型推广到开放条件下，从无贸易封闭经济体的两个产业均衡开始，然后研究两国进行贸易时产业变动的情况，发现要素禀赋相似的国家之间进行产业内贸易，且产业内贸易指数等于要素比例相似指数，创立了"新张伯伦模型"。这一模型研究只有一种生产要素（劳动力）的国家经济。假定该国经济能够生产任何数量的指数为 i 的产品，且实际生产的产品数量从 1 到 n（n 被定义为数量很大）；所有居民都具有相同的效用函数，在这个函数中，所有产品都对称。

$$U = \sum_{i=1}^{n} v(c_i) \qquad v' > 0, \ v'' < 0$$

其中，c_i是第 i 个产品的消费量。

另外，假定所有产品以同样成本函数生产，每件产品生产中所使用的劳动力数量是产品的线性函数，即：

① ［美］保罗·克鲁格曼：《国际贸易新理论》，黄胜强译，北京：中国社会科学出版社 2001 年版，第 69—72 页。

$$l_i = \alpha + \beta x_i \quad \alpha > 0, \quad \beta > 0$$

其中，l_i表示产品 i 生产中所使用的劳动力数量，x_i是产品 i 的产量，α是固定成本。也就是说平均成本下降，边际成本保持不变。

一种产品的产量必须等于该产品个别消费量（c_i）的总和；且假定有充分就业的条件，以便使劳动力 L 总量必须全部用于各个产品的生产中。市场中的代表人都是经济理性人，都会追求效用最大化，其一阶条件：

$$v^{'}(c_i) = \lambda p_i \quad i = 1, \cdots n$$

其中，λ表示有限收入条件下的影子价格，可以表示收入的边际效用。于是企业按利润最大化的原则来决定产品的价格。

$$\frac{p}{w} = \beta + \frac{\alpha}{x} = \beta + \frac{\alpha}{Lc}$$

假设现在有两个 A 和 B 这样的国家经济体，具有相同的偏好和技术，只有一种生产要素排除了要素禀赋的差异。两个国家进行贸易时，贸易成本为零。由于对称这个假定，这两个国家的工资率相等，两个国家以生产产品的价格也相等。此时，劳动力数量增加，zz 曲线向左移，实际工资w/p提高，同时使生产规模扩大，可供选择消费的品种增多，福利增加。如图 2-4 所示：

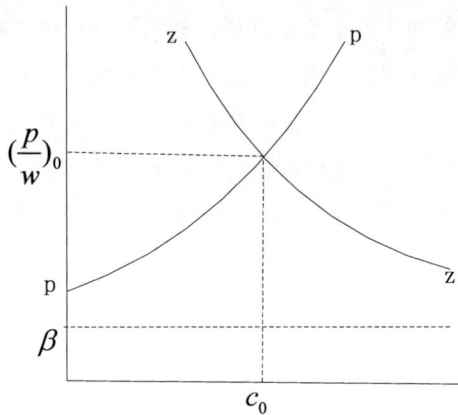

图 2-4 克鲁格曼国际贸易理论

pp 线表示从价格条件公式推导出的p/w与 c 的关系，其中假定需求弹性随着 c 下降。zz 线表示从利润最大化公式推导出的p/w与 c 的关系。两条曲线的相交点就是均衡点，代表每项产品的个人消费量及每项产品的价格。如果进一步假设充分就业，以生产产品的数量就可以确定，即：

$$n = \frac{L}{\alpha + \beta x}$$

这个模型非常的简化，但是却解决了国际经济学家关系的问题，克鲁格曼在此基础上逐渐把模型扩张到一般化，基本结论不变，即产品生产中的规模经济导致各个国家只生产每一组产品中的某些产品，因而导致产业内分工贸易。现在利用扩张的模型分析产业内贸易对收入分配的影响。

假设有两个产业，生产两种产品 α 和 β，且每一种产品存在许多潜在产品，潜在产品加上⎺来区别于产品 α 和 β。第一种产品 α 的消费量用 $c_1, \cdots c_n$ 来表示，产品 β 的消费量用 $\overline{c_1}, \cdots \overline{c_n}$ 来表示。假定对两种产品的需求产生于人口存在着两个消费阶层，且其中一个消费阶层有 L 个成员，只能从产品 α 的消费量中获得，另一个阶层有 $\overline{L}$ 个成员，其效用只能从产品 β 的消费量中求得。代表性的成员对这两种产品的效用函数可以表示如下，假定效用函数的形式及 θ 对两个阶层都是相同的。

$$U = \sum_i c_i^{\theta}, \qquad \overline{U} = \sum_j \overline{c_j}^{\theta} \qquad 0 < \theta < 1$$

在成本方面，假定两种产品具有同样的成本函数：

$$l_i = \alpha + \beta x_i, \ i = 1, \cdots n \quad \overline{l_j} = \alpha + \beta \overline{x_j}, \ j = 1, \cdots \overline{n}$$

l_i，$\overline{l_j}$ 表示每种产品典型产品生产时使用的劳动力；x_i，$\overline{x_j}$ 表示该产品的产量。

假定需求条件取决于两个阶层在总人口的比重，以及可以充分就业。根据利润趋于零得到：

$$npx = wL, \quad \overline{n} \, \overline{p} \, \overline{x} = \overline{w} \overline{L}$$

至此，与上述简单模型分析相似，现在假设在需求方面一个产业被假定若干个相互不能完全替代的产品来完成，供给方面被认为可以相互替代，假定只有两种生产要素劳动 1 和劳动 2，每一种劳动只适用于一个产业。即劳动 1 用于产业 1，劳动 2 用于产业 2。为了完成模型，总劳动力被设定为 2；参数 z 被用来计算要素比例。所以，假定劳动力可以处于充分就业时，劳动量表示如下：

$$L_1 = 2 - z, \ L_2 = z \qquad 0 < z < 1$$

达到均衡时:

$$\frac{w_1}{w_2} = \frac{z}{2-z}$$

可以看出参数 z 的值决定劳动力 1 和劳动力 2 的相对工资。当进行贸易时,如果两国禀赋相同,即 z=1, z 值越小,要素禀赋的差别越大。

为了进一步确定要素从贸易中获得的利益和损失,克鲁格曼假定一个人得到一份工资 w,他将花费 w/2 用于购买每个产业中的产品,对于一个产业内所有不同产品都花费相等的工资。这样他的效用就等取决于工资、每个产业的代表性产品的价格和数量。即

$$U = \ln[n_1(\frac{w}{2n_1 p_1})^\theta]^{1/\theta} + \ln[n_2(\frac{w}{2n_2 p_1})^\theta]^{1/\theta}$$

$$= -2\ln 2 + \ln \frac{w}{p_1} + \ln \frac{w}{p_2} + \frac{1-\theta}{\theta}\ln n_1 + \frac{1-\theta}{\theta}\ln n_2$$

为了分析贸易对福利的具体作用,进一步引入一些符号:

U_1, U_2 表示就业于产业 1 和 2 的工人效用;

w_{11}, w_{12} 表示用产业 1 和产业 2 的产品表示产业 1 的工人实际工资;

w_{21}, w_{22} 表示用产业 1 和产业 2 的产品表示产业 2 的工人实际工资。

当从封闭状态进入自由贸易状态时:(本国产业 2 的劳动力为稀缺要素)

$$U_2' - U_2 = \frac{2\theta-1}{\theta}\ln z - \frac{1}{\theta}\ln 2 - z + \frac{2-2\theta}{\theta}\ln 2$$

贸易产生两种福利效应,第一,由于要素价格相等,会产生一个分配效应,劳动力的实际工资用自己产业的产品表示没有发生变化,而以其他产业的产品表示则可能出现随要素的丰裕或稀缺而上升或下降;第二,效应就是市场扩大,品种增加,每个人都获利。其中,用 θ 表示一个产业中各产品的替代程度,θ 值越小,产品的花色品种越多,未开发的规模经济就越大。从中我们可以得出要素是否获利和受损取决于两种效应的加总。如图 2-5 所示,其结论可总结为:

(1)当 $\theta < 0.5$ 时,稀缺要素必然从贸易中会获得好处。即如果产品品种很多,两个要素均能从贸易中获益;

(2)当 $\theta > 0.5$ 时,分为三种情况:①当 z 趋近于 1 时,$U_2' - U_2 > 0$;②当 z

趋近于 0 时，$U_2^{'}-U_2$ 趋于 $-\infty$；③ z 取其他值时，$U_2^{'}-U_2$ 显示增大。

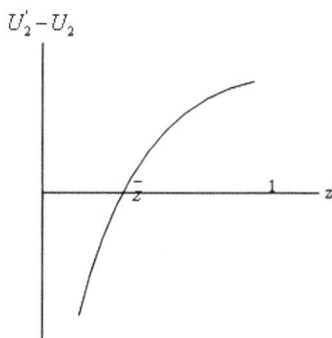

图 2-5　贸易产生的效应分析图

上述分析可以得出一个很明显的结论：如果资源禀赋非常相似，两个要素都将从贸易中获益。也进一步支持了克拉维斯（1971）郝夫鲍尔和柴拉斯（1974）等一些著名经济学家提出的论点：产业内贸易比产业间贸易带来的调整问题和成本更少！也将不会带来收入分配的问题。

综上所述，克鲁格曼从理论模型证明了当市场结构从完全竞争转变为不完全竞争，达到规模报酬递增阶段时，一是国际贸易的绝大部分是在要素相似的国家之间进行的；二是相似国家之间的贸易的大部分是产业内贸易，即相似产品的双向贸易；三是产业内贸易的增长并非带来严重的收入分配问题。

5. 外贸乘数效应理论

以上相关模型和理论均是从微观基础方面探讨贸易与劳动力市场的关系，深刻揭示了失业的根本原因在于劳动供给制度方面。但先前凯恩斯主义经济学从宏观上强调总需求对决定国民收入的至关重要作用时，提出在边际消费倾向递减、资本边际效率递减、流动性偏好三大心理规律作用下，有效需求不足会导致社会出现大规模失业和生产过剩现象，并从国民收入作用机制探讨了贸易对就业的乘数效应理论。其中，乘数效应是一种宏观的经济效应，是指经济活动中某一变量的增减所引起的经济总量变化的连锁反应程度。

具体来说，凯恩斯主义经济学认为，国内就业是由有效需求的派生需求决定。在开放经济中，一个国家的有效需求包括内部需求和外部需求，内部需求由投资需求和消费需求构成，外部需求则由对外贸易决定。同时，一国的出口和国内投资一样对国民收入和就业具有倍增的乘数作用；一国的进口则和国内储蓄一样对国民收入和就业具有倍减的乘数作用。在此基础上，萨缪尔森认为国际贸易除了的出口乘数作用以外，进口的乘数作用则是对国民收入和就业起到"渗漏"效应，由此引出贸易保护对一国有利的结论与应鼓励出口、限制进口的推断。另外，凯恩斯认为贸易顺差能够通过增加投资需求而增加国内有效需求，从而提高国民收入和提高就业，所以当社会有效需求不足出现非自愿失业时，一国政府可以通过扩大支出项目（投资、政府购买和出口）来增加总需求，解决和缓解社会的就业问题。

（二）劳动力市场的相关理论

李嘉图模型和 H-O 模型理论框架对国际贸易产业间跨部门的就业效应做出了清晰地预测——国际贸易将会导致进口竞争部门萎缩，出口部门扩张，劳动力从进口部门向出口部门流动。虽然传统比较优势理论对国际贸易劳动力跨部门流动配置和工资效应指明了方向，但充分就业是其最重要的基本假设之一，认为工资价格具有完全弹性可以使市场处于完全就业状态，而失业不过是偏离均衡状态的一种暂时性失衡。因此对存在失业情况下的国际贸易理论的就业效应分析，还需要从劳动力市场的制度性因素层面展开理论研究，并将其拓展到开放经济的一般均衡分析中。[①] 基于此，下文将对相关学者从劳动力市场制度因素方面如最低工资模型、效率工资模型和搜索模型等分析框架梳理国际贸易对就业影响研究的理论基础。

1. 最低工资模型

克鲁格从劳动力市场的制度因素方面探讨了失业存在时国际贸易对劳动力市场的影响，指出资本和劳动力市场的扭曲效应可以在工资 / 租金比率高于其有效水平的情况下加以分析，并认为市场扭曲来源有三个方面，本书仅对存在失业的两种情形进行着重分析。

首先是哈里斯—托达罗模型（简称 H-T，以下均采用此简称），作为分析不发达国家劳动力市场各方面的理论框架，它建立了一个最低工资模型，研究二元劳动力市场结构下的人口流动。模型假定城市部门的最低实际工资水平高于农村部门的实际工资，导致均衡时城市部门劳动力市场存在失业。克鲁格（1983）将 H-T 模型的分析框架拓展到开放经济中，在通常竞争假定下的 N 个商品、M 个国家和两种生产要的模型中，通过引入一种初级产品或农业部门来改进模型，因而这里面考虑的 N 个产业是指制造业内生产 N 种不同商品的产业。此外假定每个国家的技术特征相同；每个产业都是完全竞争的，其生产水

---

① 周申、李春梅、谢娟娟：《国际贸易与劳动力市场：研究述评》，《南开经济研究》2007 年第 3 期，第 108 页。

平为正，并且生产要素在产业间充分流动。一般来说，各国将按照要素禀赋程度从事某种或者几种产品的生产，处于要素禀赋程度排列中间的一些国家将趋向专业生产处于要素密集程度排列中间的产品，并从劳动力较丰裕的国家进口劳动密集型产品，从资本较丰裕的国家进口资本密集型产品。基于上述的假定，在资源有效配置的运行下，要素达到充分利用，然而要素市场扭曲就会严重影响贸易商品的构成。即当城市劳动密集度高的部门（制造业）固定工资提高时，生产结构就转向生产资本密集度高的产品（食品），资本的报酬就越低，就业必然低于没有扭曲的就业水平（前提是不存在 H-T 模型中的劳动密集度逆转现象）。但按照 H-T 模型的分析，在实际经济中，各部门的工资/租金比例是有差异的，也就会存在劳动密集度逆转现象，即导致农业部门向劳动密集度高的方向转型。在某一临界值，制造业部门劳动密集度等于农业部门，两个部门的劳动密集度都将降低。H-T 模型进一步认为如果随着实际工资的上升，城市就业表现出大幅度下降，那么农业部门的就业可能会随着城市就业水平的下降而上升。在这种情况下，农业转化成劳动密集度较高的部门。

其次是整个经济的实际工资下限。克鲁格把莱彻模型也引入到开放经济中，认为整个经济的工资/租金比率高于它在完全竞争的要素市场下的水平（被认为是由于最低工资法或者工会等其他原因造成）会引起失业。足够高的最低工资的存在使得劳动密集型产品专业化生产中的充分就业不可能再继续，因为企业根据商品价格和利润最大化原则生产的产品集合不会在生产可能线上，而是在其内部，形成一个竞争产出曲线，被称为赖伯任斯基曲线。此时，充分就业只有在资本密集型产品生产完全专业化中才能实现，且资本密集型产品的价格足以维持用劳动密集型产品表示最低工资。所以，在商品价格不变的情况下，实际最低工资被提高，劳动密集型产品的产量仍会增加，但经济不会专门生产错误的产品，随着实际最低工资的上升，失业率上升。[①]

2.效率工资模型

效率工资理论是新凯恩斯主义经济学关于劳动力市场理论的重要组成部分，也是 20 世纪 80 年代以来比较有影响的现代工资决定理论。主要强调企业与雇员生产率信息不完全对称情形下的选择问题，即利用支付给工人高于市场出清的工资水平这种激励的方法解决雇员的偷懒行为，高于市场出清水平的工资被称为效率工资。而它能通过约束机制发挥激励的作用——效率工资是雇员偷懒

① [美]安妮·克鲁格:《发展中国家的贸易与就业》，李实，刘小玄译，上海：上海人民出版社 2015 年版，第 106 页。

被抓住的惩罚机制。同时，对企业来说，效率工资有助于企业吸收高效率勤奋的工人。从上述介绍可以看出，效率工资确实对工资刚性、失业和工资歧视等有较强的解释能力，也在一定程度上解释了西方国家高工资和高失业率并存的现象，因此被罗伯特·戈登认为是劳动力市场微观经济理论发展进程中的"80年代的新热点"是合适的。[①]

索罗是效率工资的开拓者，而 Shapiro and Stiglitz(1984) 建构了一个效率工资模型，研究认为，在信息不对称的情况下，企业支付超过市场出清水平的工资对雇员有激励作用，且能使企业追求利润最大化，但市场达到均衡时将会出现失业。Matusz(1994) 将 Shapiro and Stiglitz（1984）的模型引入到开放经济中，建立了一个两部门、两要素的效率工资模型，分析适当的贸易政策对劳动力就业量和就业结构的影响。假定一个小型经济体存在 X 和 Y 两个部门，两种要素劳动和资本，其中 Y 为资本密集型出口部门，X 为劳动密集型进口部门，两部门存在失业和工资差异；此外，假定技术规模报酬不变和市场完全竞争。为了是模型更具普适性，假定消费者具有相同的偏好，都是风险中性者。当对进口征收关税（出口补贴）时，贸易政策将对就业产生两种效应，即结构效应和水平效应，而净效应取决于这两种效应的代数和。如实行征收进口关税的贸易政策，一方面，将增加进口产品的价格、促使工人向低工资、劳动密集型的进口部门 X 转移，引致高就业和低产出，此效应为结构效应；另一方面，国内劳动密集型产品价格的提高使两部门劳动力的实际工资增加，根据工资与失业率反向变动的假定，均衡失业率出现下降，而产出增加，此效应为水平效应。在此基础上，Matusz(1994) 进一步利用模型推导，指出何种情形下，采用何种贸易政策时，静效应为正。结论为：当各部门工资一致，如果 X 的价格变化为正，且就业价格弹性为正向时，实行进口征税能增加就业；反之，如果 X 的价格变化为负，且就业价格弹性为负向时，实行出口补贴则能提升就业。最终，本书得出保护低工资劳动密集型部门可以增加就业，但同时笔者自己指出模型的简单不足以支撑贸易政策的选择，但认为贸易政策确实改变了就业结构和就业量。

3. 工作搜寻理论

搜寻理论是由斯蒂格勒和迈克尔（Stigler and Mccall）开拓的，后来被引入劳动经济学的范畴，该理论统一了人们对摩擦性失业和结构性失业的认识。主要强调在真实的劳动力市场上，工人和厂商都有异质性，且以分散决策、一对

① Gorldon,R.J. "What Is New-Keynian Economics", *Journal of Economics Literature*,no.28,(1990).pp.13-14.

一的方式在市场上相见，力图将各自的偏好、技能和需求进行匹配存在成本的过程。由于匹配过程需要时间，因此就有可能导致失业的存在，被称为摩擦性失业。

Davidson、Martin and Matusz(1988) 的著作是搜寻模型的代表性文献。模型假定存在两个生产部门和两种生产要素（异质劳动），其中一个部门为搜寻部门，是指一种类型的工人要与另一种类型工人相结合才能就业。研究结果表明，市场达到均衡时存在摩擦性失业。Davidson、Martin and Matusz(1999) 在上述文献的研究基础上，把工作搜寻分析框架扩展到开放经济中，分析国际贸易与劳动力市场之间的关系。假定两个国家、两部门和两种生产要素（劳动和资本），两个国家具有相同的禀赋和生产技术，规模报酬不变，部门间要素自由流动，每个工人都拥有闲暇和工作两种能力。此外，假定处于搜寻状态工人只有与闲置的资本相结合才可以就业，每个消费者都具有风险中性，企业追求利润最大化。在这种假定下，两个国家进行贸易往来的动因归结于劳动力市场摩擦（市场周转成本）的差异。作者通过推导公式证明劳动力市场周转成本对比较优势起重要作用，即一国拥有高效的搜寻技术，其高失业部门就具有生产产品的优势，这种贸易模式会影响产品价格，从而诱使生产要素寻求工作机会，改变要素的价格，影响就业。最终得出结论：①当资本密集型大国与一个劳动密集型小国进行贸易时，假定大国具有高效的劳动力市场，会导致大国总失业率上升，降低失业者的福利。②假设匹配的生产要素之间讨价是有效的，均衡状态时搜寻部门生产要素、出口部门和进口部门的密集使用要素的实际收入变化会更复杂，并不会是 H-O 理论推断的结果。

综上分析可以看出，自 20 世纪初以来，国际贸易理论层出不穷，研究贸易与劳动力市场的相关理论也日益曾多，但西方经济学逐步确立了 H-O 理论在国际贸易理论中的主导地位。H-O 理论认为在缺乏李嘉图外生技术比较优势时，要素的非流动性造成国家间要素禀赋差异是决定国际分工和国际交换的最重要因素。如果一国（地区）劳动力存量较高、劳动力相对丰裕而资本相对稀缺，该国（地区）应该集中生产和出口劳动密集型产品，相反一国（地区）资本相对充裕而劳动力相对稀缺，该国（地区）应该集中生产和出口资本密集型产品。H-O 理论表明如果一国（地区）劳动力供给相对较多，集中生产和出口劳动密集型产品不仅促使整体福利增加，且会导致劳动力从进口部门流向出口部门，产生跨部门就业效应。与 H-O 理论有关的三个主要贸易定理均涉及贸易与劳动力市场的关系。这也是前文提到的 FPE 定理、SS 定理和雷布钦斯定理（简称雷氏定理）。其中，FPE 定理是指对外贸易通过商品价格引起生产要素的再配置，最终使要素价格趋于一致，实际上是国际产品交换代替了国际间要素非流动性。SS 定理表明对外贸易通过商品相对需求影响要素相对需求，使商品价格与要素价格存在对应关系，具体来讲，对外贸易提高出口产品的价格，从而提高该产品生产中本国（地区）相对丰裕要素的实际价格，降低本国（地区）相对稀缺要素的实际价格。雷氏定理指出当劳动要素发生变动时，产品产量会发生相应变动，最终使要素禀赋变动与劳动要素报酬无关。

H-O 理论及相关的三个贸易定理均以完全竞争市场结构为假定前提，在此框架里集中探讨了对外贸易对经济发展和要素价格两个领域的影响。其中，SS 定理在 H-O 模型框架下提供了对外贸易与要素价格之间关系的理论支柱。它的核心内容是：在完全竞争的要素市场，利润最大化意味着生产者面临的产品价格与要支付的要素价格之间存在对应关系。贸易通过要素的配置影响厂商获取最大化利润，进而使他们转向生产利润较高的部门，最终导致该部门对丰裕要素需求的增加，稀缺要素需求的减少。且在要素供给不变的前提下，这些需求改变了要素价格直至各部分利润相一致，重新回到均衡点。因此，我们可以从中得出 SS 定理主要是指贸易通过商品价格影响要素价格，商品价格机制成为对外贸易影响劳动力市场的一个途径。对外贸易时，如果熟练劳动密集型产品相对于非熟练劳动密集型产品价格增加，相对工资就会增加，因此，对外贸易影响相对工资（Sachs and Shatz,1994）。针对这一影响大小，SS 定理指出对外贸易对要素价格的影响变动会超过对商品价格的影响变动，并把要素价格的变动幅度超过商品价格的变动幅度的这一结论称为"扩大效应"，超比例的现象归因于要素比例达到新均衡时不同产业要素密集度的变化（Jones,1962）。根据这一机制，Wood（1991）引入要素含量法计算对外贸易对产品所包含要素需求和价格的影响；Joens（1965,1977）先后建立委托工资方程式，将产品价格变动对要素收入份额回归得出商品价格变化所引致要素价格变动的信息。另外，由于委托工资方程式的理论基础更为坚实，成为学术界分析对外贸易与工资关系时普遍采用的方法。

二、主流理论的拓展

近几十年，H-O 理论及相关的三个贸易定理被集中使用探讨贸易与劳动力市场的关系，但 Leontief（1953）利用 1947 年美国 200 个行业的进出口贸易数据发现美国作为发达经济体，更多的是出口劳动密集型产品，进口资本密集型产品，与要素禀赋的推论相反。同时，相较于非熟练劳动密集产品，80 年代美国熟练劳动密集型产品价格并没有出现明显下跌，而相对工资却在提升。这些相悖现象对标准 H-O 理论提出挑战，同时也表明商品价格机制并不是贸易影响工资的唯一渠道。经济学家开始不断放松假定，引入其他因素从新的视角探讨对外贸易与劳动力市场的关系。

（一）引入新要素

由 SS 定理得出贸易确实要部分地为相对工资上升和发达国家的失业负责（Slaughter,1998），但简单地断定"由国际贸易引起"的结论需要小心对待。产品和服务在国家之间进行交换流通是国家间的偏好、技术、禀赋和贸易障碍的内生性结果，贸易和产品价格是由不同原因所决定的，或者说贸易并不是导致产品价格变化的最根本原因。[①] 在此基础上，Slaughter（1998）重新表述了对外贸易对产品价格变化的影响：即国（地区）内外贸易政策壁垒和贸易环境等变化均会改变一国（地区）产品价格，从而影响要素价格。且技术、禀赋和偏好的变化也会改变一国（地区）产品价格和要素价格。Deardorff（1994）回顾了自 Stolper and Samuelson 的 1941 年研究成果以来 50 年内出现的对 SS 定理有较大贡献的 10 篇文章，并把相关结论总结如下六个版本：

表 2-1　SS 定理的六个版本表述

版本	结论
一般版本	贸易保护的实施或加强会提高稀缺生产要素价格，降低丰裕生产要素价格
限制性版本	相较于封闭经济，自由贸易会降低稀缺生产要素价格，提高丰裕生产要素价格
精炼版本	一种商品相对价格的提高，会提高这种商品的密集生产要素实际价格，并降低其他生产要素实际价格
技术不变的加强版本	其他商品价格不变，提高任一商品价格均会提高此商品中密集生产要素的实际价格，降低其他生产要素的实际价格
友好和敌意版本	任何一种商品均会偏好于某些要素，而排斥于其他要素
关联版本	外界对商品价格的影响变化，对应的生产要素价格变化会正相关于要素密集使用权重

---

① A.V. Deardoff and R. M. Stern(eds),*The Stolper-Samuelson Theorem:A Golden Jubilee.*Ann Arbor:The University of Michigan Press,1994,p.14.

技术作为一种新要素与贸易密切相关。Poser（1961）把技术差距作为比较优势的动因之一分析贸易对工资的影响，即技术差距模型。按技术水平把经济体分为技术领先经济体和技术落后经济体，并按生产技术密集程度把产品分为不同的档次，这样便得出一个类似赫克谢尔 - 俄林模型的技术差距模型。在这个模型中，具有不同技术层次的经济体生产不同档次的产品，从而产生国际分工和国际交换，如技术发达经济体在技术密集型产品方面具有比较优势，且更易采用最新技术加以改进，最终提高劳动生产率，这就是发达经济体比较优势所在，也是其获取垄断利润、工人工资较高的原因。在此基础上，Grugman（1985）进一步分析技术差距发生变化时，贸易对分工模式和福利的影响，得出结论：当技术差距扩大时，技术领先经济体的技术进步改变了生产产品的档次范围从而获得技术领先优势、创造更多的贸易机会，最终提高各经济体的实际收入；但当技术差距缩小，技术落后经济体的技术追赶迫使技术领先经济体放弃技术落后的产业，从而降低相对收入、减少技术领先经济体从贸易中获利，不利于技术领先经济体，但实现技术进步的过程就是产品不断更新和转移的过程。因此，从某种意义上讲，技术领先经济体的实际收入取决于它的领先程度。

考察只有一种生产要素即劳动力的比较优势模型，设 $a_i(z)$ 为在经济体 (i) 生产产品 (z) 的单位劳动力需求量，$a^*(z)$ 为前沿技术条件下单位劳动力需求量，同时，假定 a^* 随着时间推进而不断下降：

$$a^*(z) = \exp(-g_z t)$$

其中，g_z 表示生产产品 (z) 的前沿技术的进步率，它可被看作是 z 的技术密集度指数。假定各经济体的技术与技术前沿的差距年数具有统一性。于是经济体 (i) 就比技术前沿落后 λ_i 年。因此，i 生产产品 (z) 时的单位劳动力需要量为：

$$a_i(z) = \exp\left[-g_z(t - \lambda_i)\right]$$

现在将这个经济体与另一个经济体 j 进行比较，如果 $\lambda_j > \lambda_i$，经济体 j 在采取新技术方面就落后于经济体 i，那 (i) 所有产品的生产率就高于 (j)，但它的生产率优势并不是各行业都是相同的，即对具体某个产品 z 来说，使用的公式为：

$$\frac{a_j(z)}{a_i(z)} = \exp\left[g_z(\lambda_j - \lambda_i)\right]$$

上式表达的含义是，i的生产率优势较高，超出部分用g_z表示，i的比较优势所代表的产品排序与技术密集度表示的排序相一致。因此，每个经济体在产品档次上都有相应的位置，档次较高说明在这个档次上的产品具有比较优势。

假设有两个经济体1和经济体2，经济体1的生产率优势为：

$$a(z) = \frac{a_2(z)}{a_1(z)}$$

并且以(z)表示的指数正在上升，有某些边际产品(z)，他们的生产成本在经济体1和2都相等，相对工资和(z)用下式表示：

$$w = \frac{w_1}{w_2} = a(\bar{z})$$

其中，所有$z < \bar{z}$的产品都是在经济体2生产，所有$z > \bar{z}$的产品都经济体1生产。国际收支均衡要求经济体2所生产的产品因为档次提高所产生的效应被经济体1的相对工资较低的优势抵消，供应均衡的要求条件与之相反。

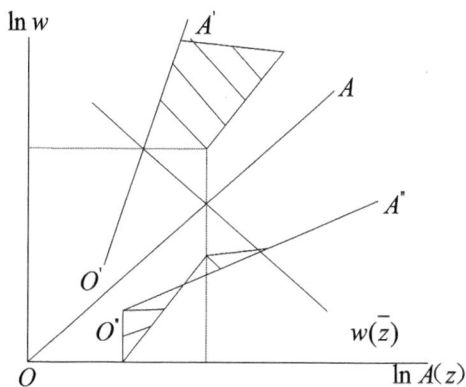

图2-6 克鲁格曼技术贸易模型

资料来源：[美]保罗·克鲁格曼：《国际贸易新理论》，黄胜强译，北京：中国社会科学出版社2001年版，第102页。

图2-6描绘了技术差距变化时，贸易对分工模式和福利的影响。其中，对生产率优势和相对工资均取对数，即横坐标表示边际产品指数的百分比，纵坐标表示相对工资的百分比。首先，当技术差距扩大时，OA以高于(z)的程度向上移动至$O'A'$，从而使发达经济体的相对工资上升，而不发达经济体所生产的

产品档次下降，同时，工资增长率的上升幅度低于原边际产品生产率的上升幅度。此时，发达经济体以其本经济体的产品价格表示的实际工资由于生产率提高而上升，而以其他经济体产品价格表示的实际工资又以相对工资优势上升而提高。对于跨国（地区）产品而言，这些产品原本在经济体 2 生产，现在移到经济体 1 生产。因此，这些产品以经济体 1 的劳动力表示肯定比现在便宜。这个结论很容易导致"北方经济体的技术进步是以牺牲南方经济体的利益为代价"的观点，但克鲁格曼认为不发达经济体的情况也会改善，OA 左上方斜线部分表示经济体 2 购买力的上升。其次，当技术差距缩小时，OA 以高于(z)的程度向下移动至 $O^{'}A^{'}$，经济体 2 从自身技术进步中仍获利，而对发达经济体的工资影响较为复杂。以三组产品来研究，第一组产品在经济体 1 生产然后出口并且由发达经济体继续出口，对于这些产品来说，实际工资没有变化；第二组产品的生产向南方经济体移动，但仍可以继续在发达经济体用未改变的劳动力成本来生产，实际工资就提高；第三组始终在不发达经济体生产的产品，这些产品由于经济 1 的相对工资下降而变得价格更高，二者的净效应就是实际工资对技术差距的反应。

另外，技术进步作为贸易引致的内生性因素，也被称为技能偏向型技术进步（简称 SBTC）。Wood（1994,1995）的研究得出面对发展中国家的出口产品竞争，为了防止被模仿和超越的可能性增加，发达国家会选择防御性技术创新，提高产品技术含量，从而降低发达国家非熟练劳动力的就业机会和工资水平，同时提高熟练劳动力的技能需求和工资水平。Acemoglu（2002）的研究认为对外贸易改变了要素结构，从而使技术进步发生变化，最终改变要素的需求量和价格。南北贸易中，北方国家为了寻求替代价格昂贵的非熟练劳动力以及应对技术外溢，会努力寻找新的生产方式和技术，最终增加对技能劳动力的需求（Grogman,1985）。另外，Helpman（2010）从劳动力市场筛选机制的角度研究对外贸易的就业效应，得出对外贸易带来的技术进步提高了企业招聘员工的门槛和筛选意愿，从而增加技术工人的雇用机会，降低非技术工人雇用的机会，最终降低整体就业机会，提高社会失业率。

（二）修正流动性的假定

SS 定理中争议最多的是对要素充分流动性的假定，Harberger、Jones、Neary 等经济学家对其进行了大量批判和修正。其中，Neary 的研究从短期、中期和长期角度对 SS 定理进行了深入分析。具体是指，就短期而言，劳动和资本两种要素均具有不可流动性,那么考虑劳动密集型商品价格上升后,资本和劳动价格均上升,而资本密集型行业的要素价格都下降。就中期而言,劳动可流动而资本不可流动,那么劳动密集型商品价格上升使本行业的要素实际价格上升,且劳动可流动性会使其价格在两个行业间实现均等化(名义工资上升,实际工资不确定)。就长期而言,劳动密集型行业的资本价格较高会引起资本由资本密集型行业流向劳动密集型行业,这会增加劳动力需求,提高劳动要素价格;资本价格在两个行业间实现均等化,而相对于对外贸易前下降。Neary 的研究实际上是考虑了短期内要素流动缓慢性的情况,从而证明 SS 定理在长期内的适用性。

在微观经济学中,关于供给面的分析通常都为分为短期和长期分析两种,在长期条件下,假设生产要素是同质的,不同部门中的生产要素是可以互相替代的,也就是说生产要素在不同部门间是可以自由流动的。在短期条件下,至少有一种要素是不流动的,具有特定性。在对外贸易理论中,基本的要素禀赋理论是基于长期进行分析的,关于要素禀赋理论的短期分析则是由 Samuelson 和 Jones 在 20 世纪 70 年代提出的,被称为特定要素模型。在此基础上,接下来从短期和长期两个角度使用量化方法分析对外贸易对劳动力工资的短期和长期影响。

在标准的 H-O 模型中,假设 A 和 B 两经济体分别使用两种生产要素资本(K)和劳动(L)生产两种产品劳动密集型产品(X)和资本密集型产品(Y)。以经济体 A 为分析对象,A 出口 Y,而进口 X。在完全竞争市场的前提下,每部门的生产要素价格均等于其边际产品价值,即等于商品价格与边际产品的乘积($w = P \times MP$),因此,真实工资可以表达为:

$$\frac{w}{P} = MP$$

短期内,资本不能流动而劳动力可流动的情况下,进出口贸易会使出口产品的相对价格上升。为了简化分析,假设P_Y上升,P_X不变,出口产品 Y 的相对价格上升必然导致进口部门的劳动力流向出口部门,最终导致出口部门的劳动使用增加,进口部门的劳动使用减少,劳动与资本的使用比值产生变动。根据边际收益递减规律,出口部门劳动的边际产出将下降,而进口部门劳动的边际产出上升,那么出口部门的劳动价格开始下降,进口部门的劳动价格开始上升。

当达到新均衡时,两个部门的劳动价格趋于一致。由于完全竞争市场结构中劳动力实现充分就业，对外贸易仅仅影响本国（地区）部门之间的就业变动，不存在总体就业的增减，因此，出口部门的就业增加，进口部门的就业减少。对于劳动者来说，两个部门的名义工资是相同的，但其实际购买力（真实价格）的变化取决于其消费结构。当劳动者的消费以进口产品为主，则其实际生活水平是提高的；如果劳动者的消费偏重于出口产品，实际生活水平下降。而对于非流动要素资本而言，对外贸易会提高出口部门资本的实际收入，降低进口部门资本的实际收入，具体推论如下方程式所示，↑表示上升，↓表示下降，?表示不确定，字母上"—"表示保持变量不变。

$$\begin{cases} \dfrac{w?}{\overline{P_X}\uparrow} \uparrow = MP_{LX} \uparrow \\[2mm] \dfrac{w?}{P_Y\uparrow} \downarrow = MP_{LY} \downarrow \\[2mm] \dfrac{r?}{\overline{P_X}} \downarrow = MP_{KX} \downarrow \\[2mm] \dfrac{r\uparrow}{P_Y\uparrow} \uparrow = MP_{KY} \uparrow \end{cases}$$

长期内，所有生产要素在部门间均可自由流动。对外贸易使各部门的要素使用和生产均会进一步调整。出口部门的生产扩张需要较多资本与较少劳动使用相结合，而进口部门属于劳动密集型，所以进口部门只能释放较少资本和较多劳动组合，于是在生产要素的重新配置中，资本显得不足而劳动有剩余，所以资本价格会上升，劳动价格会下降。当达到新均衡时，两个部门的劳动（资本）价格趋于一致。在充分就业的假设下，就业效应与短期一致，而工资效应不尽相同。具体来讲，无论是出口部门还是进口部门，资本的名义价格和实际价格都得到提高，而劳动者的实际工资报酬都下降，名义工资的变动不确定，与 SS 定理相符。具体推论如下表达式所示。

$$\begin{cases} \dfrac{w?}{\overline{P_X}} \downarrow = MP_{LX} \downarrow \\[2mm] \dfrac{w?}{P_Y\uparrow} \downarrow = MP_{LY} \downarrow \\[2mm] \dfrac{r}{\overline{P_X}} \uparrow = MP_{KX} \uparrow \\[2mm] \dfrac{r\uparrow}{P_Y\uparrow} \uparrow = MP_{KY} \uparrow \end{cases}$$

从上述分析可以看出，对外贸易对要素价格的影响不仅取决于消费者的商品组合，还取决于长短期要素流动性变化，即短期劳动力流动性缓慢，长期具有充分流动性。

（三）放松完全竞争的假定

几乎所有贸易理论在构建理论框架时仍是以完全竞争为前提，放松这一假定一直未取得令人信服的研究成果，是贸易理论家开始认真考虑并仔细建构存在失业情况模型的时候了（Davison, 1999）。而对存在失业情况下贸易就业效应的分析，还需要从劳动力市场制度性因素的层面展开理论研究，并将其拓展到开放经济的一般均衡分析中。[①]

Davison et al.（1999）首次把标准 H-O 模型与失业理论中的搜寻模型相结合建立了存在失业的一般均衡模型，认为劳动力市场的搜寻效率也能构成为一国（地区）的比较优势，进而得出小经济体同资本充裕且劳动力市场效率高的大经济体之间进行贸易将会使大经济体的失业增加，最终降低大经济体失业工人的福利水平。Moore and Ranjan（2005）认为存在失业时技术偏向型技术进步和全球化对相对工资影响存在差异，即如果熟练劳动力和非熟练劳动力之间具有很高的互补性，技术偏向型技术进步会增加对这两类劳动力的需求，进而降低其失业率，而贸易全球化会降低相对优势的熟练劳动力部门的失业率，而增加相对劣势的非熟练劳动力部门的失业率。在此基础上，Dutt et al.（2009）的研究表明：仅由李嘉图比较优势所驱动的对外贸易会降低失业；而仅由 H-O 模型的比较优势所驱动的对外贸易对就业的影响不确定，结论比较复杂。具体而言，资本相对丰裕的地区进行对外贸易会增加资本密集型部门的就业，而降低劳动密集型部门的就业，但由于两个部门的资本劳动比存在差异，总体上贸易开放会减少对劳动力的需求，进而降低就业机会；劳动相对丰裕的地区进行对外贸易会增加劳动密集型部门的就业，而降低资本密集型部门的就业，总体上贸易开放会增加对劳动力的需求，进而提高就业机会。

20 世纪末期异质性企业理论的出现为存在失业时分析贸易与劳动力市场的关系提供了更好的理论框架，以 Melitz（2003）的研究为代表，认为部门存在差异并区分为同质部门和异质部门。在此基础上，Helpman and Itskhoki（2007）具体分析了贸易对这两个部门就业的影响，即对外贸易影响不同部门的生产成本，进而产生选择效应，同质产品部门因完全竞争的特征无法参与对外竞争，

[①]　周申、李春梅、谢娟娟：《国际贸易与劳动力市场：研究述评》，《南开经济研究》2007 年第 3 期，第 109 页。

进而选择不出口，同时，异质性产品部门因垄断竞争和企业生产率不同使对外贸易的可变成本降低，进而提高其平均利润，最终提高该部门工人的工资水平；此情形下，对外贸易促使更多同质产品部门劳动力转移到异质产品部门去寻找工作，但由于异质产品部门存在搜寻匹配成本和劳动力市场刚性，该过程导致失业增加。[1]Felberman et al.（2008）在 Helpman and Itskhoki（2008）的研究基础上只考虑高生产率部门存在搜寻成本时三种贸易模式对失业的影响：可变贸易成本的降低、进入新的贸易市场和固定贸易成本的降低，得出结论：前两种贸易模式均会通过选择效应促使低生产率企业的劳动力流向高生产率企业，在此过程中由于高生产率企业贸易成本降低产生的巨大利润和诱惑可以提高劳动力搜寻工作的努力，进而降低失业率，第三个模式降低了企业的固定生产成本，进而促使较低生产率的企业也选择出口、扩大市场规模，其平均生产率和失业的影响具有不确定性。[2]Janiak（2006）、Egger and Kreiekemeier（2009）均认为对外贸易的选择效应在进一步扩大大企业规模的同时淘汰小企业，产生劳动力跨部门就业效应，在此过程中由于大企业具有生产率高和拥有的买方垄断，对外贸易导致失业增加。因此，部门结构差异是对外贸易影响失业的一个途径。Davis and Harrigan（2007）指出贸易的选择效应提高了企业的平均生产率，进而提高企业效率工资水平，最终导致企业对劳动力需求的减少，增加失业。

Helpman.et al（2009,2010）和 Dutt.et al（2009）在上述学者研究基础上具体分析了存在失业时对外贸易如何影响劳动力就业和失业。理论模型假设经济体生产一种最终产品（Z）和两种中间产品（X 和 Y），其中最终产品不可贸易，而中间产品可进行贸易。X 和 Y 相对于 Z 的价格分别记为p_x和p_y。最终产品的生产函数为：

$$Z = \frac{AX^{1-\alpha}Y^{\alpha}}{\alpha^{\alpha}(1-\alpha)^{1-\alpha}}$$

给定投入品 X 和 Y 的价格，产品 Z 的单位成本如下：

$$c(p_x, p_y) = \frac{1}{A}(p_x)^{1-\alpha}(p_y)^{\alpha} = 1$$

Helpman.et al（2009,2010）和 Dutt.et al（2009）由上述两式推算得出两种

① Helpman and Itskhoki. "Wages,Unemployment and Inequality with Heterogeneous Firms and Workers" ,*National Bureau of Economic Research*, Working Papers, no.14122(2008),pp.109-129.

② Felbermay et al. "lobalization and labor market outcomes:wage bargaining, search frictions, and firm heterogeneity" ,IZA Discussion Papers no3363(2008),p.151-172.

中间产品的相对需求函数为：

$$\frac{X^d}{Y^d} = \frac{(1-\alpha)p_y}{\alpha p_x}$$

劳动力市场符合标准的 Pissarides（2000）搜寻匹配模型，模型假定存在两个生产部门和两种生产要素，其中中间产品的生产必须符合工作和工人匹配原则，否则它将处于失业状态，且工作岗位分为在任岗位和虚位。而虚位和失业的同时存在可以产生新的工作机会流。

对 X 和 Y 的生产而言，生产中使用两种生产要素：劳动和资本，且一单位的劳动与可租用的资本相匹配。生产函数为：

$$X = L_x k_x^{\phi_x}; Y = L_y k_y^{\phi_y}$$

其中，L_i 表示 i 部门使用的劳动力，k_i 为 i 部门使用的人均资本，即 i 部门使用的总资本为 $K_i = L_i k_i$，并进一步假定 $\phi_x > \phi_y$，这意味着相对于 Y 部门产品，X 部门的产品是资本密集型。i 部门使用的劳动力工资为 w_i，资本的租金为 r。

因此，两种中间产品的相对供给函数为：

$$\frac{X^s}{Y^s} = \frac{k_x^{\phi_x} L_x}{k_y^{\phi_y} L_y} = \frac{h_x L_x}{h_y L_y}$$

其中，h_i 是 i 部门人均资本对应的产出。假设单位时间内虚位为 vL，失业者为 uL，$\theta = \dfrac{v}{u}$ 为单位时间内失业工人找到工作的速率，可以衡量劳动力市场搜寻匹配能力。因此，单位时间内新的工作流为：

$$M(v,u) = mv^\gamma u^{1-\gamma} L = m\theta^\gamma uL$$

该函数是"匹配函数"，同时，定义 $\dfrac{M}{uL} = m\theta^\gamma$ 为失业者的就业率，$\dfrac{M}{vL} = m\theta^{\gamma-1}$ 为虚位的就业率。给定时间的净失业量为：$\dot{u} = \lambda(1-u) - m\theta^\gamma u$，其中 λ 被看作是导致工作毁灭事件发生的几率。

在平衡状态时失业率不变，根据上式可以把失业率写成：

$$u = \frac{\lambda}{\gamma + m\theta^\gamma}$$

此时，给定工人可以自由进入，厂商为了追求利益的最大化，促使已有工作的现值"收益"达到最大，虚位的现值"收益"为零，条件为：

$$p_i k_i^{\phi_i} - rk_i - w = \frac{(\rho+\lambda)\delta}{m\theta^{\gamma-1}}$$

相应地，选择资本量的条件为

$$p_i \phi_i k_i^{\phi_i-1} = r$$

对于工人与厂商的共同均衡而言，根据"纳什讨价还价"均衡，最终工人与厂商会平分就业带来的好处，于是有：

$$w_i = (1-\beta)b + \beta(p_i k_i^{\phi_i} - rk_i + \delta\theta)$$

其中，b是失业者领取的补贴，β为工人的议价能力，$0 \leqslant \beta \leqslant 1$。且两部门的工资是相等的。

而对于资本的分配遵循市场出清原则：

$$\varepsilon k_x + (1-\varepsilon)k_y = \frac{K}{(1-u)L} \quad \text{其中，} \quad \varepsilon = \frac{L_x}{(1-u)L}, \quad K \text{ 为资本总量。}$$

由以上公式可推得中间产品 X 和 Y 的相对供给可以转化为：

$$\frac{X^s}{Y^s} = \frac{\varepsilon k_x^{\phi_x}}{(1-\varepsilon)k_y^{\phi_y}}$$

从上述方程式我们得到人均资本的公式为：

$$k_x = (\frac{\phi_y}{\phi_x})^{\frac{\phi_y}{\phi_x-\phi_y}} (\frac{1-\phi_x}{1-\phi_y})^{\frac{\phi_y-1}{\phi_x-\phi_y}} (\frac{p_x}{p_y})^{\frac{1}{\phi_y-\phi_x}}$$

$$k_y = (\frac{\phi_y}{\phi_x})^{\frac{\phi_x}{\phi_x-\phi_y}} (\frac{1-\phi_x}{1-\phi_y})^{\frac{\phi_x-1}{\phi_x-\phi_y}} (\frac{p_x}{p_y})^{\frac{1}{\phi_y-\phi_x}}$$

因此，X 产品的相对价格上升导致 X 和 Y 产品中人均资本使用量减少，而资本的价格上升；进一步，从 $p_y k_y^{\phi_y} - rk_y = (1-\phi_y)p_y k_y^{\phi_y}$ 中得到 $p_y k_y^{\phi_y} - rk_y$ 也会减少，从而 w 和 θ 减少，失业率 u 提高。

Dutt.et al（2009）的研究进一步指出，当人均资本提升时，先维持产品价格不变，人均资本提升意味着资本密集型产品的相对供给增加，因此市场均衡时产品价格下降和人均资本得到提高。所以人均资本增加是比较优势来源，符合赫克谢尔 - 俄林的要素禀赋标准模型，对就业的影响被称为赫克谢尔 - 俄林就业效应。

通过梳理和分析 H-O 理论的发展可以看出：第一，基本的 H-O 理论是通过分析贸易对商品需求和价格机制的影响途径，进而导致劳动力需求和工资的变化；第二，经过引入新要素和修正相关前提假定后，贸易可以通过技术进步、劳动力市场制度等机制对劳动力就业和工资产生影响，但所得结论与基本 H-O 理论推论并不完全一致。正因为如此，H-O 理论框架有待进一步完善：首先，理论需要实证的检验，后续大部分文献均是进行实证检验，从现实的角度对传统理论进行修正和补充；其次，每个地区存在特征化事实，尤其是劳动力市场制度因素更是迥异，对贸易的就业和工资效应的影响不可忽略。

第二节 文献综述

一、国内外的相关研究

主流贸易理论及其拓展预测了贸易往来与劳动力市场的关系，这引起国内外学者采用各种研究方法分析北方发达经济体和南方发展中经济体劳动力市场的现象，印证此前相关理论的结论。目前，有关贸易对劳动力市场的影响研究中广泛使用的方法主要有两种：一种是劳动经济学领域流行的要素含量法，具体来讲，劳动经济学家关注贸易变化影响国内供给可出口和可进口产品中生产要素的含量，进而影响要素使用量和价格。另一种是贸易经济学领域主流的贸易框架法，具体来讲，贸易经济学家关注贸易规模扩张引起的需求变化如何影响产业间的生产结构和商品价格，从而影响要素需求和价格。

（一）贸易对发达国家劳动力市场的影响

以要素含量分析法为主的文献为 H-O 理论结论提供了有利证据。Wood（1991）运用要素含量方法得出发达国家自发展中国家进口非竞争性产品对发达国家的非熟练劳动力需求下降有较强影响。Driver、Kilpatrick and Naisbitt（1986）运用要素含量法对英国的对外贸易进行研究，结果发现英国与欧共体、新兴工业化国家（地区）的贸易增长均会减少英国的就业，但影响的幅度相当小，其中，与新兴工业化国家（地区）贸易增长造成英国就业损失最大的三个制造业部门以劳动密集型产业为主，包括服装鞋类产品、纺织品和木材家具；而与欧共体贸易增长导致就业损失最大的三个制造业部门以资本密集型产业为主，包括摩托类交通工具、食品和钢铁。Greenhalgh et al.（1998）发现国际贸易对英国非熟练劳动力的工资产生负面影响。Sachas and Shatz（1994）运用要素含量方法调查了美国 51 个两分位制造业数据，得出与发展中国家（地区）贸易并未显著影响美国非熟练劳动力的相对工资下降。Sachas and Shatz（1998）在先前研究的基础上利用美国制造业和服务业部门 1979—1990 年的数据探究非熟练劳动力的就业和相对工资的变化，研究得出技术进步和自发展中国家（地区）的进口均是美国非熟练劳动力工资与就业下降的原因，且后者的影响程度越来越大。Leamer（1994，1996）也认为美国非熟练劳动力的工资下降是由于非熟练劳动力部门产品价格的下跌。Sapir and Schumacher（1985）通过分析欧盟（当时称欧共体）进出口贸易数据的变化，得出欧盟与发展中国家（地区）之间的贸易往来对国内就业产生不利影响，但不明显。

　　以 Feenstra and Hanson(1996,2001)、Sachas and Shatz(1994，1998) 的研究结论为代表，认为就业和实际工资相对下降的原因来自于劳动力充裕、低工资国家的竞争的加剧，即与这些国家经贸往来的扩张，其主要思想为进口竞争抵消出口产品中劳动需求量。Sapir 和 Schumacher（1985）对欧盟（当时称欧共体）的进出口贸易数据进行分析，得出欧盟与发达国家之间的贸易往来对国内的就业的冲击较小。

　　另外，有些研究发现 H-O 理论和 SS 定理的结论不具有显著性：以 Lawrence 和 Slaughter（1993，1996）、Krugman（2000）的研究为代表。Lawrence and Slaughter（1993）通过考察 20 世纪 80 年代美国贸易和工资的数据变动发现非熟练劳动密集型的贸易产品价格并没有下降，进而得出对外贸易未引起当时非熟练劳动力相对工资下降，技术变动则是相对工资变化的重要原因。Lawrence（1996）在先前文献基础上对美国、德国、日本等国的贸易与工资关系进行深入探讨，研究发现这些国家自发展中国家（地区）进口的产品价格与非熟练劳动力工资之间不具有负向变动关系，进而得出贸易不是引起工资差距扩大的主要原因。表 2-2 列出了关于研究发达国家的部分文献。

　　有学者也从其他角度研究对外贸易与劳动力市场的关系。如 Beeman,Bound and Griliches（1994）研究发现美国非生产性工人相对就业上升的 2/3 可以由产业内的变动来解释，相对工资上升的约 1/2 也可以由产业内变动引起，从而得出国际贸易对就业和工资变动没有解释能力，这是因为贸易引起的产业间变动小于技术进步引起的产业内变动，因此，相对就业和相对工资变化的主要原因应是技术进步。Baldwin and Cain（2000）通过分析 20 世纪 80 年代美国 79 个两分位产业的数据，发现自发展中国家（地区）进口非熟练劳动密集型产品和节约劳动型生产技术均会导致国内非熟练劳动力工资下降，其中后者的影响更大。Feenstra and Hanson（1999）在李嘉图和 H-O 模型的基础上，将劳动力区分为熟练和非熟练劳动力两大类型，通过观察和实证分析美国 435 个行业的数据认为美国对发展中国家（地区）的外包增长和技术进步均是导致美国非熟练劳动力需求量减少和实际工资下降的原因，其中，技术进步的影响大于以外包形式衡量的贸易作用。Feenstra and Hanson（2001）在上述文献基础上，认为中间产品贸易对美国制造业劳动力市场的影响远远大于最终产品贸易的劳动力市场效应。

Revenga（1992）通过调查美国 38 个制造业面板数据的变化，发现进口商品价格的下降与进口替代行业的就业和工资水平降低存在一致性。Kletzer（1998）考察了对外贸易对美国 24 个制造业部门的就业影响，发现自发展中国家（地区）进口劳动密集型产品对国内就业水平产生冲击，但冲击较小。Greenaway et al.（1998）得出英国与低工资国家（地区）进行贸易往来导致国内 164 个制造业竞争加剧，进而促使劳动生产率提高，劳动力需求下降。另外，也有学者认为贸易开放不会减少就业，例如 Grossman（1987）对美国受进口竞争影响的 9 个部门中的就业和工资进行测算发现，进口贸易仅对 1 个部门的就业产生了替代效应，而对其他 8 个部门的就业替代不明显。Freeman and Katz（1991）、Gaston and Tefler（2001）就短期视角发现对外贸易深刻影响美国产业间的就业结构，但对工资无显著影响。Chakrabarti（2003）就长期视角得到对外贸易与就业之间不具有长期关系。

Krugman（1995）从劳动力市场结构的差异性角度利用一般均衡模型分析了 OECD 国家与新兴工业化国家（地区）进行贸易往来对劳动力市场的影响，具体来说，模型认为欧洲劳动力市场具有工资刚性特征（被称为"欧洲版本"）和美国劳动力市场具有工资弹性特征（被称为"美国版本"），在"欧洲版本"下，自新兴工业化国家（地区）进口商品将导致 OECD 国家失业增加；而在"美国版本"下，自新兴工业化国家（地区）进口商品将导致 OECD 国家的非熟练劳动力工资出现小幅度下降。从上述文献可以看出进出口商品价格的变动与要素报酬变动并不一定完全一致，即商品价格的变动不一定引起要素价格变动。Daniel（2004）也从劳动力市场结构的差异角度分析了贸易往来对发达国家熟练劳动力和非熟练劳动力的影响，并把英美国家和欧洲大陆国家的劳动力市场区分为接近完全竞争结构的劳动力市场和由于补贴、政府法规等原因引起的刚性劳动力市场，研究得出贸易往来确实扩大了熟练劳动力与非熟练劳动力的工资差距，降低了非熟练劳动力的工资和福利，但这些影响在完全竞争结构的劳动力市场中表现得更加明显。具体来说，自 20 世纪 80 年代以来，以英美国家为代表的接近完全竞争结构的劳动力市场上非熟练劳动力工资增长显著下降，且波动加剧，而在比较刚性的欧洲大陆劳动力市场上非熟练劳动力工资下降不明显，失业增加明显，另外，发达国家的熟练劳动力工资均上升，且流动性增加。Daniel 的结论支持了 SS 理论的推论，但其特殊假定会低估贸易对劳动力市场的影响。

表 2-2　关于研究发达国家（地区）的部分文献

学者	研究地区	研究时间	劳动力指标	主要结论
Revenga	美国	1977—1987	就业、工资	进口商品价格下降降低就业和工资
Kletzer	美国	1979—1991	就业	进口竞争部门的就业和工资下降
Greenaway et al	英国	1979—1991	就业、劳动生产率	进口竞争部门的就业下降和劳动生产率提高
Grossman	美国	1967—1979	就业	进口竞争导致1个部门就业下降，其余8个部门无显著影响
Chakrabarti	美国	1982—1992	就业	贸易与就业不存在长期关系
Feenstra and Hanson	美国	1979—1990	相对需求和工资	外包降低非熟练劳动力相对需求和工资
Sachas and Shatz	美国	1980s	相对工资	贸易降低非熟练劳动力相对工资
Driver、Kilpatrick and Naisbitt	欧共体	1979	就业	欧共体与新兴发展中国家进行贸易降低就业
Baldwin and Cain	美国	1969—1991	相对需求和工资	自非熟练劳动力丰裕国家进口降低其相对工资
Krugman	美国	1980s	工资	进口商品价格对工资影响非常小

（二）贸易对发展中国家劳动力市场的影响

20 世纪 90 年代以来发展中国家（地区）出现了显著失业和工资差距扩大的现象，这引起许多经济学家开始对发展中国家（地区）的劳动力市场进行研究，他们不仅从理论上探讨这一现象发生的原因，也从实证方面寻求支持。总体来说，大多数研究文献得出对外贸易有利于发展中国家（地区）的经济发展和就业，而对非熟练工人工资的影响没有一致结论。

以 Kruger（1981）的研究最为深入，通过分析 10 个发展中国家（地区）的贸易情况得出适度的对外贸易会使发展中国家（地区）劳动密集型产品的生产增加，进而就业水平会提高。Bhorat（2000）利用 1970—1995 年的数据分析对外贸易对南非不同类型工人的影响，研究结果显示对外贸易增加了不同职业的劳动需求，而增加程度不同，一般来讲，对外贸易使技术工人受益，而非技术工人受损。Feenstra and Hanson（2001）运用一个中间产品外包贸易模型对发展中国家（地区）与发达国家（地区）的贸易往来进行了分析，研究认为发达国家（地区）外包产品在发展中国家（地区）属于熟练劳动密集型产品，增加了发展中国家（地区）对熟练劳动的需求，从而使熟练劳动力工资上升，而非熟练劳动力工资下降。另外，通过观察行业内一定时期就业和工资变动的数据，Feenstra and Hanson 进一步指出外包活动与美国、日本、墨西哥、香港熟练工人工资的上升密切相关，且会起到重要作用。Harrison and Revenga（1995）研究了 20 世纪 70 年代对外贸易与中低等收入国家（地区）就业变化的关系，发现中东欧洲转型国家进行对外贸易导致国内失业，而拉美的秘鲁和乌拉圭由于对外贸易拉动国内就业。Susan Chun Zhu and Daniel（2003）利用 20 个发展中国家（地区）的就业和工资数据进行分阶段分析，研究得出发展中国家（地区）的技术追赶会使本国（地区）转向熟练劳动密集型产品的生产和出口，从而导致国（地区）内熟练劳动力和非熟练劳动力工资不平等的加剧。Robbins（1996）认为 20 世纪 80 年代至 90 年代初，随着阿根廷、哥伦比亚、智利和乌拉圭等国家进行贸易自由化，对熟练工人的相对需求在增加。Revenga（1997）通过分析墨西哥制造业就业数据的变化，得出关税水平的降低对就业无显著影响。Moreira and Najberg（2000）认为 20 世纪 90 年代初巴西实行贸易开放在短期内对就业产生一定的负向影响，长期内推动资本密集型部门的技术进步引起资本大量替代劳动，最终造成就业减少。Wacziarg and Seddon（2004）分析了贸易开放对发展中国家（地区）部门间就业流动的影响，研究发现贸易开放在引诱行业间劳动力流动的同时，并不会减少总体就业量。Jenkins and Sen（2006）分别分析了孟加拉国、肯尼亚、南非和越南的贸易开放与制造业就业之间的关系，研究发现贸易开放对这四个国家的就业产生不同的影响，这说明贸易开放的就业效应因各国具体情况而异。Bayer et al（1999）分析了贸易自由化后智利的工资结构变化情况，研究发现进口产品的熟练劳动力含量超过出口产品的熟练劳动力含量，且随着贸易自由化的深入进行，熟练劳动力的工资有逐渐提升的趋势。

随着东亚地区经济一体化的深入发展，东亚区域贸易往来日益频繁。Wood（1994）的研究显示韩国、新加坡、台湾这些新兴国家和地区从 20 世纪 60 年代实行出口导向型战略以来，熟练劳动工人的相对工资在降低，而香港地区的熟练劳动工人的相对工资在上升，他认为也许是因为有大量非熟练工人从大陆移民到香港，导致香港非熟练劳动工人供给增加，降低非熟练劳动工人的相对工资，相反增加熟练劳动的相对工资。张拒贤（2001）的研究证实 Feenstra and Hanson(2001) 的研究结论，认为香港与大陆贸易额的增加扩大了香港制造业和服务业部门的工资差距。Xiaobo Zhang and Kevin H.Zhang（2001）以大陆为例分析全球化对大陆地区间收入不平等的影响，研究指出对外贸易和外商直接投资是造成中国地区间收入不平等的主要原因。Cheung and Fan（2002）采用香港金融服务业、制造业、批发零售业和运输业服务业四类产业部门 1982—1997 年的数据检验香港与内地进行贸易对香港所得分配产生的影响，研究得出香港与大陆进行贸易对相对工资的影响为正，这意味着香港与大陆贸易量增加将扩大香港工资不平等程度。Feenstra and Chang（2007）通过分析大陆出口和就业的数据，发现中国在加入 WTO 之前，出口贸易对就业的贡献并不是很大，但是在中国加入 WTO 之后，出口贸易对就业的贡献逐渐攀升。

周申和杨传伟（2006）分别从总体和行业层面考察 2002 年中国与美国、欧盟、日本、澳大利亚、东盟五国、巴西和南非等重要贸易伙伴的商品贸易对大陆就业的影响及存在的差异，研究显示与上述贸易伙伴的贸易对大陆就业产生重要影响，且无论在总体上还是行业层面上，不同贸易伙伴对大陆就业的影响均具有明显的差异性。周申和李春梅（2006）探讨了贸易结构变动影响大陆就业的理论机制，并对 1992—2003 年大陆工业制成品贸易结构变化对劳动力使用的影响进行了经验研究，结果表明研究期内大陆工业制成品贸易结构变化对就业产生不利影响。俞会新和薛敬孝（2002）研究了大陆的对外贸易与工业就业的关系，得出出口导向率对大陆工业就业有带动作用，进口渗透率对大陆工业就业变化的影响不显著，在研究期内贸易总体上对就业没有负面影响，大陆出现的失业问题主因是经济体制转轨。

表 2-3 关于研究发展中国家（地区）的部分文献

学者	研究地区	研究时间	劳动力指标	主要结论
Kruger	阿根廷、墨西哥、菲律宾等10个国家	1970s—1980s	就业	中性的贸易政策提高就业水平
Harrison and Revenga	东欧转型国家和拉美国家	1970s	就业	东欧转型贸易导致失业；拉美国家贸易提高就业
Susan Chun Zhu and Daniel	20个发展中国家或地区	1983—1997	相对工资	贸易导致的技术追赶提升相对工资
Feenstra and Hanson	墨西哥，中国台湾和香港等	1980s	相对工资	贸易扩大相对工资
Wood	亚洲"四小龙"	1960s—1980s	相对工资	香港的贸易扩大相对工资，与其他地区的贸易降低相对工资
Robbins	阿根廷、哥斯达黎加、哥伦比亚等	1980s—1990s	劳动力相对需求	贸易增加对数量劳动力的相对需求
张拒贤	中国香港	1979—1990	相对工资	香港与中国内地贸易额扩大香港制造业和服务业部门的工资差距
Feenstra and chang	大陆	1990—2005	就业	出口扩大就业
周申、杨传伟	大陆	2002年	就业	出口扩大就业

通过梳理国外内学者的相关研究，我们发现发达国家（地区）贸易与劳动力市场的关系基本符合 H-O 理论的推论，而发展中国家（地区）贸易与劳动力市场的关系出现了与 H-O 理论、SS 定理不一致甚至相反的结论。这主要是因为以下三个的原因：其一是从 20 世纪 80 年代至 90 年代早期，大部分拉丁美洲国家的熟练劳动力供给相对于非熟练劳动力供给高于世界水平，也就是说，从全球角度而言，他们是发展中国家（地区）的发达国家（地区），拥有的比较优势产品具有相对技术密集型特征，因此，开放会导致这些国家（地区）对熟练劳动力需求的增加和收入差距的扩大。另外，Hanson and Harrison（1999）、Robertson（2000）显示在墨西哥对外贸易之前，其劳动力密集型产业的关税非常高导致墨西哥在劳动力密集型产业并没有比较优势。因此，大多数发展中国

家（地区）收入差距的扩大并不能说明 H-O 理论无效；其二是导致发展中国家
（地区）熟练劳动力相对工资扩大的一个重要因素是发达国家（地区）生产的转
移，这会使发展中国家（地区）劳动力市场趋向技能偏向型技术变化，从而提
高熟练劳动力的需求和工资水平。Te velde and Morrissey（2004）的研究显示外
国直接投资对智利、玻利维亚和泰国等国的熟练劳动相对需求有积极显著的影
响，而对哥伦比亚、菲律宾、香港等国家和地区是相反影响，对韩国和新加坡
等国家没有明显影响；其三是发达国家（地区）与发展中国家（地区）熟练劳
动力的含义不同，在发达国家（地区）被认为需要非熟练劳动力生产的低技术
产品，在一些发展中国家（地区）需要熟练劳动力生产这些产品，进而增加熟
练劳动力的需求，提高相对工资水平。

二、两岸的相关研究

随着两岸经贸关系日趋热络，两岸贸易对台湾海岛型经济发展的影响日益
深刻。与此同时，岛内劳动力市场也不再维持过去低失业、高薪资成长的荣景。
自 20 世纪 80 年代中后期以来，岛内失业率逐渐攀升、平均薪资水平增幅不仅
下降，甚至出现负成长的现象。两岸贸易与岛内劳动力市场的关系成为两岸学
者关注的领域，尤其是 ECFA 和《海峡两岸服务贸易协议》的签署对台湾就业
和工资产生的影响备受岛内民众关注。

（一）两岸货物贸易对台湾就业的影响研究

随着两岸经济合作的深入发展，关于两岸货物贸易影响台湾就业的研究资
料开始出现。根据现有文献的研究结论，主要归为以下两大类：

第一类：两岸货物贸易对台湾就业有负向影响。吴崇吉（2003）从人力结
构和产业结构的角度分析了岛内失业问题，研究指出 20 世纪 90 年代台湾对外
投资改变了岛内对外贸易结构、产业结构和人力结构，同时，台湾对大陆贸易
"出易进难"致使台湾和大陆对外出口的产品多处于竞争态势，共同导致了岛内
失业问题。大陆学者胡中祥、王其文和黄涛（2001）从国民收入构成的角度建
立联立方程组实证分析两岸货物贸易对台湾总体经济的影响，研究指出台湾自
大陆进出口额度同比例下降，会引起台湾经济的全面萎缩，就业会增加，这间
接说明两岸货物贸易规模缩小有利于台湾就业。

第二类：两岸货物贸易对台湾就业产生正向影响。大陆学者张燕生（2008）
利用 1990—2006 年相关数据研究两岸货物贸易、台商投资与就业的关系，结果
表明两岸货物贸易、台商赴大陆投资均对岛内就业有正向影响。胡鞍钢（2006）

肯定两岸货物贸易对台湾经济的积极作用，指出大陆是台湾创造新增就业的最大外部来源。潘文卿和李子奈（2001）从资本流动的角度利用宏观联接模型模拟台商赴大陆投资减少对大陆经济和台湾经济的影响，研究结果指出台商赴大陆投资减少不利于大陆和台湾的经济增长，同时，岛内投资、消费和就业等宏观经济变量也都受到一定程度的负面波及。潘文卿和李子奈（2000）通过支出法测度消费、投资、净出口对台湾经济的拉动作用，并进一步模拟大陆减少自台进口对大陆和台湾经济的影响，研究表明大陆减少自台进口对台湾经济的整体影响大于对自身的影响：如果大陆完全不从从台湾进口商品，将造成台湾经济的全面萎缩，尤其对居民收入和就业的影响最大。戴淑庚和邓利娟（1998）运用多个单一回归方程分析两岸货物贸易对台湾经济发展的影响，研究指两岸货物贸易对台湾经济增长、产业升级和就业均有积极影响。台湾"中华经济研究院"（2004）的研究报告指出，两岸货物贸易规模扩大会使台湾的就业机会增加，粗略估计，2004 年累计从事和两岸货物贸易相关的岛内人口应该占岛内就业人口的七分之一以上。

2010 年 6 月 ECFA 的签署引起学者围绕 ECFA 研究两岸货物贸易影响台湾经济和社会的文献逐渐增加。张光南等（2012）基于全球贸易分析模型（简称 GTAP）分析 ECFA "早期收获"和"全面实施"两种降税安排对海峡两岸暨香港的经贸影响，研究结果表明短期内早期收获计划将对大陆的贸易余额和贸易条件产生负面冲击，但长期内将显著促进两岸货物贸易、经济增长和福利水平。李仁耀（2010）认为现有乐观的评估侧重对产值的长期影响，但两岸产品存在质量或价格差异，使进口和出口同值产品造成的产量及就业影响不同，这将导致劳动力在部门间再就业的困难、收入再分配和弱势产业冲击等问题。台湾"中华研究院"（2009）对 ECFA 影响台湾经济进行了评估，结果显示两会签署 ECFA 将有利于台湾经济增长、出口增加，同时，在经济增长与出口增加的带动下，岛内就业也会得到显著增加。台湾致理技术学院（2009）的模拟分析结果显示不考虑外来投资增加的情况下，ECFA 将使岛内就业机会增加至 11 万左右，这个数字与中华研究院的模拟结果比较一致。陈博志（2009）和王涂发（2009）从两个重要假设条件（充分就业和工资刚性）出发质疑上述结论的正确性，并认为上述模拟结果夸大了 ECFA 的就业效应。

（二）两岸货物贸易对台湾工资的影响研究

相对于两岸货物贸易影响就业的文献，两岸学界和实务部门对两岸货物贸易影响岛内工资的研究资料相对较少。

大陆学者的研究主要包括：胡中祥、王其文和黄涛（2001）运用联立方程组实证研究两岸货物贸易对台湾总体经济的影响，得到的结论之一是两岸进出口额同比例下降会引起制造业工资下降约2%。台湾学者的研究主要包括：Chen and Hsu（2001）利用劳动力详细资料考察了台湾对外贸易对熟练劳动力和非熟练劳动力相对工资的影响，研究得出对外贸易的对象不同，对相对工资的影响也不同，具体来讲，台湾对 OECD 国家的出口净额增加不利于相对工资均等化，而对非 OECD 国家的出口净额增加有利于相对工资均等化，其中，台湾对大陆净出口对工资均等化产生的有利影响最为明显。另外，Chen 和 Hsu 的研究结论不同于传统贸易理论的推论。朱云鹏（2001）利用 1976—1996 年的资料分析出口劳动力密集型产品对岛内熟练劳动力和非熟练劳动力工资差异的影响，研究结果表明劳动密集型产品出口占总出口比例愈高，相对工资差距愈小。辛炳隆（2010）在回顾两岸经贸互动的基础上认为 ECFA 对台湾劳动力市场有正面影响也有负面影响，但台湾当局若能及早因应，ECFA 带来的正面效益会大于负面冲击。

（三）两岸服务贸易对台湾劳动力市场的影响

熊俊莉（2012）认为台湾与欧美老牌服务业发达国家服务业产值比重水平相当，但发展质量差异很大。形成原因一是台湾在二十世纪七八十年代防务和行政部门的资金投入很高，1985 年台湾当局又使用政策奖励刺激生活性服务业，使得服务业总值很高；二是 1990 年前后的台湾发展进入泡沫经济时期，股市和房市的泡沫使得服务业产值被高估。台湾学者叶懿伦（2013）表明自台湾与大陆有经贸往来后，台湾服务贸易出口才大幅上升。大陆跃升为台湾最大贸易出口市场 3 年后，台湾服务贸易才由多年贸易逆差转为顺差，认为台湾服务贸易境况得以改善，近年来，大陆居民赴台规模的持续放宽和台商进驻大陆开展商业活动是主要原因。陈恩、曾纪斌（2014）运用 Johansen 协整检验发现：首先台湾的服务贸易结构也是劳动密集型服务业占比重较高；其次提升台湾服务贸易竞争力的三个主要因素是其服务业水平、服务贸易开放程度和人力资本水平。朱飞、曾坤（2015）使用时间序列模型分析影响台湾和大陆服务贸易竞争力的因素，结论是货贸出口额和货物贸易开放度是影响大陆和台湾服务贸易竞争力的共同因素，不同之处在于服务产业人口生产力对台湾服务贸易竞争力影响更大，人均 GDP 对大陆服务贸易竞争力影响更大。谢国娥、莫晓洁（2016）使用贸易竞争力四维框架测度了台湾的服务贸易竞争力，并测度本地服务业发展水平、人均收入水平、服务贸易市场开放度、货物出口额、外商直接投资额和人力资本对提高服务竞争力的重要程度。最终结果显示人力资本最为重要，其次才是人均收入与市场的开放程度。台湾学者王郁琦（2013）研究《海峡两岸服务贸易协议》双方开放内容后认为大陆在《海峡两岸服务贸易协议》中对台湾给予优惠与照顾，其中以《海峡两岸服务贸易协议》中对大陆对台湾中药产业的开放仅限于中药批发而非中药零售举例说明：大陆对台湾开放行业除金融、电信、运输等适合大型企业的行业外，也针对台湾业界对中小企业顾虑开放了不少适合小型企业的行业，有助于台湾产业发展。台湾学者谭伟恩（2014）研读《海峡两岸服务贸易协议》的内容，认为应保留非关税障碍中有一些为了保护消费者、劳工基本权、环境永续、公共卫生等的条例，以免它们被利于"出口竞争"的市场机制过度摧残或剥削，这些可能被 WTO 或贸易自由化追求者责难为保护主义的政策背后，代表的是普遍多数人民或全体社会的利益，倘若被尽数去除，或许服务贸易确实更自由化，但利益分配不均的现象也会变得更加严重。

（四）其他因素对台湾劳动力市场的影响研究

20 世纪 80 年代中后期以来，台湾劳动力就业和工资问题引起岛内学者的极大关注，除了上述文献外，岛内大部分学者认为全球化与技术进步是引起台湾失业严重、工资停滞和不均主要原因。

辛炳隆（2010）利用层级资料得出全球化背景下，台湾贸易产品结构的改变、岛内产业结构水平升级以及对外投资产业的变化对劳动力就业和工资具有较大影响。具体来讲，20 世纪 90 年代以后，出口结构由高劳动力密集型产品向高技术密集型产品转变，其就业效果降低，同时，进口数量增加，尤其是劳动密集型产品的进口增加，对台湾就业机会可能会产生排挤效果；台湾产业结构逐渐向资本技术产业转变，相同产出下的就业机会减少；服务业就业门槛提高导致失业率上升。韦瑞（2002）通过考察台湾各部门失业、受雇结构以及各级教育所得三个指标的变化情况，得出知识经济和技术进步改变了产业结构，从而引起失业和所得不均。刘瑞文（2001）利用 1991—1996 年台湾劳动力详细资料分析了产业结构变迁对岛内就业与所得分配的影响，研究得出农业与传统制造业释放的劳动力由资讯、电子零组件及服务业所吸收，同时，技术进步和产业升级导致低技术劳动力需求减少、技术劳动力需求增加。Chan,Chen and Hu（1999）从技术进步和教育供给的角度分析 1987—1995 年台湾地区工资差异的变化，研究结果指出劳动供给大于劳动需求、高等教育程度劳动者供给迅猛增加均导致技术性劳动力与非技术性劳动力的工资差异有明显下降，同时进出口结构转变与技术变迁增加了对低技术教育程度的劳动者需求，从而使工资差异缩小。林金源（1993）指出 20 世纪 80 年代以来台湾传统家庭变化和高等教育扩张是人力资本分配不均加剧和所得不均度持续上升的主要原因。

另外，从历史和现实的角度考察，对外贸易与对外直接投资都是对外经济活动中最重要的两个方面，二者具有密切关系（Mundell,1957;Kojima,1973），因此，在某种程度上，贸易对劳动力市场的影响与对外投资有关。20 世纪 90 年代台湾对外投资改变了岛内对外贸易结构、产业结构和人力结构，最终引起岛内失业问题（吴崇吉，2003）。洪薏欣（2009）利用制造业对外投资实况调查资料分析台商赴大陆投资与就业的关系，研究发现中小型规模厂商在台湾接单、赴大陆出货比例高导致岛内雇佣劳动下降。乔中珏等（2010）的研究指出台商赴大陆投资提高了技术人员的工资和劳动份额，从而造成所得分配恶化。苏仪品（2004）首先利用 1980—2001 年台湾地区 15 个制造业二分位的产业资料进行实证分析，得出工资变动主要归因于劳动力市场需求的改变；其次由分解法证实台湾对大陆投资、其他地区投资和技术进步均会增加技术性劳动力就业机会、减少非技术劳动力就业机会；最后利用 1991—1999 年台湾地区 15 个制造业二分位的产业资料进行回归分析，得出台商赴大陆投资对岛内熟练劳动力工资有正面影响，对其他地区投资则无显著影响。值得注意的是，两岸学界和实务部门对两岸经贸合作影响台湾产业空洞化的研究更为广泛与深入，其中就业率是产业空洞化衡量指标之一，因此，有关台湾地区产业空洞化的部分文献涉及两岸货物贸易对台湾就业的影响，如林武郎（2003）分阶段考察制造业的产业结构、就业、FDI 净流出、劳动生产力等四个指标变化情况，指出台湾有产业空洞化之隐忧，尤其 2000 年以来，台商赴大陆投资金额急剧增加引起制造业 FDI 净流出扩大，从而使岛内产业空洞化加重、就业率下降。谢宽裕（1999）采用制造业增加值、对外投资净额和失业率三个指标研究产业空洞化，指出台湾产业多梯度转移大陆造成台湾产业空洞化和失业率恶化。林昱君（2006）考察 2000—2005 年台湾 26 个不同产业的台商赴大陆投资、资本形成、平均所得成长和失业率的变化，得出平均所得成长力道减弱和失业率攀升是事实，但这并不代表台商赴大陆投资会造成产业空洞化，具体情形要视产业调整速度与产业升级潜力而定。

表 2-4 有关两岸贸易影响台湾劳动力市场的主要文献

学者	研究对象	研究时间	使用方法	研究结论
（台）吴崇吉	两岸货物贸易与就业	1990s	观察制造业产业结构、贸易结构和人力结构	出口竞争导致岛内就业下降
胡中祥等	两岸货物贸易与经济增长	1990s	联立方程组	结论之一：两岸货物贸易规模缩小有利于岛内就业
张燕生	两岸货物贸易与经济增长	1990—2006	一元回归	结论之一：两岸货物贸易带动岛内就业
潘文卿、李子奈	两岸货物贸易与经济增长	1990s	联立方程组	结论之一：两岸货物贸易规模缩小不利于岛内就业和工资
戴淑庚、邓利娟	两岸货物贸易与经济增长	1990s	一元回归	两岸货物贸易有利于就业
Chen and Hsu	台湾对外贸易与相对工资	1990s	多元回归	结论之一：两岸货物贸易降低岛内相对工资
（台）辛炳隆	ECFA与台湾劳动力市场	1990—2010	观察历史数据	ECFA对台湾劳动力市场有正面影响也有负面影响
张光南、李仁耀	ECFA的影响	1990—2010	GTAP模型	短期不利于岛内就业，长期提升福利水平
"中华研究院"、台湾致理技术学院	ECFA的影响	1990—2010	GTAP模型	结论之一：ECFA有利于岛内就业
（台）王涂发、（台）陈博志	ECFA的影响	1990—2010	观察历史数据	结论之一：ECFA不利于岛内就业
（台）叶懿伦	两岸服务贸易	2000—2011	观察历史数据	台湾对大陆服务贸易顺差
（台）王郁琦	《海峡两岸服务贸易协议》	2010—2012	研读升放内容	结论之一：两岸服务贸易协议有利于台湾岛内服务业发展
朱飞、曾坤	两岸服务贸易竞争力	2010—2014	观察历史数据	台湾服务业竞争力大于大陆

如表2-4所示，从两岸学者的相关研究可以看出：第一，集中探讨两岸贸

易影响台湾劳动力市场的文献并不多见，这不仅滞后于两岸贸易规模扩大、贸易合作深化的现状，且不利于两岸经贸合作和发展的顺利进行；第二，现有文献的研究结论存在很大争议，主要体现在：台湾学者主要以两岸贸易与台湾劳动力市场二者的历史数据同期逆向表现为依据，普遍得出两岸贸易不利于台湾劳动力市场，而大陆学者主要以"出口促进经济增长"的论断为依据，普遍认为台湾对大陆贸易的高额顺差有利于台湾劳动力市场或者对台湾劳动力市场的有利影响大于不利影响，这显示出两岸学者研究视角的不同，但为两岸贸易蒙上了严重的政治色彩。第三，两岸学者集中探讨两岸货物贸易的发展，忽略了迅速发展的两岸服务贸易发展对岛内劳动力市场的效应，特别是大陆学者忽略深入系统分析《海峡两岸服务贸易》签署的潜在效应，无法有效应对两岸经贸合作的热点关切问题。正因为如此，这需要后续文献研究在历史数据同期观察的基础上，注重结合主流理论的发展、现实特征与实证方法集中探讨两岸贸易对台湾劳动力市场的影响。

本章小结

本章根据从新古典经济学到当代经济学中对主流贸易理论的分析和发展，根据研究范围从国际到国内（包括两岸）对贸易影响劳动力就业和工资的关注，回顾了贸易与劳动力市场关系领域中的重要文献。

对外贸易与劳动力市场关系的研究可以追溯到 H-O 理论的创立，该理论注意到对外贸易对包括劳动力市场在内的生产要素市场产生影响，并沿着对外贸易通过商品需求和价格影响要素需求和价格的机制展开分析。后续的文献修正了 H-O 理论的诸多前提假定，比如引入新要素、偏好一致、技术不变和完全竞争市场等。由于现有文献的考察时间段、研究对象和使用方法等不同，所得结论也就存在差异。因此，要选择合适方法和理论体系来考察两岸贸易与岛内劳动力市场的关系，毕竟影响劳动力就业和工资的因素众多且在各地区均有不同。

至今，对台湾劳动力就业和工资的研究涉及众多因素，如全球化、教育和劳动力供给等，大部分研究几乎可肯定一个现象，即自 20 世纪 80 年代中后期以来，台湾劳动力市场存在失业严重、工资缓慢成长和工资不均化的事实。其中，在台湾劳动力市场恶化时期，两岸贸易作为全球化的一部分处于热络阶段，两岸学界开始关注两岸贸易与台湾劳动力市场的关系，尤其是自 ECFA 签署以来，两岸贸易对台湾劳动力市场的影响成为一个焦点问题。而与争论不一致的现象是目前两岸学界关于两岸贸易与台湾劳动力市场关系的研究文献并不多见，尤其缺乏整体性和系统性的深入研究，这显然不利于两岸贸易的深入发展。在上述研究基础上，接下来的章节首先结合现实情况系统地探讨两岸贸易对岛内劳动力市场的影响理论机制，然后利用实证方法进行检验和深入分析，最终得出结论。

第三章 两岸贸易对台湾劳动力市场的影响机制

在实证研究两岸贸易与台湾劳动力市场的关系之前，本章梳理两岸贸易到底会通过哪些方式和途径影响到台湾劳动力就业和工资的变化，在两岸贸易特征化事实下对外贸易影响劳动力就业和工资的渠道和结论是否成立？如何建立适合两岸贸易与台湾劳动力市场的理论体系和影响机制？这些均是本章试图解决的问题。

第一节 两岸贸易动因与特征

一、两岸贸易的内涵

就贸易往来的含义而言，目前学术界还没有一个统一的认识，但有广义与狭义之分。从广义的角度来讲，其含义以经济合作发展组织（简称 OECD）的定义为主，具体是"贸易往来不仅包括消减进口的关税和非关税壁垒，还包括简化进口管理程序；消减出口关税，增加对知识产权的保护以及在服务贸易和与贸易有关的投资措施领域实现自由化。"①Michaely(1991) 对贸易往来的含义进行了总结，指出贸易自由化应具备以下特征：①政府干预弱化，是指政府干预形式和力度的转变，如从数量控制转变为关税体制以及降低关税水平和政策门槛等；②中性贸易体制，即不歧视内销或出口产品的生产，也不歧视购买本国商品和外国商品的贸易战略，也被称为"外向型贸易体制"。他们认为在评价贸易自由化实践意义时，必须综合考虑贸易政策和体制的变化，包括平均名义关税的降低，名义关税与实际关税的差距缩小以及货币贬值和汇率政策等。由此可见，广义的贸易往来自由化不仅体现在商品贸易和服务贸易市场的开放，而

---

① 俞会新:《贸易自由化与就业和收入分配》，北京：中国财政经济出版社 2003 年版，第 2 页。

且也体现在进口限制的减少、出口补贴的取消等，即政府在贸易政策中的干预应该越来越小。从狭义的角度来讲，其含义以 Kruger（1978）的定义为主，主要指进出口贸易往来限制措施取消的行动过程。即贸易往来主要表现为开放性，政府降低进口关税和数量限制政策等。Bhagwati(1978) 认为"中性化"贸易体制是贸易自由化的最基本特征。总之，贸易往来是指一个经济体由封闭状态向对外开放性的动态转变过程，但不能误解为政府完全置之不理的贸易政策才是最好的，而应是在政府的规划下逐步开放市场和减少限制。

就两岸贸易往来的含义而言，具体是指一国不同关税区大陆与台湾之间贸易往来。由上述学界和业界对贸易往来的定义可知，两岸贸易往来应该也具有广义与狭义含义之分。从广义的角度而言，其含义应包括两岸货物贸易、两岸服务贸易以及与贸易有关的投资领域采取相关措施致以实现自由化，以及两岸货币和汇率体制的变化等，目前 ECFA 是两岸贸易往来进程的一种重要经贸安排，内容不仅涉及商品关税的降低，还涉及相关贸易政策实施手续的简化等一系列内容。从狭义角度而言，其含义主要是指在商品关税下降和贸易政策的松绑下两岸进出口数量的变化程度。本书主要以贸易往来的狭义含义为主进行主题研究分析，但鉴于两岸经贸往来对台湾劳动力市场影响的系统性和全面性，笔者在第七章进行两岸服务贸易对岛内劳动力市场的影响探讨。此外，两岸贸易往来也是一个动态过程，从 20 世纪 80 年代的转口贸易到 20 世纪 90 年代的转运贸易，直至 20 世纪末期的过境贸易，再到 21 世纪初"准直接"贸易，呈现由间接逐渐向直接转变的贸易自由化进程。

二、两岸贸易的动因

在对外贸易与劳动力市场的各种讨论中，关于贸易到底是否会影响劳动力市场，在多大程度上影响劳动力市场，在什么情况下会导致劳动力就业下降和工资降低？向来是有争议的。要讨论这些问题，首先必须明确贸易往来的动因，即贸易产生的基础和目标有哪些。一般来说，经济体之间的贸易基础主要是各国（地区）拥有的生产成本和资源禀赋不同，同时，贸易双方均能获得拥有生产成本和资源禀赋相对优势的贸易利益，这是贸易进行的最核心动因。马克思就指出："人们的生活自古以来就建立在这种或那种社会生产上面，这种生产关系，我们恰恰就称之为经济关系"，"每一既定社会的经济关系首先表现为利益"。

两岸经贸关系正是在市场经济原则下，两地生产因素基于追求最佳利润或比较利益而进行的一种取长补短、相辅相成的交流与结合，不仅隐藏巨大发展潜力，而且表明两岸贸易往来是以双方的经济利益需要为动力，具有可靠的理论依据和强大的发展动因（李非，2004）。

（一）两岸贸易的理论基础

李非教授总结出两岸经贸关系发展的经济基础，是两岸之间的互补互利。如果离开比较利益，任何形式的交流与合作，都难以持久或取得成效。因此，两岸经贸往来是在比较优势驱动下开始和不断发展的。比较优势是一个相对的概念。其一，比较优势是相对于其他国家（地区）而言的，是在与其他国家（地区）往来合作中得到检验的，显现的，但不能是与自身其他产业的比较，因为仅限于一个国家（地区）内部的比较是没有意义的。其二，比较优势是相对于经济活动主体而言的。经济活动主体动机的变迁决定了其所关注的比较优势的内涵不同。比较优势是动态变化的。比较优势的动态性和相对性，决定了比较优势不是一成不变，而是随着经济活动主体的诉求以及外部环境的变化而变化。这是比较优势动态变化的一个方面，可以称之为比较优势的相对动态变化。比较优势动态变化的另一个方面则表现在比较优势的内涵和外延是随着经济发展阶段而逐渐演进的。这种演进的动因在于自身要素的变化及企业和政府的行为作用。这个方面可以称之为比较优势的绝对动态变化。从形成机制上来看，上述比较优势的绝对动态变化可以分为自主性与引致性动态变化。前者主要是指一国（地区）自身要素积累和技术进步使原有的优势得到不断的加强或者其他要素的形成和变化；后者则主要是指政府有计划、有前瞻性的制定经济政策，培育动态比较优势。然而，外因通过内因才会起作用，无论外部影响如何强大，都要通过一国（地区）自身要素的调整和变化，促进技术进步才能最终实现比较优势的动态演进，即比较优势动态变化的根本动力在于一国（地区）自身要素的变化。

具体到以比较优势为基础的两岸贸易合作也具有阶段性特征。1979 年之后，两岸经贸关系才进入"恢复期"，发展至今，两岸经贸呈现出明显的阶段性。2008 年之前，学术界对台商在大陆投资的分期以三阶段说为主，即 1979—1991 年的试探起步阶段，1992—2000 年的迅速扩展阶段，2001—2008 年的转型调整阶段。如果加入 2008—2018 年的两岸经贸合作情况，台商在大陆投资的阶段性划分应该分为四个阶段，即 1979—1991 年的试探起步阶段，1992—2000 年的迅速扩展阶段，2001—2011 年的转型调整阶段，2012 年至今的突破转型阶段。每一阶段，两岸贸易的发展动力都不尽相同。2008 年之前，由于经济发展水平不同、生产要素和资源禀赋的差异以及劳动生产效率的高低等，两岸经济在客观上存在优势互补和专业化分工的必然要求。

具体来讲,20世纪80年代初期,台湾经过多年的发展,无论是内部经济发展还是外部环境都面临着严峻的挑战。如岛内投资环境的恶化、原材料和能源的短缺以及外部因素全球经济结构的调整和产业升级等。此时,尽管台湾当局对大陆的"三不政策"的明文禁止,但在改革开放的大背景下,中国大陆丰富的自然资源、充沛且廉价的劳动力和较低的土地成本所形成的比较利益驱使台商采取迂回方式投资大陆。而台商在台湾经济快速发展时期积累的制造技术、雄厚的资金、先进的管理经验和发达的国际营销网络也是大陆进行结构调整,发展经济所倚重的。两岸要素禀赋的互补差异为两岸进行不同产业层次的贸易往来提供了条件,尤其是在劳动密集型的传统加工制造业部门,如食品、土特产、轻工消费品和皮革加工等,两岸有很强的比较优势,这对推动未来两岸经贸密切发展起到了抛砖引玉的作用。尽管20世纪90年代两岸贸易往来的进程不那么尽如人意并出现曲折,但由于全球大融合的趋势和两岸产业结构存在明显的梯度差异,在台商投资动机变迁和两岸比较优势的绝对动态变化下,两岸贸易往来更替大致遵循劳动密集型—资本密集型—技术密集型的方向依次推进,两岸经贸合作进入扩张期。自20世纪80年代台商赴大陆投资以来,台商赴大陆投资先后形成了三波热潮,其动机变化也大致分为三个阶段,且每个阶段动机的形成都是上阶段动机的延伸和扩展。如表3-1所示,20世纪80年代中期至20世纪90年代初,以台湾当局开放民众赴大陆探亲为突破口,在大陆投资的台商开始大量转移岛内的夕阳产业,即以轻纺为代表的劳动密集型产业,把大陆沿海地区作为加工出口基地。这一时期台商投资大陆的动机主要是利用大陆廉价劳动力、土地等资源进行劳动密集型产品的加工,降低生产成本。当时大陆不仅拥有岛内失去优势的廉价劳动力和土地资源,而且正处于第一产业向第二产业转移,并重点发展轻纺工业为主的轻工业消费阶段。因此,岛内过剩资本与大陆劳动力、土地的结合开启了两岸贸易往来的繁荣期,两岸贸易商品结构逐渐从土特产、原材料向工业半成品、零组件和机械设备转移。根据大陆海关的统计,1989年台商投资项目超过历年总和,协议金额接近历年累计,实际投资是历年总额的7倍,与此同时,台湾对大陆出口额从1980年0.8亿美元到1990年32.8亿美元,台湾自大陆进口额也从1980年的2.4亿美元到1990年的7.7亿美元。相应地,以依存度表示出口贸易自由化程度由1980年的0.4%到1990年的4.8%,进口贸易自由化程度由1980年的1.2%到1990年的1.4%。20世纪90年代初至21世纪初相继出现了以石化等资本密集型产业为主、以电子信息等技术密集型产业为主的第二、三波投资热潮,促使两岸贸易往来愈发热络,两岸贸易自由化达到高潮。这两波投资热潮中,台商投资的产业结构、企业结构、地域分布都发生了巨大变化,投资动机的变迁在不同程度上反映了两岸各自比较优势的动态变化。经过 20 世纪 80 年代传统劳动力密集型产业的大量外移,台湾逐渐形成以资本与技术密集型产业为制造业的主体,尤其是 20 世纪 90 年代中期台湾资讯电子产业迅速发展为制造业的支柱。在这一过程中,两岸贸易往来以台湾产业的转移为主,但台商投资的动机已不仅仅是利用大陆廉价的劳动力和土地,还表现在取得工业原料、技术设备、科技研发能力以及行销据点和内销市场。在传统产业方面,20 世纪 90 年代初台湾中上游企业赴大陆投资,主要是就地供应下游企业以维持或扩大市场,获取大陆原材料和设备;20 世纪 90 年代末至 21 世纪初,台商开始在大陆投资半导体、软件开发,并加快建立研发基地,笔记本电脑的投资也已开始,这主要是台商欲借助大陆的科技人才与内销市场,满足岛外进口商的要求及获得规模经济的动机。

表 3-1　台商对大陆投资动机变迁

时期	台商对大陆投资动机
20 世纪 80 年代	1. 利用当地低廉工资和劳动力; 2. 土地租金便宜; 3. 原材料供应;
20 世纪 90 年代	4. 奖励投资、优惠措施; 5. 争取扩大内销市场;
21 世纪初	6. 规模经济; 7. 岛外进口商的要求。

资料来源:根据相关文章整理。

　　另外,基于自身发展需要,岛内金融、证券和保险业纷纷加快在大陆"抢滩卡位"步伐。两岸贸易往来的形式趋于多元化与互补性。此期间,大陆 1992 年改革开放热潮、对台商的一系列优惠政策、大陆在重工业和高新技术产业方面的加速发展,为两岸经贸合作创造了更有利的条件。因此,台商投资大陆空前增长,投资项目数和投资金额在 1992 年和 1993 年分别超过历年总额,1993 年两岸进出口贸易额分别为 10.16 亿美元和 127.28 亿美元。1994 年以后,由于受两岸政治关系和台当局"戒急用忍"政策的影响,投资项目数和协议金额回落,但每年实际到资额仍保持甚至超过 1993 年的水平,原因是单项投资规模迅速放大。1995 年、1996 年平均单项投资规模分别达到历史高点，此后多保持在 100 万美元以上。但是在台湾各界尤其是工商界的强烈反对下，台湾当局对大陆的经济政策进了策略性调整，实行"投资从严、商业、贸易、科技交流从宽"的政策，主要简化了两岸经贸往来的手续，扩大加工出口区对大陆货品的加工功能。据商务部统计，自 20 世纪 90 年代初期至 21 世纪初，资金实际到位率维持在 50% 左右，甚至一度达到 100%。与此同时，台湾对大陆出口额从 1991 年 46.7 亿美元到 2001 年 273.4 亿美元，台湾自大陆进口额也从 1991 年的 11.3 亿美元到 2001 年 50.0 亿美元。相应地，以贸易依存度表示的出口贸易自由化程度由 1991 年的 6.09 到 2001 年的 21.64%，进口贸易自由化程度由 1991 年的 1.78% 到 2001 年的 4.63%。

两岸进行贸易往来的初期，劳动力和自然资源赋予了大陆特有的比较优势，配合改革开放政策，使两岸贸易往来进入了起步阶段。在这期间，两岸的贸易以货物贸易为主，互动起始于经香港转口的进出口贸易，贸易形式是"三来一补"，形成了"台湾接单、大陆生产、香港转口、海外销售"的多角经营方式，两岸以垂直分工的模式成为世界分工体系的一个环节。至 20 世纪 80 年代末，台湾对大陆经香港转口出口额为 0.8 亿美元，经香港转口的自大陆进口额为 0.4 亿美元。

2008 年之后，大陆（尤其是沿海地区）的营商环境发生了非常大的变化，尤其是要素成本攀升、产业结构升级，两岸经贸往来的动机发生了变化，即伴随大陆改革开放的深入进行，大陆经济持续发展，人们生活水平得到了巨大提升，大陆庞大的内需市场得到了激发，两岸贸易往来的动机也逐渐从欧美市场延伸到大陆内需市场。这一时期，虽然经过两次金融危机的冲击，两岸进出口贸易额依然保持了强劲的势头，除 2009 年大幅度降低以外，2010—2011 年，台湾对大陆出口额均保持在 1100 亿美元以上的额度，台湾自大陆进口保持在 300 亿美元以上的额度，同时，出口贸易依存度达到 45%，进口贸易依存度则保持在 12% 左右。

两岸贸易往来对于大陆和台湾的经济意义和政治含义并不完全相同。台湾地区期望通过与大陆进行经贸往来，促使岛内生产要素合理流动，并通过贸易转移和贸易创造的途径，转移原来产业结构中的边际产业，转变生产结构和贸易形态，获取更大的对外经济利益，最终实现经济转型和产业升级、实现经济良性发展；而大陆的经济利益在于通过吸引台商投资，发展大陆各产业生产，促进对外贸易，增加就业机会，发展经济水平。因此，两岸贸易的目标不仅仅是利用比较优势获取经济利益，而是把发展基点放在经济实力积累和提升上，并通过各种有效渠道积极参与亚太地区的区域经济合作，最大限度地分享区际分工的好处。

（二）两岸贸易的内外部因素

在两岸经济产业发展阶段和要素禀赋差异形成的互补优势下，内外部因素对两岸贸易的发展起到强烈推动作用。

从外部因素看，经济区域化潮流成为推动两岸贸易快速发展的重要外部力量。随着国际关系的多极化发展，全球发展进入"地缘经济时代"，已经形成以经济利益为导向的国际新秩序，全球各个区域经济合作得到加强。目前，除了追求比较利益外，各个地区更注重对区域内资源的合理配置、整合和利用，从而进一步促进经济区域化发展，推动亚太经济合作进程，产生由区域贸易转移引发的"多米诺骨牌效应"。21世纪初，东盟"10+3"、东盟"10+1"均已全面实施"自由贸易协定"，从而形成仅次于欧盟和北美自由贸易区的第三大自由贸易区，深化亚太地区经济合作的同时使东亚地区经济紧密联系在一起。在这一情势下，受不可抗拒利益的推动下，缺乏资源和市场的台湾地区，亟须把大陆作为经济腹地，而大陆也可以借助台湾经济优势发展经济。

另外，大陆经济发展的巨大潜力对两岸贸易发展具有明显的加速作用。自1978年中国提出经济改革和对外开放等政策以来，经济成长速度加快，进而成为全球劳动密集型产业最大的出口以及生产基地，更成为全球企业的投资中心。1997年和2008年金融危机发生时，中国均成为保持快速增长和迅速恢复增长的主要经济体，显示出其经济发展的强劲力量。目前，在全球经济一片衰退的形势下，大陆依然保持在7%的增速，加上市场引力带动，全球资金源源不断注入。在大陆磁吸效应下，两岸贸易合作逐渐从个别企业的初级合作扩展到整个行业的集中整合，从加工出口业的调整转移上升到产业链上端的研发合作，从局部、松散型合作发展到全面、紧密型的整合，逐渐形成产业分工体系。但这一期间也面临着挑战。一是劳动密集型产品竞争力面临挑战。从上述两岸经贸交流的阶段性分析可以看出，20世纪80年代初至20世纪90年代末，两岸遵循比较优势的原理进行劳动密集型、资本密集型和技术密集型产业的交替往来。然而由于此阶段台湾在国际分工合作中一直处于代工的地位，其在与大陆的经贸交流中，也只不过是把原来在台湾的加工工厂转移到劳动力和资源价格更具有比较优势的大陆地区。进入21世纪，随着两岸相继加入WTO，大陆沿海土地、劳动力等生产成本提高，大陆初级要素的比较优势逐步丧失，导致没有进入大陆的台商投资新项目以及已进入大陆的台商想要追加投资都面临新的选择，尤其是中小型台商的投资意愿深受影响，同时，也在客观上阻碍台资企业投资大陆的进一步扩张，两岸劳动密集型产品合作面临着巨大挑战。二是国际市场的萎缩。两岸经贸交流一直以来都是以台湾产业的转移为主要特征，且生产产品主要出口欧美市场，同时，台湾转移大陆的产业大都是在台湾失去竞争力或者是台湾市场已饱和的产业，因此，两岸经贸交流一直都是低端制造业方面的合作，出口的产品也不具有较强的市场竞争力。在全球经济危机及发达国家需求紧缩的双重影响下，两岸同属于出口导向型经济体的实体经济也将面临更加严峻的挑战，两岸经贸交流进入调整和转型期。三是两岸产业结构调整。台湾产业结构的升级过程不完全是自然的过程，更大程度上是外部冲击的结果。在岛内急速外移失去比较优势产业的同时，科技研发不足和内需市场狭小，新兴产业发展遇到瓶颈，从而导致岛内新兴产业竞争力低下，存在着岛内产业空洞化的隐忧。与此相反，大陆产业结构的调整升级及新型产业的培育，技术密集型产业得到了较大的发展，两岸产业结构梯度差异逐步缩小，以比较优势为特征的两岸经贸合作空间缩小。

从内部因素看，台湾经济经过多年的发展，生产和投资环境恶化迫使长期以来支撑岛内经济成长的加工装配业逐渐失去发展的空间，岛内企业不得不将丧失比较优势的产业转移至岛外，从以纺织业和皮革、毛皮加工业为代表的传统劳动密集型产业，到以石化工业为代表的资本密集型产业，再到以资讯电子业为代表的技术密集型产业，其生产基地逐渐转移至大陆，与大陆丰裕劳动力和土地相结合，不仅维持生产成本上的竞争优势，同时也延长产品的生命周期，使台湾产品保持国际竞争力，形成台湾企业生产的"第二春"。另外，台湾企业将产品的高端生产、设计和研发阶段"根留台湾"，利用大陆良好的基础研究力量，加快知识和技术密集型产业发展，提高产品附加值，以保持相对领先优势，达到岛内产业升级目标。因此，两岸贸易不仅有利于台湾加工产品的出口，而且有助于提高产业的技术水平，加速经济转型，突破经济发展的瓶颈。

在上述要素禀赋形成的比较利益、全球化和区域经济一体化的外部因素以及台湾内部经济发展环境恶化的内部因素共同作用下，两岸贸易往来各尽所能，各取所需，形成并非某种集团性的"经济共同体"，而是一种以市场经济原则为取向的经济协作关系，因而，由经济规律决定经济协作事宜、协作层次和协作效应（李非，2004）。两岸贸易对台湾劳动力市场的影响也是两岸经济协作效应的一种，因此，两岸贸易对劳动力就业和工资的影响是以市场经济原则为取向，由经济规律决定，具有客观性。

三、两岸贸易的特征

自20世纪70年代末期两岸经济恢复交流以来，两岸贸易已有30余年的历程，但20世纪80年代以前两岸贸易发展速度缓慢，贸易规模也很小。1992年邓小平南方谈话掀起了改革开放的高潮，台商赴大陆投资开始加快，两岸贸易逐渐发展起来，贸易规模开始扩大，经贸合作以货物贸易为主。进入21世纪，两岸服务贸易才开始兴起。因此，本书以1992年为起点梳理两岸贸易交流经历了不同阶段与发展时期，从其规模、发展模式和结构等方面分析，主要呈现出以下四个鲜明的特征：

（一）两岸贸易规模逐步扩大，但呈现严重不平衡

在过去20余年，以比较优势为基础的两岸贸易规模持续扩大，尤其是伴随中国和台湾地区陆续加入WTO、两岸"三通"的实现以及ECFA的签署为两岸经贸向更紧密和更深层次发展提供了便利。主要表现为台湾对大陆出口额从1992年的96.97亿美元上升至2018年的1775.98亿美元，年均增长高达13.25%，台湾自大陆进口额也从1992年的7.47亿美元上升至2018年的486.47亿美元，年均增长高达20.3%，另外，以两岸贸易占台湾对外贸易总额的比重来衡量，台湾对大陆出口占台湾出口总额的比重由1992年的11.81%上升至2018年的22.79%，台湾自大陆进口占台湾进口总额的比重由1992年的1.51%上升至2018年的10.01%。这均表明大陆已成为台湾最重要的进出口市场。更重要的是，大陆长期以来一直是台湾最重要的顺差来源地，主要表现为台湾对大陆的贸易顺差从1992年的89.50亿美元到上升至2018年的1289.51亿美元，贸易顺差在26年内迅猛扩张了10倍，两岸贸易往来呈现严重不平衡现象。

从图3-1进一步可以看出两岸贸易规模变化呈现三个阶段，第一阶段为1992—2001年，台湾对大陆出口和自大陆进口保持稳步上升，贸易顺差比较稳定，维持在117亿美元—197亿美元；第二个阶段为2002—2008年，台湾对大陆出口的增长速度明显高于自大陆进口的增长速度，贸易顺差显著扩张，从2002年的235.60亿美元上升至2008年的425.86亿美元；第三个阶段为2009年至今，两岸贸易顺差出现了波动，从2008年的425.86亿美元下降至2009年的376.67亿美元，随后增长到2010年的488.86亿美元，2011年后开始趋于增加，贸易顺差扩大。

单位：百万美元

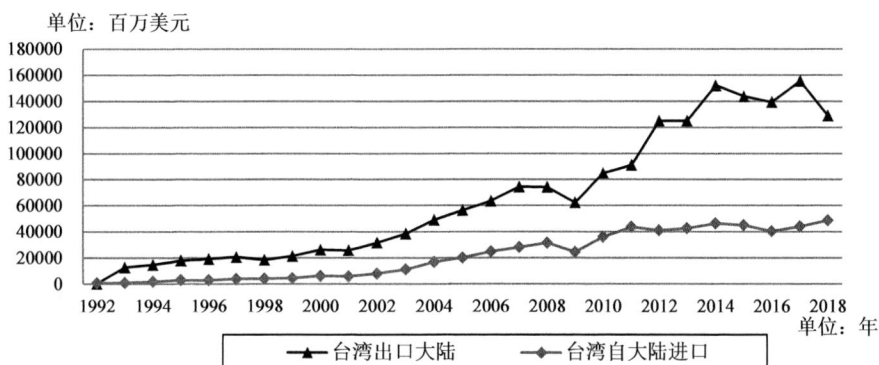

图 3-1 1992—2018 年两岸贸易额的变化

资料来源：台湾"国际贸易局"统计资料库，http://www.trade.gov.tw/。

（二）两岸贸易的主要形式为加工贸易，一般贸易水平偏低

在经济全球化的浪潮下，各国（地区）间的贸易往来迅速增强，同时，中国实行改革开放，凭借廉价的劳动力、土地等生产要素及潜力巨大的内需市场，越来越深入地参与经济全球化进程，并在全球尤其是亚太地区的区域经济合作及产业分工中扮演重要角色。按照国际产业分工的两大著名理论，弗农教授的产品生命周期理论和小岛清的边际产业转移理论，前者主要说明产品的发展阶段主要包括新产品时期、成熟产品时期和标准化产品，一旦进入标准化产品时期，随后便出现企业海外直接投资。在此基础上，边际产业转移理论提出对外直接投资应该从本国（地区）处于比较劣势的产业依次进行转移。实际上，两岸贸易往来是国际产业分工深化发展的结果。在亚太区域产业分工中，形成了雁行分工模式，其中，台湾处于雁尾位置，成为美日等发达国家在全球的生产加工基地，但随着中国深入参与全球产业分工，雁行分工不断细化，台湾地区开始向大陆及其他发展中国家（地区）梯次转移传统产业，因此，两岸贸易快速发展与台湾传统产业向大陆快速转移相伴而行。

21 世纪初，随着 IT 产业的发展，跨国公司纷纷采取供应链管理的模式，将生产尽量接近市场，满足广大用户需求，进而实现了从研发设计、制造组装、运输和存货管理、采购、配送以及售后服务等各个环节的整合。这一模式对国际生产分工提出了更大要求，作为 IT 产品供货商的台湾电子产业，在其产品未进入成熟期便开始加快对外转移，从而促使台湾开始专注零组件的生产、注重研发和品牌创新。这种生产模式最终体现在贸易领域，主要表现为台湾不再是

最终产品的输出角色，而是扮演中间产品的传递者，最终产品输出者的角色则是大陆，台湾形成了以日本进口—台湾接单—大陆生产—出口欧美的"三角模式"。

如前所示，在国际产业分工背景下，长期以来台商赴大陆投资所需中间产品、生产设备大部分自台湾进口，经加工组装后出口欧美市场，因此，加工出口贸易占两岸贸易的比重一直在 60% 以上。如表 3-2 所示，在国际金融危机期间，尽管大陆对台湾实施一系列贸易和投资优惠政策，使岛内对大陆一般出口规模增加，但 2009 年台湾对大陆出口中进料加工和来料加工的比例仍高达近64%；台湾自大陆进口中两项合计超过 53%，均超过大陆对外贸易中的加工贸易比重；2009 年，台湾自大陆进口贸易中一般贸易比重约占 40%；而对大陆出口贸易中一般贸易的比重约占 23%，明显偏低。

表 3-2　2009 年两岸贸易形式

单位：百万美元

贸易方式	台湾自大陆进口		台湾对大陆出口	
	金额	占比	金额	占比
总体贸易	20502	—	85722	—
一般贸易	8218	40.08%	19953	23.28%
进料加工	2229	10.87%	13195	15.39%
来料加工	8700	42.43%	41456	48.36%
其他	1356	6.61%	1018	12.89%

资料来源：张冠华《后 ECFA 时期两岸经济关系发展方式的转变》，《台湾研究》，2010 年第 6 期，第 12—18 页。

两岸加工贸易比重高，一般贸易比重低的主要原因是两岸经贸交流中以台湾产业转移为主，通过向大陆转移已失去竞争力的产业，两岸贸易具有"三角模式"，即台商从欧美市场获得订单，自日本进口所需核心技术与高级零组件，在台湾从事中高端零组件或中间产品的生产，然后在大陆进行低端的加工组合完成产品的最后生产阶段，成品则销往欧美市场。根据相关资料，2008 年台湾对大陆和香港的出口合计比重虽然达到 39%，但其中有将近 18% 是再出口至美国市场，加上直接从台湾出口至美国市场的 12% 左右的金额，两者合计台湾直接和间接出口至欧美市场的比重达到近 30%，高于台湾对大陆出口比重的 26.10%。因此，事实上，美国仍然是台湾最大的出口市场，台湾最大的进口市场是日本。

（三）两岸贸易具有典型的投资拉动特征

根据对外贸易的相关理论，对外投资与对外贸易的关系大致可以分为两大类：一类是对外投资与对外贸易之间具有替代关系，即厂商通过开拓和发展东道国（地区）的内需市场，进而替代母公司对东道国（地区）的出口；另一类是对外投资与对外贸易之间存在互补关系，即厂商通过中间产品的回购带动母公司所在地向东道国（地区）的出口，同时，中间加工产品和最终产品的回销也带动了母公司自东道国（地区）的进口。就两岸而言，两岸间的产业转移是以台商赴大陆投资为主导，对两岸贸易产生非常深刻的影响。从长期来看，台商赴大陆投资带动了两岸贸易的快速增长，且带动了服务贸易的兴起和发展。另外，台商赴大陆投资动机的变迁在一定程度上可以反映两岸贸易与台商赴大陆投资关系的动态变化。

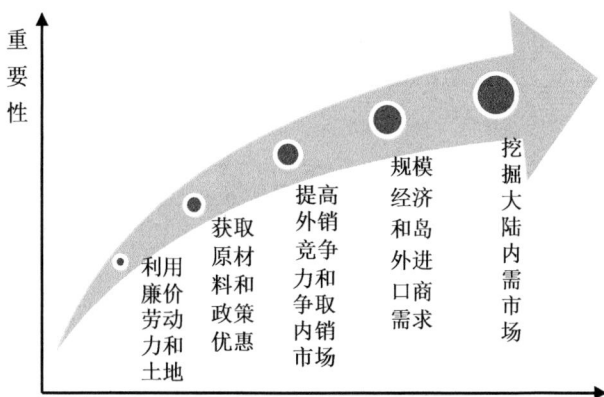

图 3-2　台商赴大陆投资动机演化图

资料来源：台湾"经济部"《对外投资事业营运状况调查》2004—2010 年。

从图 3-2 可以看出，20 世纪 80 年代中后期台商赴大陆投资的主要动机是利用大陆廉价的劳动力和土地，建立向第三地出口产品的生产基地，投资行业以劳动密集型产业为主，同期，台湾对大陆出口主要是贸易转口的形式，因此，台商赴大陆投资对出口大陆不存在替代效应。20 世纪 90 年代初，借由就地供应下游企业以维持或扩大外销市场、获取大陆原材料和提高外销竞争力，台湾中上游企业跟随下游中小企业赴大陆投资设厂，进而带动岛内零部件和中间产品的出口。这一时期，台商赴大陆投资与台湾对大陆出口之间存在互补关系。20 世纪 90 年代末至 21 世纪初，在跨国公司全球布局生产的影响下，台商欲借助大陆的科技人才与内销市场，开始在大陆投资生产半导体和笔记本电脑，并加快建立研发基地，进行软件开发，以满足岛外进口商的要求和获取规模经济的利益，进而促使台商所需中间产品、机械设备、零部件等由岛内母公司或上游企业提供，最终带动两岸贸易规模的迅速扩张和两岸贸易结构的改善，这一时期台商赴大陆投资与两岸贸易之间存在较强的互补关系，两岸贸易呈现出典型的投资拉动特征。2008 年至今，在全球经济危机和发达国家（地区）需求紧缩的双重影响下，两岸同属于出口导向型经济体，其经济发展均面临严峻挑战，而台湾岛内市场狭小，内部需求有限，台商开始注重对大陆内需市场的挖掘，台商所需关键零部件仍由岛内母公司提供。随着两岸贸易产业结构的升级，台商投资显著促进了台湾对大陆资本技术密集型产品的出口，同时，也带动机械设备和中间产品返销台湾。

单位：%

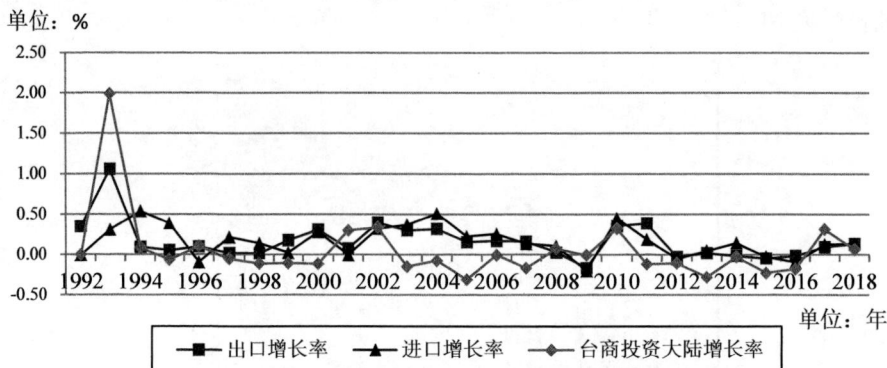

图 3-3 两岸经贸交流的增长率变化

资料来源：台湾"国际贸易局"资料库、台湾"投审会"《2012 年台湾投资统计年报》。

图 3-3 反映了台商赴大陆投资增长率与两岸贸易增长率之间的关系。伴随台商投资动机的变迁，两岸贸易呈现相应的变化，比如 1993 年台湾对大陆出口增长率与台商赴大陆增长率的共同达到最高点，2002 年台商赴大陆投资与台湾对大陆出口、自大陆进口增长率均上升，2010 年至今，台商赴大陆投资与两岸贸易增长趋势呈现高度一致性，投资拉动型贸易的特征愈发明显。据相关调查资料显示，1993 年台商向岛内母公司回购 1466 亿新台币的机械设备和中间

产品，约占当年台湾出口额的 6.5%，占台湾对大陆出口额的 43.6%，回销至台湾的金额约为 340 亿新台币，占当年台湾进口总额的 1.7%。[①] 进入 21 世纪，台湾"经济部工业局"公布的"台湾制造业发展升级策略长期研究计划"指出，2000 年台商赴大陆投资带动的台湾对大陆出口额为 96.03 亿美元，占当年台湾对大陆出口总额的 37.7%。根据商务部发布的统计资料，2010 年台商赴大陆投资带动的台湾对大陆出口额为 143 亿美元，占当年台湾对大陆出口总金额的 56.22%。[②] 张冠华（2004）指出 20 世纪 90 年代以来台商赴大陆投资带动的台湾对大陆出口金额占台湾对大陆出口总额的比重一直在 50% 左右，由此可以得出两岸贸易具有投资拉动特征。

（四）两岸贸易中货物贸易发展迅速，但服务贸易滞后

在过去 30 余年，台湾经济处于由工业社会向服务业社会转型中，同期，大陆处于工业加速发展时期，两岸发展阶段的落差与产业梯度差异致使制造业内贸易规模逐步扩大，在此基础上，由于两岸贸易以加工贸易为主，货物贸易成为两岸贸易的主要领域。相对而言，两岸服务贸易的合作和交流非常薄弱。

目前，《海峡两岸服务贸易协议》还在审查中，两岸服务贸易的官方统计数据几乎为零，但这并不意味着两岸服务业贸易没有合作空间。服务贸易是指国（地区）与国（地区）之间互相提供服务的经济交换活动，与直接投资有相通之处。巴格瓦蒂等人把生产要素（除人力流动以外）在国际或区际的暂时流动定义为服务贸易。根据这一定义，我们认为台商对大陆服务业的投资蕴含着两岸服务贸易合作的情况。据台湾"经济部投资审查委员会"的统计，1991—2005 年，台商投资大陆的产业中，对服务业投资的金额总计 16.4 亿美元，仅占同期台商赴大陆投资金额的 3.48%。加入 WTO 以后，台湾服务业赴大陆投资比重有所上升，提升至 2002 年的 23% 左右，但仍然偏低。ECFA 签署后，两岸金融业、旅游业等传统服务业合作扩大，2010—2016 年，台商投资大陆的产业中，服务业领域的投资金额总计为 170.29 亿美元，占同期台商投资大陆金额的 33.41%。由此可以看出，进入 21 世纪，两岸服务贸易合作具有很大空间，但除了大陆服务业发展相对落后的原因以外，两岸服务贸易合作一直未取得实质性进步的主要原因是受限于两岸服务业尤其是金融业贸易合作会影响岛内安全方面的顾虑，2014 年《海峡两岸服务贸易协议》的争议和搁置也是这一原因的典

---

① （台）邱秀锦：《两岸经济依存关系之分析》，《自由中国之工业》1996 年第 8 期，第 62 页。

② （台）徐振明、林树明：《"国政"研究报告》，台湾"国政研究基金会"网站，2010 年 10 月 5 日，http://www.npf.org.tw/.

型表现。

另外，大陆与台湾贸易往来还经历了贸易产品结构不断升级，逐渐从初级农产品向中间产品、机械设备和高科技产品转移，劳动密集型产品逐渐向资本技术性产品转移。贸易形式逐渐从产业间贸易为主发展为产业间贸易与产业内贸易并存，并且产业内贸易有增加趋势，但产业间贸易仍占主导地位（华晓红，2010），这与两岸产业分工形态从垂直化分工模式向水平化分工模式过渡有关。据台湾"国际贸易局"资料库的数据显示，台湾出口大陆的产品以电机与设备及其零件、光学、照相仪器及器具、塑胶及其制品为主；而进口大陆的产品以电机与设备及其零件与机器及机械用具为主，两岸贸易往来中同类产品进出口量逐渐增加。

第二节　两岸贸易对台湾就业的影响机制

一、台湾劳动力就业的相关统计量

为下小节探讨两岸贸易与岛内劳动力就业的关系做准备，本节结合国际劳工组织（ILO）以及台湾"行政院主计处"2012年人力资源调查资料中劳动力的相关定义，对就业与失业等统计量进行以下界定：

就业人口：15岁以上人口中的工作者，但不包括军人和监管人员；

失业人口：15岁以上人口中的无工作但积极寻找工作者，也不包括军人和监管人员；

劳动力：就业人口与失业人口之和；

怯志人口：即因灰心而找不到工作的人口，具体是指民间人口中有工作能力，因认为无工作机会，或因自身资历和技能问题无法找到合适工作而放弃工作机会的人口；

低度就业人口：目前有工作，但希望增加工时者。

根据上述统计量定义劳动参与率与就业率：

劳动参与率：（就业＋失业）／民间人口

就业率：就业人口／劳动力人口

根据国际劳动组织，失业率的定义有三种：

失业率1：失业人口／（就业人口＋失业人口）；

失业率2：（失业＋怯志）人口／（就业＋怯志＋失业）人口；

失业率 3：（失业 + 怯志 + 低度就业）人口 /（失业 + 怯志 + 就业）人口。

失业率 1 被称为狭义失业率，用来分析长期趋势，失业率 2 包含了怯志人口，用来分析短期趋势，失业率 3 被称为为广义失业率。可以测度台湾劳动力市场是否人尽其才，从而分析劳动力市场的人力运用度。

二、经济增长机制

根据国际贸易理论，贸易对经济增长的影响途径可以总结为资源配置效应、对外贸易乘数效应、规模收益递增效应与技术进步效应。因此，经济体之间遵循比较优势原则进行贸易往来会直接或间接地影响国内相关宏观经济变量（消费、投资与储蓄），进而影响经济波动的频率和经济周期协动性，继而对本区域内就业和收入产生影响。

（一）两岸经济波动特征明显，协同性较高

利用学术界公认的经济周期协动性指数可以计算两岸经济增长之间的互动，两岸经济经济周期协动性指数是非常高的，这其中归结于两岸经贸合作，也表明两岸贸易对台湾经济增长、就业和收入具有显著影响（蒋含明、李非，2016）。

经济周期协动性，也称同步性，用来表示经济波动的国际传导，表现为一个国（地区）的宏观经济波动对另一些国家（地区）宏观经济波动的影响。借鉴 Cerqueira and Martins（2009）的同步化指数构建方法，利用大陆和台湾的季度经济增长率数据计算两岸实际经济活动之间的相关性，计算公式为：

$$Corr_{ij,t} = 1 - \frac{1}{2}\left[\frac{g_{it} - g_i}{\sqrt{\frac{1}{T}\sum_{t=1}^{T}(g_{it} - g_i)^2}} - \frac{g_{jt} - g_j}{\sqrt{\frac{1}{T}\sum_{t=1}^{T}(g_{jt} - g_j)^2}} \right]$$

其中 $Corr_{ij,t}$ 表示 t 时期 i 与 j 两个经济体的相关性，g_{it}、g_{jt} 分别为 i 与 j 两个经济体增长率，g_i、g_j 分别表示两个经济体对应增长率的平均值。

利用上述公式，采用于中国经济数据库大陆经济增长率以及来源于台湾"主计处"的"统计资讯国民统计所得资料库"台湾经济增长率，计算结果如图 3-4 所示。两岸经济周期协动性具有阶段性特征，大致可以分为三个阶段：第一阶段（1992—2000 年），两岸经济周期协动性已显现，并基本处于平稳状态。20 世纪 90 年代岛内投资环境恶化，传统产业需尽快外移以延长产品周期，而大陆适时改革开放促使两岸经贸往来日趋紧密。大陆与台湾在这一时期均保持经济增长劲头，两岸经济周期协动性呈现平稳态势。第二阶段（2001—2008年），两岸经济周期协动性处于波动非平稳期。2000 年台湾进行首次政党轮替，民进党执政、全球经济危机的爆发等内外环境的变化导致台湾经济发生巨大 逆转，进入低速增长时期，而在此阶段，改革开放的深入进行促使中国大陆经济持续增长。另外，台湾民进党对大陆实行的消极经贸措施使得两岸经贸往来处于不稳定状态，两岸经济周期呈现不一致性和波动性，但全球经济大融合使得两岸经济周期始终保持了一定程度的协动性。第三阶段（2009—2016 年），两岸经济周期协动性处于调整期。2008 年国民党再次执政，两岸经济形势缓和，经济周期协动性较强。但在此阶段，全球经济结构的新一轮调整以及两次经济危机的爆发严重影响了台湾经济发展，大陆经济则经受较小冲击，两岸经济周期协动性出现短暂调整。近两年由于民进党再次执政，两岸经济形势处于冰冻期，这也使得两岸经济协动性降低。以上分析表明两岸经济之间的互动合作，互相影响，协同性较强，其中两岸贸易、台商赴大陆投资在其中起到的作用是非常大的，因此，两岸贸易与岛内经济增长之间的关系具有阶段性特征，这些阶段性特征也会反射到岛内劳动力市场。

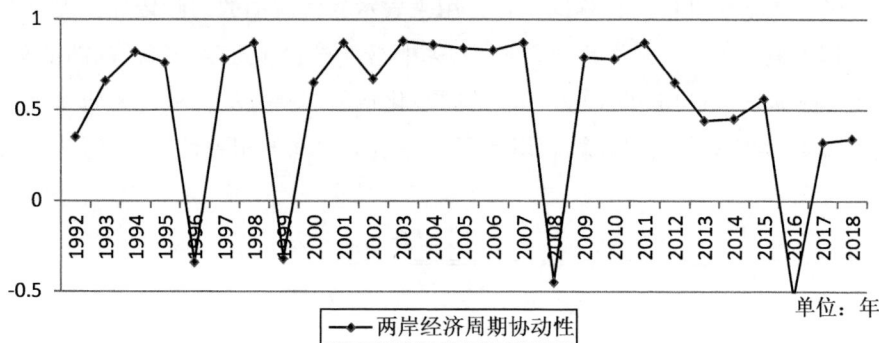

图 3-4 两岸经贸合作的互动性

（二）贸易对就业的乘数效应

具体来讲，按照要素禀赋理论和比较成本理论，各国可以通过贸易往来弥补和丰富生产要素的使用，从而实现资源的最优配置和生产力的提高，使投资和消费等福利得到提升。凯恩斯主义经济学认为，国内就业是由有效需求的派生需求决定。在开放经济中，一个国家的有效需求包括内部需求和外部需求，内部需求由投资需求和消费需求构成，外部需求则由对外贸易决定。同时，一国的出口和国内投资一样对国民收入和就业具有倍增的乘数作用；一国的进口则和国内储蓄一样对国民收入和就业具有倍减的乘数作用，贸易的"乘数"效应也为我们理解两岸贸易对台湾经济增长的影响提供了一个很好的视角。

众多学者对两岸贸易的经济增长机制拉动台湾就业和要素收入的理论和实证文献非常多，比如李非、蒋含明（2011）运用 1980—2010 年的相关时间序列数据，在回顾两岸经贸发展历程的基础上，分析两岸贸易对台湾地区经济增长的作用机理，系统地运用协整理论对两岸贸易与台湾地区经济增长的关系进行实证研究。研究结果表明，两岸贸易与台湾地区经济增长之间存在着长期均衡关系，且两者之间显现着双向的 Granger 因果关系，但相互的影响程度不同。岛内知名研究机构"中华研究院"的 2008 年和 2010 年的研究结果均表明两岸贸易对台湾经济增长的贡献是较大。

总结而言，台湾通过对大陆的出口扩张而增加其外汇收入，并直接创造国民生产总值、带动总体经济成长，增加人均收入，导致出口部门收入的提高和出口部门生产的扩大、就业增加，人们收入与消费水平也相应提高，进而产生产业关联效果，促进其他相关产业的发展和就业提高、收入增加。如此循环往复，使得因出口增加而引起的国民收入的增长将是出口增量的若干倍。两岸贸易尤其是台湾对大陆出口的持续快速扩张对台湾总体经济的成长、人均收入的增加、民间消费水平的提高、相关产业的发展、产业结构的转型升级和优化、就业机会的增加和岛内市场供需的效果是有正面影响的，而且随着两岸贸易发展，两岸贸易对台湾经济发展的影响将日益深刻。正是由于贸易的"乘数"效应，两岸贸易的发展与台湾经济繁荣息息相关。

三、产业结构机制

如前所述，H-O 理论框架对贸易的跨部门就业效应做出了清晰的预测，即对外贸易导致进口竞争部门收缩，出口部门扩张，劳动力从进口替代部门流向出口部门。这意味着部门结构变动与就业流动之间存在关系。具体来讲，产业结构决定对外贸易的方向和生产方式，对外贸易则反映产业结构的合理性，引导一国（地区）产业结构的发展，二者相互影响、相互促进。借由产业是就业的载体，产业结构的变动必然会影响就业量和就业结构的变动。因此，在对外开放下，基于国际分工深化、生产结构和需求结构的变化和调整，产业结构处在不断变动的过程，进而引致就业量和就业结构的变化。自 20 世纪 80 年代中后期开始，台湾进入经济转型期，面临产业结构升级和调整，同时，经济处于中低速发展，并走向衰退，劳动力由短缺转向过剩，失业率增加，实际工资趋于停滞。倘若将产业细分，尤其是将制造业细分，再仔细观察历年不同细分产业别的兴衰，可有另一番解读。

（一）两岸贸易与台湾三次产业结构的变化

如表3-3所示，20世纪80年代中后期，农业产值比重发生萎缩，保持在5%—6%，工业产值和服务业产值比重均上升，分别处在45%和46%左右，这表明台湾进入产业结构升级和转型时期，逐渐由工业社会迈向服务业社会。但仔细观察同期的就业结构变化，农业就业比重一直保持在17%—18%，工业就业比重处在42%左右，服务业就业比重处于40%左右，从中可以得出，农业产值比重和工业产值比重分别低于对应产业吸纳的就业比重，而服务业产值比重高于就业比重，也就是说，服务业扩大发展并没有提供大量的就业岗位，其吸收就业能力与产业结构的发展不相符，此阶段第一、二产业的就业拉动效应较强，产业结构处于服务业社会的初期。另外，同期总体就业人口与失业率未发生显著变化，失业人口处于13万人左右，狭义失业率处于3%左右。

表3-3　三次产业产值结构与就业结构

年份	产值结构 /%			就业结构 /%		
	农业	工业（制造业）	服务业	农业	工业（制造业）	服务业
1980	7.72	45.71（36.20）	46.62	19.51	42.52（32.29）	38.01
1986	5.41	45.82（37.51）	48.73	17.00	41.63（34.13）	41.42
1991	3.72	38.53（30.43）	57.83	13.67	39.94（30.81）	47.12
1996	3.13	32.52（24.84）	64.44	10.14	37.54（26.74）	52.41
2001	1.95	28.74（23.27）	69.46	7.53	36.65（27.63）	55.93
2006	1.66	31.33（26.53）	67.51	5.52	36.66（27.56）	57.90
2008	1.68	29.16（24.84）	69.37	5.16	36.84（27.73）	58.00
2009	1.72	29.03（23.86）	69.35	5.37	35.83（27.12）	58.91
2010	1.63	31.37（26.53）	67.16	5.25	35.94（27.33）	58.82
2011	1.84	29.86（25.12）	68.45	5.16	36.32（27.52）	58.61
2012	1.91	28.95（24.23）	69.23	5.07	36.24（27.43）	58.81
2013	1.72	29.01（25.01）	69.02	5.03	36.04（30.32）	58.92
2014	1.68	30.01（26.01）	68.46	5.21	37.04（30.43）	58.03

续表

年份	产值结构 /%			就业结构 /%		
	农业	工业（制造业）	服务业	农业	工业（制造业）	服务业
2015	1.58	30.08（26.09）	68.48	5.15	38.01（30.78）	58.02
2016	1.65	29.03（25.01）	69.07	5.24	38.04（30.43）	57.01
2017	1.71	29.45（24.02）	68.85	5.29	38.01（31.03）	56.53

资料来源：台湾统计资讯网查询，http://www.stat.gov.tw/。

　　20世纪90年代至21世纪初，农业产值比重大幅度下降，从1991年的3.72%下降至2001年的1.95%，工业产值比重从1991年的38.35%下降到2001年的28.74%，服务业产值比重从1991年的57.83%增加到2001年的69.46%。对应的就业结构也发生变化，农业就业比重由1991年的13.67%下降至2001年的7.53%，工业就业比重由1991年的39.94%下降至2001年的36.65%，服务业就业比重由1991年的47.12%上升至2001年的55.93%。此阶段农业和工业的就业拉动效应逐渐趋缓，服务业的就业拉动效应仍低于产值的发展能力，突出表现在1996年服务业产值比重比就业比重低12个百分点。同期整体失业人口和失业率处于上升趋势，失业人口从1991的13万人上升至2001年的45万，狭义失业率也从1991年的2%上升至2001年的5%。

　　2008年至今，三次产值比重都处于稳定期，分别保持在约1.6%、30%和68%，对应的就业比重也比较稳定，分别保持在约5%、36%和59%，但服务业产值结构与就业结构之间仍有11%的落差。另外，同期整体失业人口和失业率处于较高位置，失业人口处于45万人以上，失业率1也处于4%以上。这说明台湾产业结构升级转型中就业人口转换工作不顺畅是导致失业人口增多的主要原因之一。

　　从表3–3还可以看出，20世纪90年代前后，制造业产值占GDP的比重和就业比重均发生变化，2008至今，分别维持在24%和27%左右，对台湾总体经济和就业仍然具有重要作用。在前文两岸贸易的动因分析中台湾内部产业结构变迁也是两岸贸易往来的原因之一，反过来，两岸贸易主要集中在制造业领域，对台湾产业结构发展也有一定的影响。

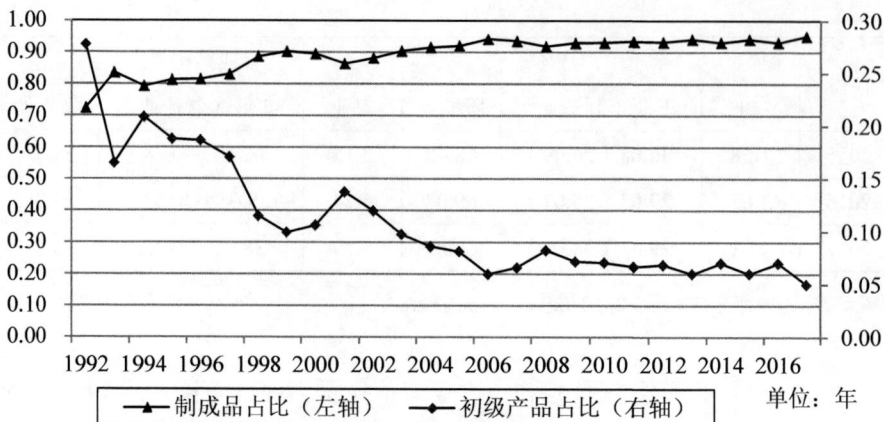

图 3-5 台湾对大陆出口商品结构

注：按照台湾学者龚明鑫（2004）编制的 HS 六位码对应的初级产品与制成品分类计算初级产品和制成品的台湾与大陆进出口数据。

资料来源：台湾"国际贸易局"，http://www.trade.gov.tw/。

　　两岸贸易商品以制造业制品为主。如图 3-5 所示，台湾对大陆初级产品的出口值从 1992 年的 2.96 亿美元上升至 2017 年的 1301.15 亿美元，年均增速达 10.25%，制成品出口值从 1992 年的 55.71 亿美元上升至 2017 年的 342.59 亿美元，年均增速达 17.06%，从中可以得出，台湾对大陆出口商品中的制成品增速明显。与规模相对应，台湾对大陆初级产品出口在总出口中的比值从 1992 年 5.04% 下降到 2017 年的 1.71%，制成品出口的比值从 1992 年的 4.96% 上升到 2017 年的 99.12%。

　　如图 3-6 所示，台湾自大陆初级产品进口值从 1992 年的 1.92 亿美元上升至 2017 年的 25.19 亿美元，年均增速达 13.7%，制成品进口值从 1992 年的 5.02 亿美元上升至 2017 年的 342.59 亿美元，年均增速达 23.5%，从中可以得出，台湾自大陆进口商品中制成品增速明显。与规模相对应，台湾自大陆进口在总进口中的比值从 1992 年的 27.68% 下降至 2017 年的 6.85%，制成品出口的比值从 1992 年的 72.32% 上升至 2017 年的 93.15%。

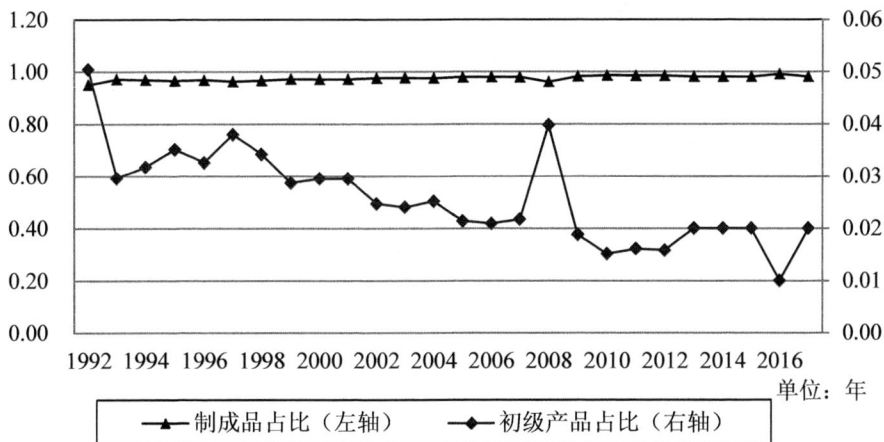

图 3-6　台湾自大陆进口结构变化

资料来源：与图 3-5 同。

　　图 3-5 和图 3-6 均表明两岸贸易商品主要集中在制造业，符合两岸产业结构差异、台湾产业结构升级中对大陆进行劣势产业转移的比较优势原则。因此，产业结构是两岸贸易的基础，同时两岸贸易反作用于产业结构，即两岸贸易促进岛内产业结构从工业到服务业的转变，其中，工业增加值和就业的比重逐渐下降，服务业增加值和就业的比重逐渐上升。

　　（二）两岸贸易与台湾制造业就业的变化

　　三次产业结构调整期，岛内制造业内部也在转型。接下来把制造业分成四大类：民生制造业、化学制造业、金属机械制造业与资讯电子制造业，上述分类的主要理由在于：民生制造业的技术密集度最低，而劳动密集度最高；资讯电子制造业的技术密集度最高，而劳动密集度最低，化学制造业和金融机械制造业的技术密集度和劳动密集度相当。

　　20 世纪 80 年代兴盛的民生制造业在 20 世纪 90 年代以后的产出持续降低，代之兴起的是其他资本密集型产业和技术密集型产业。从台湾"行政院主计处国民所得统计资料库"的原始数据可以看出，以纺织业为例，20 世纪 80 年代极盛时期的纺织业，就业人数高达 30 万人，自 1988 年起，就业人数逐年递减，至 2004 年仅剩下约 13 万人，不足 20 世纪 80 年代的二分之一，另外，成衣及服饰品制造业、皮革毛皮及其制品制造业、木竹制品制造业和橡胶塑胶制品制造业的就业人数在 20 世纪 90 年代末期逐渐下降。相反，基本金属及金属制品制造业、机械仪器制造业和电力及电子机械制造业在 20 世纪 80 年代末期的就业人数约 30 万，自 1988 年起，就业人数逐年递增，至 2003 年达 70 万人，是 20 世纪 80 年代末期就业人数的 2 倍有余，且占制造业就业人数的 30% 以上。这显示台湾已由过去民生与非民生产业并重发展，逐渐转型为依赖非民生制造业的发展。

表 3-4　制造业四大类别的产值和就业变化

单位：百万台币；人

时期	民生制造业		资讯电子		金属机械		化学制造业	
	产值	就业	产值	就业	产值	就业	产值	就业
1986—1996	−28770	−34634	98968	6708	42638	15299	37750	−13711
1997—2007	−29758	−17194	1145134	29476	−748	8813	105757	−5956
2007—2008	−1373	−8196	200000	20132	−8803	9594	−18591	−6211
2008—2009	−3302	−11941	0	−72485	−43084	−54994	16596	−11939
2009—2010	1890	9930	400000	50979	42028	32684	23605	10982
2010—2011	−321	14075	243095	40723	15287	31886	−18678	8314
2011—2012	−674	6134	123205	2661	−12223	13650	22332	5359
2013—2014	−546	5647	245665	2644	−24556	23456	26727	4567
2014—2015	−345	8756	346577	45658	−35356	53256	45356	6753
2015—2016	−423	5768	458696	45624	−14456	45653	23567	4624
2016—2017	−234	3432	352563	34351	−23101	24546	46432	3562

注：①变化值为研究期间的就业变化的代数平均值；②民生制造业、资讯电子业、金属机械和化学制造业的划分参考刘祥熹、高振洲的《台湾对中国大陆直接投资与进出口贸易互动关联性之研究——Panel VECM 之应用》，(台)《应用经济论丛》，2011，（90）第 1—52 页。

资料来源：根据台湾统计资讯网 http://www.stat.gov.tw/ 查询的原始数据计算得出。

　　如表 3-4 所示，20 世纪 80 年代中后期至 21 世纪初，台湾民生制造业和化学制造业的产值和就业量均处于负增长状态，而资讯电子和金属机械业的产值和就业量一直处于良好的正增长状态，从中可以得出，此期间以资本密集型和技术密集型为主的金属机械和资讯电子制造业逐渐取代以劳动密集型为主的民生制造业，成为制造业就业增长的主要来源。2008—2009 年，制造业四大细分产业的产值和就业量的变化均出现了严重的恶化现象，除民生制造业以外，其他三个细分制造业的就业减少幅度达到历史最高值，这与美国次贷危机爆发引致全球经济衰退有关。2010 年至今，制造业各业的就业形势好转，就业量逐渐增肌，但 2011年增长幅度趋缓，2012 年至今，制造业各业的就业趋势稳定，但并不乐观。

总之，自 20 世纪 80 年代中后期以来台湾制造业经历了由劳动密集型（民生制造业）—资本密集型（金属机械制造业）—技术密集型产业（资讯电子制造业）的转变，对应的就业也发生此消彼长的变化，这表明岛内制造业结构也面临着调整和升级。

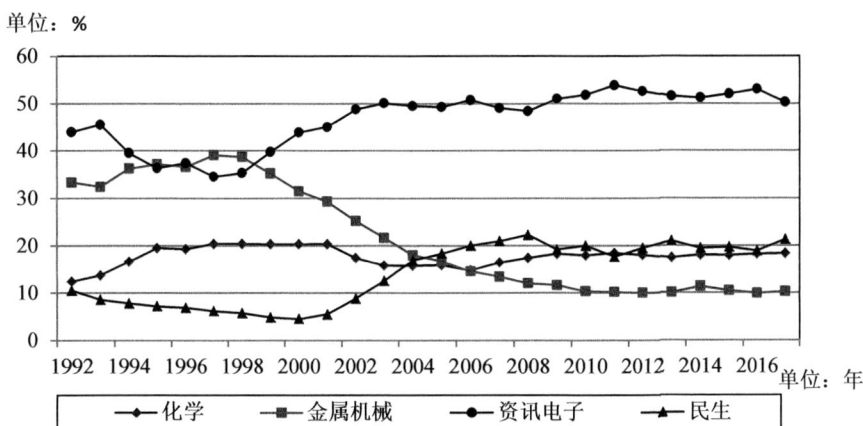

图 3-7　制造业四大类别中台湾对大陆出口比重变化

注：①民生制造业、咨询电子业、金属机械和化学制造业的划分参考刘祥熹、高振洲的《台湾对中国大陆直接投资与进出口贸易互动关联性之研究——Panel VECM 之应用》，(台)《应用经济论丛》,2011,（90），第 1—52 页。②在上述基础上依据龚明鑫（2004）编制的 HS 六位码对应的中位行业计算初制造业四大制品的台湾与大陆进出口数据。

资料来源：台湾"国际贸易局"，http://www.trade.gov.tw/。

同期，两岸贸易中制造业四大类别产业结构也发生了变化。其中，台湾对大陆出口结构的变化如图 3-7 所示，1992 年化学类产品占台湾对大陆制成品出口比重为 12.36%，随后不断上升，1997—2001 年一直保持在约 20%，2001 年之后不断减少，2006 年降为 14.78%，2007—2012 年略有上升，2013 年至今保持稳在 18% 左右；金属机械类产品占制成品出口的比重从 1992 年开始呈现先缓慢上升，1997 年达到最大值 39.06%，然后快速下降至 2011 年的 10.15%，

2012 年之后趋于稳定在 10% 左右；资讯电子类产品在制成品出口中的比重较大，从 1992 年开始呈现先下降后上升，1997 年达到最小值 34.44%，然后不断上升，至 2003 年已经超过 50%，2006 年之后稳定在约 50%；民生类产品在制成品出口中的比重 1992—1997 年大约为 10% 左右，随后下降至 2000 年的 5%，2002 年之后又上升，到 2008 年提高 20% 左右，2008 年之后又呈现缓慢下降，2017 年维持在 17% 左右。

台湾自大陆进口结构的变化如图 3–8 所示，化学类产品占台湾自大陆制成品进口的比重变化不大，1992—2006 年一直保持在约 10%，2006 年之后呈现缓慢上升，2011 年上升到 15.96%，随后开始下降至 2017 年的 12.89%；金属机械类产品占台湾自大陆制成品进口比重在 1992—2011 年波动较大，但总体上呈现下降趋势，从 1992 年的 40.07% 下降到 2017 年的 16.56%；资讯电子类产品占台湾自大陆制成品进口比重 1992 年仅为 23.18%，但自 1995 年之后出现较大增长，2002 年达到最大值（57.48%）后一直在 50%—60% 波动，近几年有所回升，保持在 52% 左右；民生类产品占台湾自大陆制成品进口比重在 20 世纪 90 年代初期较高，1993 年为 42.91%，随后下降较快，2002 年仅为 14.51%，2009 年又小幅上升至 16% 左右，于 2011 年后小幅上升至 2017 年的 17.88%。

单位：%

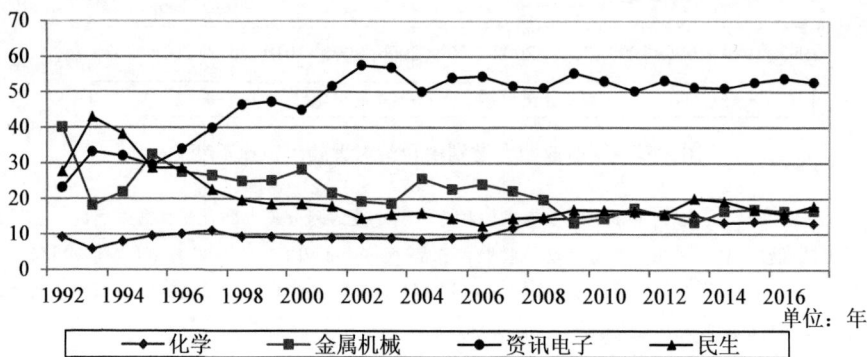

图 3–8 制造业四大类别中台湾自大陆进口比重变化

资料来源：与图 3–7 同。

综上而言，台湾对大陆出口化学类和资讯电子类产品（资本与技术密集型制成品）在制成品出口中的比重从 1992 年的 56.26% 上升至 2017 年的 72.24%，相应地，金属机械类和民生类产品（劳动密集型制成品）在制成品中的比重从

1992 年的 43.74% 逐渐下降到 27.76%，这与台湾制造业四大产业类别的产业结构和就业结构转变一致。台湾自大陆进口化学类和资讯电子类产品（资本与技术密集型制成品）在制成品出口贸易中所占比重从 1992 年的 32.29% 上升至 2017 年的 66.18%，而金属机械类和民生类产品（劳动密集型制成品）所占比例从 1992 年的 67.71% 逐渐下降到 2017 年的 33.82%，呈现出明显的此消彼长特征，再次验证两岸贸易与产业结构的相互影响和相互作用，即两岸贸易促进岛内产业结构转型和升级，进而影响岛内各行业的就业。同时，岛内产业结构转型和升级促使台湾对大陆出口和自大陆进口产品类别的变化。值得注意的是，台湾对大陆出口和自大陆进口的资讯电子类产品的比重都有所增加，这说明两岸产业内贸易主要发生在技术密集型制造业。

四、劳动力市场机制

由于充分就业是标准 H-O 理论的一个基本假定，对应的推论未涉及贸易对失业的影响。因此，在存在非自愿失业情况下，需要引入劳动力市场机制这一因素分析对外贸易的就业效应。同时，在没有制度性干扰以及专用性人力资本的情形下，产业结构的转型与调整中衰退部门的劳动力可以顺利转移到扩充部门。但事实上，劳动力市场制度因素、旧职位与新职位性质差异等均使劳动力无法顺利转移到新工作，这通常会产生被解雇的非自愿离职人士，出现非自愿失业。目前，搜寻匹配模型、最低工资模型和效率工资模型等均从劳动力市场机制方面探讨了存在非自愿失业时对外贸易与就业的关系，拓展和丰富了现有理论研究。

产业结构转变或区域发展消长所导致需求与求职之间"不能配合"的非自愿失业也被称为结构性失业。自 20 世纪 80 年代中后期台湾经济转型以来，台湾产业结构两极化的发展日趋严重，虽然技术密集型产业仍维持高成长，但传统产业释放出来的劳动力过多，再加上高科技产业的专业密集，使得两者的劳动力无法互补（李诚，1999）。Helwig（2001）根据台湾"行政院主计处"2001 年台湾地区人力运用调查原始资料分析了当年失业情况，研究指出 2001 年台湾失业的主体为制造业与营造业的休力工人，这主要是因为与服务业中的就业相比，商品制造业中的劳动力容易失业，而且由于经济结构改变，很多人必须由衰落部门转移到扩充部门，员工在转移职业时，通常无法将历年在工作岗位累计的专用性人力资本转移到新工作上，当员工的新职位与旧职位异质性相差愈大时，非自愿性劳工想要从制造业、营造业的外围部门移动到服务业的核心部门时，障碍性越大，搜寻匹配成本也就愈大，非自愿失业的可能性越大，这说明岛内劳动力市场存在制度不完善、搜寻匹配成本高的情况。以下具体分析非自愿失业形势下劳动力就业的相关变化。

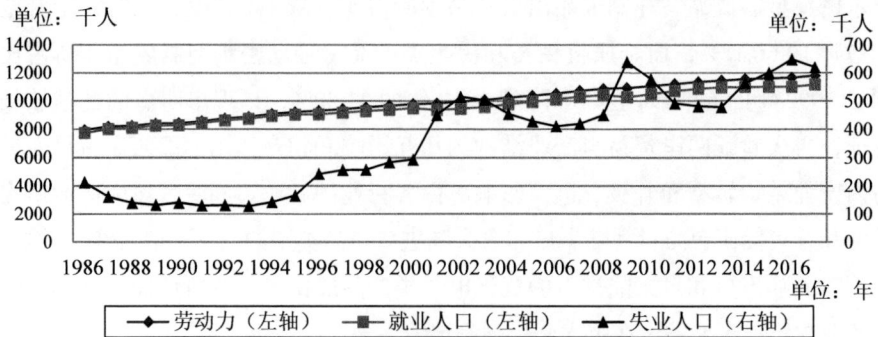

图 3-9　劳动力、就业人口和失业人口的变化

资料来源：台湾统计资讯网查询，http://www.stat.gov.tw/。

如图 3-9 所示，1986—2017 年台湾劳动力、就业人口与失业人口均呈逐渐攀升的趋势，除失业人口指标以外，其他指标具有单调上升趋势。劳动力由 1986 年的 794 万人上升至 2017 年的 1178 万人，就业人口由 1986 年的 773 万人上升至 2017 年的 1106 万人，失业人口由 1986 年的 21 万人上升至 2017 年的 62 万人，其中，失业人口的变化具有明显的阶段性特征，从 1986 年的 21 万缓慢下降至 1994 年的 14 万人，随后从 1995 年的 16 万人缓慢增长至 2000 年的 29 万人，2001 年失业人口超过 45 万人，随后缓慢增长至 2003 年的约 50 万人，2004 年至 2007 年稳定在约 41 万人，2008 年开始继续攀升，2009 年达到历史最高值（63.9 万人），随后出现下降趋势，2013 年至今出现上升趋势，失业人口由 2013 年的 47 万人上升至 2017 年的 62 万人。

如图 3-10 所示，1986—2017 年台湾劳动力参与率和就业率均呈现先短暂下降后震荡上升的趋势。以 2003 年为界限，2003 年之前劳动力参与率呈现微幅下滑的趋势，由 1986 年的 60.37% 下降至 2003 年的 57.34%，2003 年之后逐渐回升，由 2004 年的 57.66% 上升至 2008 年的 58.28%，随后下降至 2009 年的 57.90%，2009 年之后小幅回升，保持在约 58.17%。2003 年之前，就业率先从 1986 年的 97.33% 上升至 1994 年的 98.55%，随后下降至 2002 年的 94.83%，2003 年之后缓慢增长至 2007 年的 96.09%，2009 年下降至 94.16%，2009 年之后小幅回升至 94.01% 之后，就一直保持在约 95.72%。

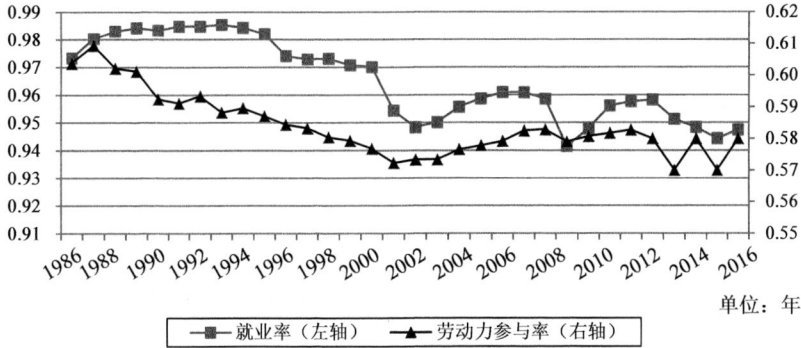

图 3-10　就业率和劳动力参与率的变化

资料来源：与图 3-9 同。

图 3-11 反映了 1986—2013 年台湾三种失业率的变化情况。整体来看，失业率 1 的值落于 1.4%—5.9%，失业率 2 的值落于 2.1%—6.9%，失业率 3 的值落于 4.1%—9.8%。具体来看，三种失业率均呈现先缓慢上升后下降再回升随后又下降，稳定在某一值，同时，失业率的上升起始于 1994 年，且以 2000—2003 年的上升幅度最大：失业率 1 由 2000 年的 3% 上升至 2003 年的 5%，失业率 2 由 2000 年的 4% 上升至 2003 年的 6%，失业率 3 由 2000 年的 0.7% 上升至 2003 年的 1%。2003—2008 年逐年下降：失业率 1 由 2003 年的 5% 下降至 2008 年的 4%，失业率 2 由 2003 年的 6% 下降至 2008 年的 5%，失业率 3 由 2000 年的 9% 下降至 2008 年的 7%。2008—2017 年先增后减并趋于稳定：失业率 1 由 2008 年的 6% 下降至 2017 年的 4%，失业率 2 由 2008 年的 7% 下降至 2017 年的 6%，失业率 3 由 2008 年的 9% 下降至 2017 年的 7%。

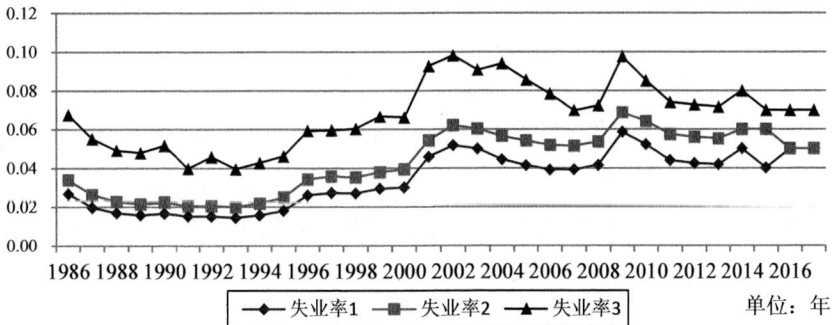

图 3-11　失业率的变化

资料来源：台湾"行政院主计处"，人力运用调查报告，http://www.stat.gov.tw/。

根据台湾"行政院主计处"的人力资源调查资料,将离职原因粗分为三大类:①工厂歇业或业务紧缩;②对原有工作不满意;③其他。图 3–12 显示了 1986—2011 年台湾就业人口的离职原因变化,其中工厂歇业或业务紧缩和对原有工作不满意的两大离职原因波动较大,二者呈现此消彼长特征,且 2001 年之后因工厂歇业或业务紧缩的离职比重高于因原有工作不满而离职的比重。2001 年之前因工厂歇业或业务紧缩而离职的比重呈震荡上升的趋势,由 1986 年的 28.26% 上升至 2001 年的 57.01%,2001 年后此比重逐渐下降至 2007 年的 37.95%,2008 年之后逐渐回升至 2009 年的 62.87%,2009 年之后又逐渐下降,至 2017 年稳定在约 37%。2001 年之前因原有工作不满而离职的比重呈现震荡下降的趋势,由 1986 年的 42.75% 下降至 2001 年的 23.46%,2001 年后此比重逐渐上升,至 2007 年高达 41.56%,2008 年之后逐渐回落至 2009 年的 22.01%,2009 年之后又逐渐上升,至 2017 年稳定在约 43%。

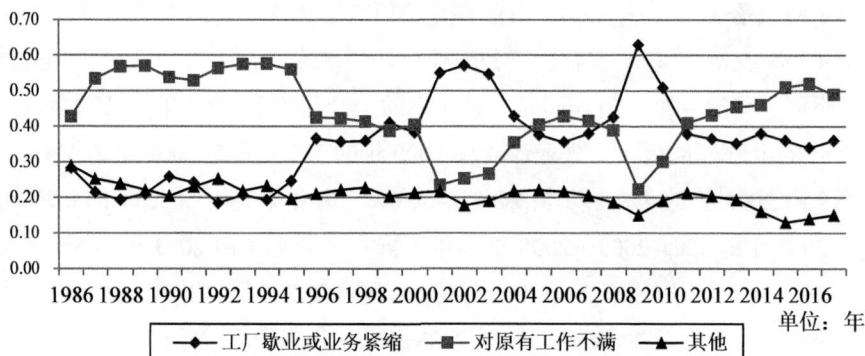

图 3–12　失业变化的原因分类

资料来源:与图 3–11 同。

如前所示,上述失业人口、失业率与离职原因的阶段性变化情况与全球经济发展形势相一致,因此,除产业结构转型调整中新职位和旧职位存在错位匹配导致失业以外,全球经济环境变化对岛内就业也产生重要影响。比如 2001 年深受网络泡沫经济的影响,岛内经济增长速度急剧转变为负值,至 2003 年一直处于较低状况,同期,岛内失业人口、失业率和因工厂歇业或业务萎缩离职比重均处在上升期;2008 年深受美国次贷危机的冲击,岛内经济萎靡不振,至 2010 年才有所恢复,此期间,岛内失业人口、失业率因工厂歇业或业务萎缩离职比重急剧上升并处在高位。这不仅说明岛内劳动力就业变化与全球经济发展形势存在高度一致性，也表明岛内就业受外部经济环境影响的特征比较明显。

总之，在岛内劳动力市场制度性因素干扰或专业性人力资本下，两岸贸易与产业结构的相互影响，对岛内就业造成一定的冲击，同时，如果岛内产业结构调整和转型顺利，两岸贸易引起的劳动力需求从外围部门转移到核心部门的重新配置会有效率，否则会造成失业。

第三节 两岸贸易对台湾工资的影响机制

一、台湾劳动力工资的相关统计量

为下小节探讨两岸贸易与岛内劳动力工资的关系做准备，本小节结合国际劳工组织（ILO）以及台湾"行政院主计处"2012年人力资源调查资料中劳动力的相关定义，对工资的相关统计量进行以下界定：

至于工资的种类，则分为三种：

经常性工资：按月固定发放的工资所得、津贴和奖金；

非经常性工资：包括加班费用与非按固定月份发放的工作、绩效、全勤奖金、年节奖金与员工福利等；

平均工资：经常性工资与非经常性工资的二者之和。

根据经常性工资、非经常性工资与平均工资之间的比重变化分析劳动力市场工资的发展趋势。

二、全球及区域产业分工机制

如前所述，H-O 理论及相关的三个主要贸易定理论述了对外贸易与要素价格的关系，即对外贸易通过商品价格降低一国（地区）商品中稀缺要素的相对价格而提高丰裕要素的相对价格。要素均等化定理进一步指出长期内要素价格会趋于一致。但标准 H-O 理论中仅包括资本和劳动两种生产要素，进而出现里昂惕夫之谜和发展中国家收入差距不符合 H-O 推论的现象，且随着全球供应链管理模式的发展，全球生产分工进一步细化，也影响两岸贸易与岛内工资的关系。因此，在标准 H-O 理论中引入生产技术因素，不仅使 H-O 理论框架更贴近实际，也可以分析不同类型劳动力相对工资的变化。

按照标准 H-O 理论，如果一国（地区）属于资本相对丰裕的经济体，就应该出口资本密集型产品，进而增加对资本的需求，降低对劳动力的使用，资本劳动比例上升，最终提高资本相对劳动的价格。但我们知道一国（地区）的任何资源都是有限的，对资本过度需求在提高其价格的同时，也增加企业生产成本，进而使资本与劳动之间出现替代现象，劳动力的工资并不必然降低（Jones,1997）。除此之外，基于第二章中要素流动性的分析，技术与资本的互补性表明资本价格不会得到持续提高，相反，劳动力工资也不会持续下降。

在以 Jones 为代表学者的不懈努力下，对外贸易影响工资的理论研究得到不断推进。Davis（1996）在多个国家、三种产品、两种要素的 H-O 框架下，进一步分析关于对外贸易与发展中国家（地区）要素收入分配的关系，指出发展中国家（地区）对外贸易的收入分配效应取决于该国（地区）在其生产多样化产品之内（即与该国或地区生产相同产品组合的国家或地区内部）的相对要素禀赋状况。Davis 的研究对解释现实中关于对外贸易影响某些发展中国家（地区）要素价格与 SS 定理不符的状况具有重要贡献。Jones（1997）在多种商品、两种要素的框架之下，分析了对外贸易、技术变动和生产国际化对要素收入的影响，研究指出在考虑技术进步的情形下，劳动密集型产品国际价格下降有可能伴随实际工资的上升，而且在资本丰裕的国家（地区），将劳动密集型生产活动转移到国（地区）外可能导致实际工资上升。该研究的贡献在于分析了生产垂直国际化（发达国家或地区将劳动密集型生产过程转移到发展中国家或地区）对劳动力市场的影响。

表 3-5　制造业细分 12 个行业的技术密集度

年份	食品饮料制造业	纺织业	成衣、服饰及制品	皮革、毛皮及制品	木竹及制品	造纸及印刷
1986	9.47	8.72	4.82	6.40	5.94	6.94
1991	11.33	10.49	5.06	8.81	12.08	9.16
1996	13.81	12.72	7.03	12.52	15.51	11.01
2001	18.94	14.35	11.71	15.03	17.38	11.22
2006	19.01	15.55	13.12	21.79	12.39	9.71
2008	19.00	13.51	12.48	22.22	17.84	11.80
2010	19.31	14.41	13.66	20.26	25.44	11.14
2011	19.47	14.80	15.75	22.69	35.26	11.64
2012	19.56	14.78	15.80	21.33	28.95	11.53

续表

年份	食品饮料制造业	纺织业	成衣、服饰及制品	皮革、毛皮及制品	木竹及制品	造纸及印刷
2013	19.43	14.92	16.51	22.45	32.32	12.01
2014	19.21	15.01	16.23	22.65	34.01	11.87
2015	19.65	15.87	16.21	22.43	29.98	12.03
2016	19.67	15.43	16.57	23.45	30.02	11.76
2017	20.32	15.98	17.01	25.01	31.32	12.56
年份	化学制品	橡胶塑胶	非金属矿物质	基本金属及制品	机械设备制造业	电力及电子机械
1986	12.06	8.84	7.43	8.06	10.36	9.08
1991	13.89	15.29	10.00	10.04	14.01	17.35
1996	14.60	20.15	11.92	11.96	15.63	20.74
2001	20.46	25.27	16.61	12.63	16.94	31.71
2006	23.52	23.93	13.54	12.71	10.21	29.27
2008	18.39	20.98	10.55	11.65	12.02	29.00
2010	22.79	21.42	11.70	12.69	12.08	28.07
2011	22.93	23.37	12.41	13.02	13.28	30.51
2012	22.64	22.43	12.01	13.14	13.25	29.04
2013	23.01	24.01	12.34	14.01	13.45	30.01
2014	22.98	23.98	12.78	14.23	13.56	31.23
2015	23.67	22.89	12.67	14.54	14.34	32.53
2016	23.45	23.78	13.01	13.67	14.76	33.01
2017	23.98	24.67	13.34	14.45	14.56	33.34

注：技术密集度＝熟练劳动力／非熟练劳动力，其中熟练劳动力也被称为技术劳动力，非熟练劳动力也被称为非技术劳动力。

资料来源：利用台湾"劳工委员会"编制的《受雇员工动向调查报告》中分行业原始数据计算得出。

经过 30 多年的交流发展，以比较优势为基础的两岸贸易已成为台湾参与全球及区域产业分工的重要环节。李非（2004）就总结出过去 30 多年来台湾对外经济循环的模式，即从过去的"日本提供技术—台湾加工生产—外销欧美市场"的旧三角模式转型为"日本进口—台湾设计—大陆加工—欧美销售"的四角模式，目前正在从四角模式向"日本进口—台湾设计—大陆加工与销售"的新三角模式转化，在此背景下，两岸形成了属于互补性的垂直产业分工模式。同时，这种模式逐渐从 20 世纪 80 年代的垂直分工主导演变成为如今的混合型分工格局，但是这种分工格局仍以垂直型分工为主（李应博、刘震涛，2011）。

在以垂直专业化分工为主的两岸贸易模式中，观察表 3-5，从中我们可以得出 20 世纪 80 年代中后期，以资本技术密集型为主的化学制造业和电力及电子制造业的技术密集度仅为 12.06% 和 9.08%，分别在 2006 年和 2003 年达到最高值 23.52% 和 33.20%，相反，以劳动密集型为主的纺织业和成衣及服饰品制造业的技术密集度在进入 21 世纪初就已经停滞。这说明进入 21 世纪，岛内技术进步主要发生在资本技术部门，即意味着生产技术改变后，台湾利用要素禀赋的生产方式会改变，台湾会集中生产资本技术密集型商品而少生产或者不生产劳动密集型商品，此种情况下，两岸贸易使岛内劳动相对资本价格比上升，这个结论不同于标准 H-O 理论的推论，而与 Jones（1997）的研究结果相一致，即如果经济体的技术改变属于偏向型技术进步，其生产模式将会发生变化，即专业化生产资本密集型产品，实际工资的提高来源于资本密集型生产部门的技术进步。然而，自 2002 年以来，韩国和东盟六国来料对大陆垂直专业化的贡献程度明显上升，台湾地区来料的贡献程度却一直在下降，也就是说两岸垂直分工产业链存在断裂迹象，这主要是因为韩国和东盟六国分别借助亚太贸易协定和中国-东盟自由贸易区协定等区域性自由贸易协定，取得进入大陆市场的优惠条件，与大陆经济整合取得进一步发展，强化了与大陆的垂直化专业分工模式（谢锐、肖皓和赖明勇，2012）。以下具体分析两岸贸易往来时期岛内工资的变化。

图 3-13 为扣除物价因素后工资的变化情况。三种实际工资均以 1998 年为界限，1998 年之前均呈现一定程度的上升趋势，1998 年之后趋于缓慢增长，到 2000 年之后出现停滞甚至下降的趋势。其中，实际平均平均工资由 1986 年的 22466 新台币上升到 1998 年的 41880 新台币，然后缓慢增长至 2003 年的 43991 新台币，又回落至 2009 年的 40466 新台币，2010 年后上升至 2011 年的 42764 新台币后再次回落，并稳定在 43000 左右。实际经常性工资由 1986 年的 19671 新台币上升到 1998 年的 33768 新台币，然后缓慢增长至 2003 年的 36398 新台币，又回落至 2009 年的 34164 新台币，2010 年后逐渐回升，之后趋于稳定至 2017 年的 34000 新台币左右。实际非经常性工资由 1986 年的 2795 新台币上升到 1998 年的 8111 新台币，然后缓慢增长至 2003 年的 8229 新台币，又回落至

2009 年的 6301 新台币，2010 年后上升至 2011 年的 8295 新台币后再次回落，并稳定至 2017 年的 8000 新台币左右。

单位：新台币

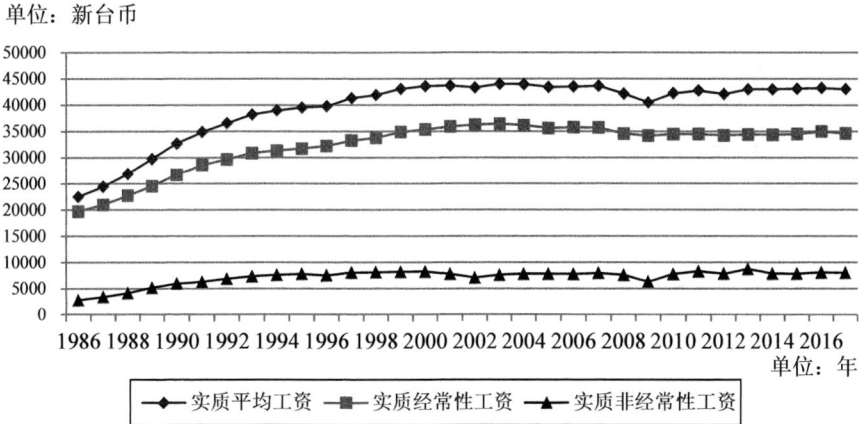

单位：年

图 3-13　各类工资变化

资料来源：台湾统计资讯网查询，http://www.stat.gov.tw/。

从上述分析可以看出：20 世纪 90 年代末期以来，实际工资经历了缓慢增长甚至停滞，这可能与岛内代工模式有关。另外，自 2002 年以来，在区域贸易协定的影响下，台湾来料加工对大陆的专业化分工贡献度减弱，也会在一定程度上影响岛内工资成长。具体来讲，在岛内劳动密集型产业失去发展空间、资本技术密集产业受到限制的情形下，弱化与大陆的垂直专业化分工格局，岛内企业获利空间减少，两岸贸易对岛内实际工资促进作用受到限制。

三、内生性技术进步机制

H-O 理论的一个假设是技术相对于对外贸易而言为外生变量，但很多研究发现生产技术也是对外贸易的驱动因素之一（Baldwin and Cain,2000；Berman,Bound 和 Griliches,1998）。

近几年，对发达国家（地区）相对工资增长具有影响力的解释是"贸易导向型技术进步"，这是对传统 H-O 模型在技术动态方面的拓展。贸易首先导致研发人员数量增加，资源约束线向右上方移动，在达到新均衡点过程中会发生技能偏向型技术进步，进而增加对熟练劳动力的需求，提高相对工资。在南北贸易一体化过程中，技术的动态变化使贸易导致的技能偏向型技术进步会提高相对工资。Acemoglu（2002）的研究认为技能偏向型技术进步是内生的，是人力资本投资增加造成熟练劳动力供给增加的结果，当熟练劳动力供给增加时，技术进步就被引入到技能偏向型的轨道。因此，在技术不变的情况下，贸易量增加会提高技能丰裕型国家（地区）的熟练劳动力工资而降低技能稀缺型国家（地区）的非熟练劳动力工资；生产技术发生动态变化时，贸易均提高熟练劳动力的需求，最终提高其工资水平。

具体到台湾地区，首先在过去30多年，制造业技术密集度发生了较大变化。仔细观察制造业细分12个产业（包括食品饮料制造业、纺织业、成衣服饰及制品、皮革、毛皮及制品、木竹及制品、造纸及印刷、化学制品、橡胶塑胶、非金属矿物质、基本金属及制品、机械设备制造业、电力及电子机械），如前文表3-5所示，从中我们可以看出这12个细分产业越来越趋向技术密集化，而各产业劳动雇用结构趋向技术化的程度不尽相同。其中，电力及电子制品制造业在20世纪80年代末期时，技术密集程度只有9.08%，但至2003年却达历史最高值33.2%，造纸及印刷制造业在20世纪80年代末期时，技术密集程度与电力及电子制品制造业比较相同，但在21世纪初达到历史最高峰时即2005年也仅13.55%。这说明电力及电子制品制造业内每四个就业中就有一个是主管监督人员或者专门技术人员之类的技术性劳动力。成衣及服饰品和其他纺织品制造业、皮革毛皮及其制品制造业、木竹制品制造业、橡胶塑胶制品制造业的技术密集度自20世纪80年代中后期以来在不断增加、雇用的非技术劳动力开始减少。从表3–5还可以发现，自2008年以来，以劳动密集型为主的纺织业、成衣及服饰品制造业的技术结构升级速度趋缓，比如纺织业的技术密集度在近几年稳定在14%左右，成衣及服饰品制造业的技术密集度稳定在15%左右。这意味着在台湾近一波产业技术结构升级的过程中，主要来自资本技术密集型产业，而非资本技术密集产业的技术升级已有停滞的趋势。这种变化说明各产业对熟练劳动力需求不同，进而对工资的影响会不同。接下来具体分析相对非熟练（非技术）劳动力，岛内熟练（技术）劳动力工资的变化情况。

从图3–14可以看出，以1996年为界限，1996年之前，岛内熟练劳动力的相对工资（以下简称相对工资）呈现先下降后上升的趋势，即从1986年的1.61下降到1988年的1.46，随后逐渐上升至1992年的1.54，然后逐渐回落至1996年的1.39。1996年之后，岛内相对工资由1997年的1.40缓慢上升至2012年的1.55，其中，在1997—2001年，岛内相对工资的增加速度较慢，除2003年和2007年增长速度为负值以外，其他年份的增长速度仅在0.3%—0.6%。2001年以后，岛内相对工资的增加速度开始加速，2009年达最大值2.87%。2010年至今增速有所减缓，年均增速为1.4%，但仍高于1997—2001年的增速。

根据台湾"劳工委"受雇员工的调查数据可以得出，台湾制造业12个细分产业的相对工资也有上升的趋势，而上升程度有所差别。比如食品及饮料制造业的相对工资从1996年的1.36上升至2012年1.38，上升幅度小于整体水平，成衣及服饰品制造业的相对工资从1996年的1.47上升至2012年的1.55，上升幅度与整体水平相接近，机械设备制造业的相对工资从1996年的1.28上升至2012年的1.42，上升幅度与整体水平也相接近，电子及电脑制品制造业的相对工资从1996年的1.67上升至2012年的2.08，上升幅度高于整体水平。从上述分析中我们可以看出劳动密集型制造业的相对工资上升幅度相对较低，而资本技术密集型制造业的相对工资上升幅度相对较高。

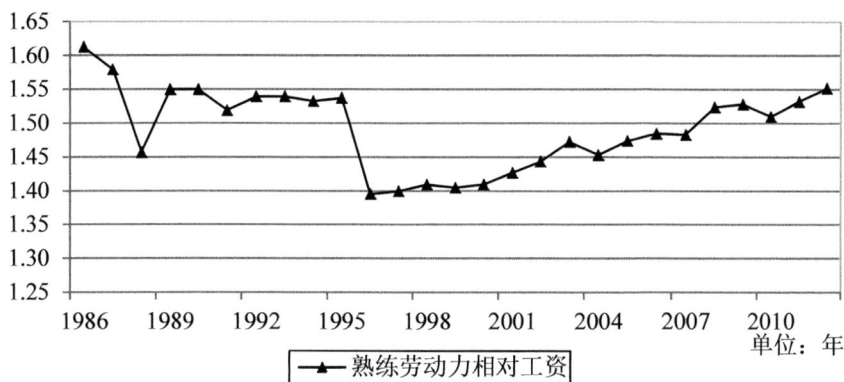

图3-14 熟练劳动力相对工资变化

资料来源：利用台湾"劳工委员会"编制的《受雇员工动向调查报告》中分行业原始数据计算得出。

综上所述，可以得出1996年后，岛内生产技术提升衍生出对技术劳动者的迫切需求提升了岛内相对工资，也意味着熟练劳动力和非熟练劳动力的工资差距扩大。同期，从前文图3-7和3-8中可以看出，两岸贸易中化学类和资讯电子类产品（技术密集型产品）占比较高且有上升的趋势，这表明两岸贸易技术层次的提升会引起台湾进行防御性技术创新，从而增加对熟练劳动力的需求，提高岛内相对工资，但考虑到岛内教育供给增加，非熟练劳动力技能得到训练和补充，相对工资生产幅度有限，即工资差距扩大速度会受到限制。

四、两岸贸易影响岛内劳动力市场的其他机制

实际上，上述在讨论两岸贸易对岛内劳动力市场的各种影响机制时均隐含地分析了两岸贸易通过经济增长对岛内就业和工资的影响。

比较优势学说和要素禀赋理论均认为各国利用比较优势参与国际分工，不仅充分利用国内生产要素、深化专业分工、提高资源配置效率，且能扩大市场、增加商品的需求和供给，从而促进经济增长。Simth（1776）以存在闲置资源和剩余产品为前提，认为通过对外贸易扩大本国市场，刺激需求鼓励本国增加生产，从而增加社会财富和收入。Keynes（1936）以社会有效需求不足为起点，提出外贸乘数理论，认为增加出口和投资一样能提高国民收入，但因进口和储蓄一样成倍的减少国民收入，而鼓励出口限制进口的贸易保护主义政策。美国经济学家 Haberler（1933）提出自由贸易利益的"哈勃勒三角"，指出贸易使不发达国家的资源得到充分利用，同时通过市场的扩大带动劳动力合理流动和规模经济。此外，国际贸易还可以传播技术、管理经验和刺激市场需求，是最好的反垄断"武器"。

20 世纪 80 年中期兴起的新经济增长理论，其代表人物如 Romer、Lucas 等人为代表构建了开放经济条件下的内生增长模型，研究贸易通过资本积累、规模经济效应和技术溢出等机制对经济增长的促进作用。新贸易理论的代表人物 Grossman 和 Helpman（2003）在内生经济增长模型的基础上认为对外贸易不仅有利用技术信息的国际传递，降低重复研究和创新成本，且通过市场扩大产生更多的需求量和利润。以杨小凯为代表的新古典贸易理论研究了国际贸易通过扩大市场、提高国际分工水平，从而促进技术进步和经济增长。

就宏观角度而言，贸易通过经济增长对劳动力市场的作用机制和途径主要通过菲利普斯曲线（PhillipsCurve）、奥肯定律（Okun's law）和"倒 U 形假说"影响就业和工资。Phillips（1957）利用英国的数据对货币工资率与失业率之间的关系进行了经验研究，发现失业与货币工资率之间存在一种负向替代关系，提出最初的菲利普斯曲线。后经 Samuelson、Solow 的发展和补充，将菲利普斯曲线描述为就业与通货膨胀之间交替变化的负向相关关系，即经济处于萧条时失业率高，物价水平和工资均较低，从而通货膨胀率也较低；经济繁荣时失业率低，物价水平和工资均较高，通货膨胀率也较高。Okun（1962）在分析美国数据的基础上揭示了经济增长与失业率之间的紧密关系，提出了"奥肯定律"。该定律表明失业率与国民生产总值增长率之间呈反向变化的负相关关系，高（低）经济增长率伴随着低（高）失业率。据美国的历史数据研究显示，当经济

增长率达到高于 2.25% 时，经济增长率每增加两个百分点，失业率就会下降一个百分点；反之，经济增长率每减少两个百分点，失业率就会上升一个百分点。Kuznets（1955）通过分析部分发达国家和不发达国家的内部收入差距提出了著名的"倒 U 形假说"，就长期而言，随着经济发展的提高，收入差距是先增加后减小。

具体到两岸贸易而言，台湾对大陆长期保持高额顺差，为台湾创造了巨大收入，长期内会有利于台湾经济增长，提升岛内就业和工资水平。但值得注意的是，资源配置和生产要素流动都需要时间来调整，因此，短期内，尤其是进入 21 世纪以来台湾经济发展的内部结构性问题突出，外部又遭受金融危机的冲击，两岸贸易对台湾经济增长的效应会受到滞阻（李鹏，2010），从而两岸贸易通过经济增长对就业和工资的促进作用会受到影响。

本章小结

H-O 理论暗含对外贸易的跨部门就业效应，即对外贸易导致进口竞争部门收缩，出口部门扩张，劳动力从进口替代部门流向出口部门。但由于充分就业是 H-O 理论的基本一个假定，因此，对存在非自愿失业情况下的对外贸易就业效应的研究，需要引入劳动力市场制度性因素展开分析。因此，两岸贸易对岛内就业的影响渠道可以从以下两个角度分别说明：首先，两岸贸易通过促进岛内产业结构转型升级对就业产生影响；同时，产业结构转型升级促使台湾对大陆出口和自大陆进口产品类别的变化，也会改变就业，主要表现为劳动力从劳动密集型部门流向资本技术密集型部门，即劳动密集型部门就业下降、资本技术密集型部门就业增加。其次，台湾劳动力市场制度性因素和人力资本专用性使台湾存在非自愿失业，此背景下，如果岛内产业结构调整和转型顺利，两岸贸易引起的劳动力需求从外围部门转移到核心部门的重新配置会有效率，否则会造成失业。

关于对外贸易影响工资的研究，大部分文献都是选择引入技术因素为视角，本章在已有文献基础上，结合两岸贸易特征事实，将两岸贸易影响岛内工资的机制分为全球及区域产业分工和内生性技术创新。一方面，在全球及区域产业分工的过程中，相对于大陆，台湾属于资本技术丰裕的地区，将劳动密集型生产活动转移到大陆会导致岛内实际工资上升，这主要是因为生产的垂直化分工（台湾将劳动密集型生产过程转移到大陆）使台湾专注于资本技术密集型专业化生产活动，提高其产品附加值，促进工资。另一方面，生产技术是两岸贸易的驱动因素之一，两岸贸易引致台湾进行防御性技术创新，增加对熟练劳动力的需求，提高相对工资水平。另外，上述在讨论两岸贸易影响岛内劳动力市场的机制时均隐含地分析了两岸贸易通过经济增长对岛内就业和工资的影响。台湾对大陆长期保持高额顺差，为台湾创造巨大收入，长期内会有利于台湾经济增长，提升岛内就业和工资水平。但值得注意的是，资源配置和生产要素流动都需要时间来调整，因此，短期内两岸贸易通过经济增长对就业和工资的促进作用会受到影响。

第四章 两岸货物贸易对台湾就业的影响：实证检验

自 20 世纪 80 年代中后期以来，台湾对外贸易战略转型，积极发展与亚太地区，尤其与大陆的经贸关系，此阶段，岛内失业率攀升而演变成全民关注的社会问题。而发达国家的经验研究显示对外投资和贸易的依存度提高未必会对本国（地区）的劳动力就业产生负面效应。如 Hjzen、Inui and Todo（2007）对日本的研究发现，全球布局对日本国内就业产生了刺激效应。那在全球化进程中，伴随两岸经贸往来的深入发展，两岸货物贸易与岛内就业的关系如何？基于两岸货物贸易影响岛内就业的机制分析，本章将从岛内劳动力市场不完全和两岸"三角模式"两个方面对二者关系进行实证研究。

第一节 假说的提出

伴随改革开放的深入进行，大陆经济快速发展，尤其沿海地区经济发展迅猛，而中西部地区经济发展较落后，大陆经济发展呈现地区不平衡性。同时期，台湾经济处于转型阶段，产业结构逐渐从制造业向服务业过渡。总体来看，台湾经济发展阶段要较前于大陆，两岸存在要素禀赋的互补性和经济结构的差异性，即相对大陆而言，台湾属于资本技术密集型经济体，而相对台湾而言，大陆属于劳动密集型经济体。基于此，两岸经贸关系自 20 世纪 70 年代末期恢复交流以来快速发展，两岸货物贸易往来符合要素禀赋差异，且实现比较优势互补，在此基础上，基于前文有关两岸货物贸易影响岛内就业的机制分析，本节提出假说 1：

假说 1：按照 H-O 理论，台湾与大陆进行贸易引起岛内跨部门就业效应；而在岛内劳动力市场制度因素或专用性人力资本的影响下，两岸货物贸易引起岛内短暂性失业。

20世纪80年代中后期以前，台湾借由制造业的发展和出口使台湾就业和工资一直处于良好的发展状态，失业率也处于较低水平。然而，进入20世纪90年代随着全球经济转型和结构调整，台湾劳动力市场呈现恶化性的发展趋势：失业率逐渐上升，且一度突破5%，工资增长幅度出现下降，实际工资停滞不前甚至下跌。

观察同时期台湾产业结构的发展，我们发现台湾经历了进口替代—出口扩张—第二次进口替代的经济发展阶段，20世纪90年代以前岛内产业结构多以劳动密集型产业为主，对劳动力的需求量大，虽然伴随产业结构升级但新旧产业对劳动工作的技能要就并不高，因此，即使20世纪90年代以前经历了多次产业结构的转变，结构性失业并不明显，失业率也处于较低水平。然而，进入20世纪90年代以后，在贸易自由化与经济全球化的激烈竞争下，岛内产业结构调整加速，逐渐被资本与技术密集型的资讯科技产业所取代。另外，进入21世纪，台湾产业外移的情形已经相当明显，劳动密集型产业所占就业比例明显下降，转而趋向以高科技产业就业为主的形态。此背景下，台湾把处于比较劣势的大部分劳动密集型产业转移至大陆为主，集中生产资本技术密集型产品，进而两岸货物贸易往来一直以台湾对大陆的资本技术密集型产品的输出为主，带动了岛内劳动力需求水平。但由于新旧职位的差别使资本技术密集型行业的劳动力需求无法完全吸收劳动密集型行业释放的劳动力，台湾失业率增加。同时，劳动力市场存在机制不完善、信息不对称等导致搜寻匹配成本提高，进而加剧岛内失业。同时，在假说1的基础上，考虑两岸货物贸易的"三角模式"，引入台商赴大陆投资指标，得到假说2：

假说2：引入台商赴大陆投资后，两岸货物贸易对岛内就业的影响视产业类型而定。具体来讲，两岸货物贸易对岛内劳动密集型制造业的就业有负向影响，而对岛内资本技术密集型制造业的就业有正向影响。

20世纪80年代中后期，面对台湾当局对与大陆贸易往来设置政策性壁垒的情况下，台商为追求利益最大化，开始向大陆转移台湾的夕阳产业。从学术界研究来看，台商赴大陆投资已经历了三个阶段的演变。以大陆学者马骥（2011）关于台湾对外投资的三个阶段划分为例：（1）扩张阶段（1988—1993）。1987年台湾当局宣布赴大陆探亲和1988年大陆宣布台商投资规定，台商开始向大陆进行投资。1992年邓小平南方谈话掀起改革高潮，台商对大陆投资迅速扩张。1992年和1993年台湾对大陆投资协议金额共达150多亿美元，实际投资金额达

33 多亿美元。（2）曲折发展阶段（1994—2001）。从图 4-1 可以看出，此阶段台湾对大陆投资呈上升趋势，但各年增长幅度变化较大，呈现曲折式增长。这主要是受 1995 年两岸关系紧张及 1997 年东南亚金融危机的影响。主要表现为 1994-1996 年台湾对大陆投资在 10 亿美元徘徊，总计对大陆投资为 32.84 亿美元，与 1993 年 31.68 亿美元相当，1997 年迅猛增长到 43.34 亿美元，但随后急剧下降，1998—2001 年，台湾对大陆投资在 1999 年探底降到 12.52 亿美元后出现回升。（3）快速增长与竞合阶段（2002—2011）。2001 年和 2002 年，中国及其台湾地区先后均加入 WTO 组织，两岸关系开始进入新发展阶段，为台商赴大陆投资提供了新契机和发展机遇。同时，大陆深化改革开放，经济获得巨大发展，经济实力在不断增强。台商赴大陆投资步伐不断加快的同时，也与大陆企业、外资企业以及本土企业之间出现了竞争与合作关系，台商投资大陆进入新阶段。2002 年后，台商赴大陆投资从 2002 年的 67.23 亿美元上升至 2012 年的 127.92 亿美元，投资行业也在不断扩展，逐渐从劳动密集型行业进入到资本与技术密集型行业。但如果考虑到 2012 年的变化，台商对大陆投资应该还有第四个阶段，即（4）调整深化阶段（2012—2018），深受 2010 年全球经济危机的影响，2012 年全球经济复苏缓慢，全球贸易与投资的发展也受到较大影响，在这个大背景下，台商投资大陆也出现了下滑，变现为从 2011 年的 143.76 亿美元下降到 2012 年的 127.92 亿美元，随着全球经济的缓慢复苏，2013 年后台商对大陆投资有上升，从 2013 年的 135.32 亿美元至 2018 年的 175.56 亿美元。

在上述阶段，两岸货物贸易形成了一个重要特征，即两岸货物贸易具有典型的台商投资拉动特征。如前所述，长期来看台湾对大陆出口、台湾自大陆进口与台商赴大陆投资具有较高的一致性：20 世纪 90 年代，以寻求大陆低廉劳动力与土地成本为动机，台湾传统中上游企业跟随下游中小企业赴大陆投资拉动了台湾半成品的出口。进入 21 世纪，在跨国公司全球布局生产的影响下，台湾 IT 产业快速转移至大陆，促进岛内生产原料、机械设备和零部件的出口，进而带动两岸货物贸易规模的迅速增长。另外，两岸货物贸易的另外一个重要特征是两岸货物贸易的主要形式为加工贸易，一般贸易水平偏低。全球产业价值链体系的整合与重构验证了国际产业转移的"雁行"模式，这在两岸经贸合作中得到延续和发展。长期以来，台商赴大陆投资转移淘汰产业和劣势产业（以劳动密集型产业为主）时，台商投资大陆所需中间产品和生产设备大部分是从岛内进口，经加工组装后再出口欧美市场。在上述两个特征的互动下，两岸货物贸易形成了台湾接单—大陆加工生产—出口欧美的贸易模式。针对这种模式的形成和发展，台湾企业家施向荣提出微笑曲线理论，指出在国际产业转移及分工的链条中，台湾与大陆处于产业链的中低端，产品附加值和技术层次均较低，处于加工和代工的地位。其中，台湾自日本进口核心零部件，经过中低端产品代工后再出口至大陆进行低端加工组装成最终产品供应欧美市场。因此，台商赴大陆投资带动台湾对大陆出口的同时，台湾自日本进口数额也在增加，三者之间具有较强的相关性。

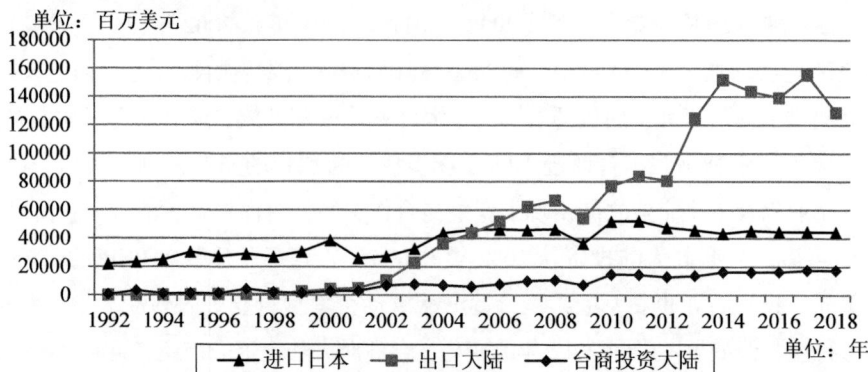

图 4-1 台湾出口大陆、自日本进口和台商投资大陆的关系

资料来源：台湾"国际贸易局"资料库、台湾"投审会"《2018 年台湾投资统计年报》。

如图 4-1 所示，以 2001 年为界限，2001 年之前，台湾自日本进口额从 1992 年的 217.64 亿美元上升至 2001 年的 259.33 亿美元，台湾对大陆出口额从 1992 年 0.01 亿美元上升至 2001 年的 48.96 亿美元，台商赴大陆投资从 1992 年的 2.46 亿美元上升至 2001 年的 27.84 亿美元。2001 年之后，台湾自日本进口额从 2002 年的 273.62 亿美元上升至 2017 年的 445.24 亿美元，对应的台湾对大陆出口额从 2002 年 105.6 亿美元上升至 2017 年 1317.4 亿美元，且增幅高于台湾自日本进口额，台商赴大陆投资从 2002 年的 67.23 亿美元上升至 2017 年的 173 亿美元。总体来看，三者都处于上升的趋势，且台商赴大陆与台湾自日本进口的变化轨迹具有较好的一致性，尤其是 2001 年后，二者波动与走势越来越相似。基于这一分析，我们认为两岸货物贸易模式实际上可以具体表述为自日本进口—台湾接单—大陆加工生产—出口欧美的"三角模式"（见图 4-2）。

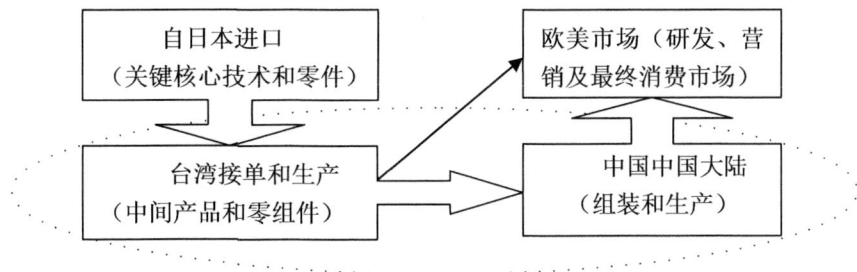

图 4-2　两岸货物贸易发展模式

综上而言，台商赴大陆投资的同时，台湾对大陆出口和台湾自日本进口均在上升，这会影响岛内就业。同时，台商赴大陆投资以向大陆转移劳动密集产业为主，因此，两岸货物贸易的"三角模式"对岛内就业的影响存在产业效应。

第二节　劳动力市场机制不完善背景下两岸货物贸易与台湾就业

一、模型设定与数据说明

（一）模型设定

一个地区除了对外贸易会影响就业，其他因素也会对就业产生影响。一般而言，就业具有持续性，因此，当期就业量与前期就业量之间具有较强的相关关系。另外，经济体的经济周期性变化（包括衰退、扩张、繁荣和萧条）也对就业水平产生深刻影响，比如东南亚金融危机和拉丁美洲债务危机的爆发，许多经济体都遭受了经济增长的衰退和就业水平的下降。人均资本的变化也会影响劳动力需求，进而影响就业水平。劳动力市场摩擦和信息机制不完善等因素导致的劳动力市场不完全会增加劳动力寻找工作的时间和成本，进而降低就业水平。同时，生产技术因素也是影响就业水平的重要因素之一。

在上述分析基础上，本节的回归模型如下：

$$\ln emp_{it} = \alpha_0 \ln emp_{i(t-j)} + \alpha_1 trade_{it} + \alpha_2 lmg_{it} + \alpha_3 \ln cap_{it} + \alpha_4 \ln gdp_{it}$$
$$+ \alpha_5 tech_{it} + u_i + v_t + \varepsilon_{it} \tag{4.2.1}$$

同时，进一步考察两岸货物贸易通过劳动力市场机制对岛内就业的影响，在方程（4.2.1）中引入二者的交互项，回归模型如下：

$$\ln emp_{it} = \alpha_0 \ln emp_{i(t-j)} + \alpha_1 trade_{it} + \alpha_2 lmg_{it} \times trade_{it} + \alpha_3 lmg_{it}$$
$$+ \alpha_4 \ln cap_{it} + \alpha_5 \ln gdp_{it} + \alpha_6 tech_{it} + u_i + v_t + \varepsilon_{it}$$
（4.2.2）

其中，emp_{it}是 t 年 i 行业的就业量，$emp_{i(t-j)}$为 t 年 i 行业上 j 期的就业量；$trade_{it}$为 t 年 i 行业的两岸货物贸易，用两岸货物贸易额占台湾对外贸易总额的比重表示；lmg_{it}为 t 年 i 行业的劳动力市场摩擦程度指标，用非自愿失业在总体失业中的占比表示；因此，$lmg_{it} \times trade_{it}$是劳动力市场摩擦程度与两岸货物贸易的交互项，$cap_{it}$为 t 年 i 行业的人均资本量；gdp_{it}为 t 年 i 行业的增加值；$tech_{it}$为 t 年 i 行业的生产技术，用各行业的劳动生产率表示；u_i为行业变量；v_t为时间变量；ε_{it}为回归残差。

（二）指标选取和数据说明

本节采用 1992—2017 年台湾 25 个制造业面板数据进行实证分析，两岸货物贸易主要集中在制造业部门，且制造业作为吸收非熟练劳动力就业的重要产业之一迫使两岸货物贸易对岛内制造业劳动力就业的影响成为一个敏感且重要的问题，因此，本节主要分析制造业内两岸货物贸易的就业效应。具体指标设定与数据来源如下：

两岸货物贸易（trade）[1]：借鉴台湾学者龚明鑫（2004）按照 HS 六位码编制对应的 267 个四分位产业[2]，接着依据台湾当局第八次修订的行业分类标准系统，把四分位制造业细类合并到 25 个制造业中类，必要说明的是台湾第八次行业分类标准系统中烟草制造业贸易数据非常小，为与台湾"主计处"的"统计资讯国民统计所得资料库"所查行业分类一致，本书把烟草制造业贸易数据合并到饮料制造业，合称为饮料及烟草制造业。其中，从台湾"国际贸易局"贸易统计资料库分别得到台湾进出口大陆和台湾对外贸易的 HS 六位码产品数据，然后以两岸货物贸易额占台湾对外贸易总额的比值表示两岸货物贸易指标，反映两岸货物贸易在台湾对外贸易中的份额和地位。

就业人员（emp）：从台湾"行政院主计处"的"统计资讯国民统计所得资料库"获取各行业中 15 岁以上劳动力就业人数。

---

① 鉴于数据分析的便利性和可操作性，括号中的英文是中文的变量缩写，下文相同用意，不再赘述。

② 龚明鑫：《进出口货品结构别复分类之修订》，台湾"财政部"网站，2004 年 10 月。http://www.mof.gov.tw。

行业增加值（gdp）：使用扣除价格因素后的各行业增加值衡量，其中行业增加值和以 2006 年为基期的各行业价格指数均来源于台湾"行政院主计处"的"统计资讯国民统计所得资料库"。

劳动力市场摩擦程度（lmg）：劳动力市场摩擦存在的因素涉及很多方面，Botero et al（2004）认为一个国（地区）的劳动法律法规会通过制定最低工资制度来保护工人的利益，此外，包括劳动合同、工会组织、行业贸易协会等形式均影响工作时间、解雇成本等，进而影响劳动力市场匹配和搜寻工作的效率，这意味着劳动力市场存在摩擦。考虑到把上述因素指标化的难度较大，本节采用上述因素导致的结果，即非自愿失业表示，并用非自愿失业占失业的比例来衡量劳动力市场摩擦。但非自愿失业包括了摩擦性失业、结构性失业、季节性失业和周期性失业等，扩大了上述因素的作用。为了使指标选取更加合理，我们对非自愿失业的原始数据进行季节性和周期性处理，得到的最终变量主要包括摩擦性失业和结构性失业。因此，用处理后的非自愿失业占失业比重衡量劳动力市场摩擦可以合理反映岛内劳动力市场的匹配和搜寻效率。其中，从台湾"劳工委员会"编制的"人力运用调查报告"中得到失业和非自愿失业的数据。

生产技术变量（tech）：基于劳动生产力指数是衡量技术进步的重要指标（台湾"经济部主计处"，2005），本节采用此指标来度量生产技术变量。

另外，在实证分析中，根据上述指标选取对行业增加值、就业和人均资本取对数，其他指标保持原始数据。表 4-1 给出了各变量的基本信息。

表 4-1 主要变量的描述性统计分析

符号	变量	样本	均值	标准差	最大值	最小值
lnemp	就业人员 / 千人	650	12.14	0.93	14.14	10.36
trade	两岸货物贸易占比 /%	650	19.83	14.26	79.79	0.00
lmg	劳动力市场摩擦 /%	650	1.74	2.78	6.09	0.18
tech	生产技术 /%	650	74.70	32.32	210.34	10.69
gdp	行业增加值 / 百万新台币	650	13.02	1.96	54.63	7.84
cap	人均资本 / 百万新台币	650	15.59	2.56	43.66	10.35

注：第二列中括号内为变量的单位。

二、回归方法与结果

（一）面板数据形态检验

本部分主要针对各变量的平稳性及协整关系进行检验。对于面板数据的单位根检验已经有诸多方法，本节将采纳主流的 5 种检方法。这 5 种检验方法均以 ADF 为基础发展起来，原假设为面板数据有单位根。

表 4-2 是面板数据单位根检验结果，单位根滞后期采用 Schwarz 标准自动选择。从具体检验结果来看，lmg 的水平序列的四个统计量显著，但 PP 统计量不显著。其他变量水平序列的各统计量均不显著，但各变量一阶差分后均通过了 1% 的显著性水平，即都属于一阶单整序列。

表 4-2 面板数据的单位根检验

统计量	LLC	Breitung	IPS	ADF	PP
lnemp	1.494	5.475	3.967	48.366	41.257
lngdp	−1.621*	−0.629	−0.816	59.511	60.922
lmg	−2.682***	−3.278***	−3.285***	76.993**	40.571
lncap	−4.943***	−1.064	−0.345	47.191	47.651
trade	0.211	0.203	0.518	57.123	54.562
tech	0.402	1.433	1.383	46.888	33.162
△ lnemp	−10.951***	−4.558***	−7.032***	136.466***	188.259***
△ lngdp	−9.303***	−5.959***	−8.052***	152.895***	396.093***
△ lmg	−11.916***	−11.133***	−6.948***	230.210***	237.390***
△ lncap	−12.504***	−7.641***	−9.862***	282.232***	491.261***
△ trade	−5.083***	−2.781***	−5.688***	217.772***	207.712***
△ tech	−8.813***	−4.358***	−6.722***	234.696***	237.421***
结论	所有变量均是一阶单整序列				

注：统计量上标 ***、** 和 * 分别表示在 1%、5% 和 10% 显著性水平下拒绝原假设。

对于面板数据的协整关系，本节采用 Kao（1999）和 Pedroni（2004）面板协整检验方法，这两个方法与 Engle 和 Granger（1987）的协整分析原理相似。其中，Kao 提出的是针对同质性面板数据检验的方法，而 Pedroni 推荐使用多种方法构建统计量检验协整关系的原假设，并从同质性（组内尺度）和异质性（组内和组间尺度）两种假设出发，总共设置七个协整检验统计量来检验协整关系。

表4-3　面板数据协整关系检验

Pedroni(Engle– Granger based)	台湾劳动力就业	
	Statistic	P– value
Panel v– Statistic	0.456	0.432
Panel rho– Statistic	4.725	1.000
Panel PP– Statistic	−1.456*	0.049
Panel ADF– Statistic	−3.316***	0
Group rho– Statistic	6.231	1.000
Group PP– Statistic	−5.459***	0
Group ADF– Statistic	−4.431**	0
Kao(Engle– Granger based)	−3.657***	0

注：统计量上标 ***、** 和 * 分别表示在 1%、5% 和 10% 显著性水平下拒绝原假设。

从检验结果表 4–3 来看，在 Pedroni 方法下，假设不同截面具有相同自回归系数两个统计量 Panel PP 和 Panel ADF 的检验结果表明变量之间存在显著的协整关系；假设不同截面具有不同自回归系数的 Group PP 和 Group ADF 均认为变量之间存在显著协整关系，同时，从 Kao 的统计量来看，也支持变量之间具有显著协整关系的结论。因此，可以认为两岸货物贸易、行业增加值、人均资本形成、生产技术与劳动力市场摩擦之间存在稳定的长期关系。

（二）回归结果

由于在本节模型设定中解释变量包含了被解释变量的滞后期，因此，回归方程（4.2.1）和（4.2.2）是一个动态面板数据的回归模型。对于动态方程而言，被解释变量肯定与误差的滞后项相关，即 $E[(\ln Emp_{it})\varepsilon_{i(t-1)}] \neq 0$，直接对方程进行回归可能会产生偏差。Arellano 和 Bond（1991）将更高阶的滞后变量作为有效工具变量，使用广义差分矩方法对动态面板方程进行估计。首先是对方程 $y_{it} = \alpha + \rho y_{i,t-1} + x_{it}'\beta + z_i'\delta + u_i + \varepsilon_{it}$ 进行一阶差分，得到如下回归方程：

$$\Delta y_{it} = \alpha + \rho \Delta y_{i,t-1} + \Delta x_{it}'\beta_i + \Delta \varepsilon_{it}$$

对上式差分后进行 GMM 估计，会得到比较一致的"Anderson-Bond 估计量"。估计结果将满足以下条件：

$$E[(y_{i,t-s})(\Delta\varepsilon_{it})] = 0, s \geq 2; t \geq 3;$$

$$E[(x_{i,t-s})(\Delta\varepsilon_{it})] = 0, s \geq 2; t \geq 3;$$

$$E[(\varepsilon_{i,t-s})(\Delta\varepsilon_{it})] = 0, s \geq 2; t \geq 3;$$

具体到本节的回归方程中，由于解释变量中生产技术与行业增加值依赖于其他变量，由经济系统内部因素共同决定，所以这两个变量具有较强的内生性。为了消除内生性变量引起的回归偏差，本节采用上述方法，将各变量滞后期作为工具变量，且这些工具变量具有有效性。

回归结果如表4-4所示，其中，回归方程（4.2.1）中包含两岸货物贸易项，而未包括劳动力市场摩擦因素与两岸货物贸易的交互项；回归方程（4.2.2）中则同时包含了两岸货物贸易、劳动力市场摩擦因素与两岸货物贸易的交互项。从回归结果来看，工具变量的过度识别约束检验，即Sargan的P值都大于0.05，说明两个回归方程中工具变量是有效的。而扰动项的自相关检验AR（1）和AR（2）的P值显示，可以在1%的显著性水平上拒绝"扰动项差分的二阶自相关系数为零的假设"，表明差分后只存在一阶序列自相关，而不存在二阶序列自相关。此外，联合wald检验也表明回归方程（4.2.1）和（4.2.2）均在整体上显著。这均显示我们的差分GMM具有很好的适用性。

表4-4　回归结果

解释变量	模型4.2.1	模型4.2.2
$\ln emp_{i(t-1)}$	0.472*** (0.045)	0.451*** (0.034)
$\ln emp_{i(t-2)}$	− 0.097*** (0.031)	− 0.096*** (0.029)
$tech_{it}$	− 0.001** (0.0004)	− 0.001** (0.003)
$\ln gdp_{it}$	0.227*** (0.039)	0.235*** (0.032)
$trade_{it}$	− 0.002*** (0.0002)	− 0.001** (0.0004)
lmg_{it}	− 0.022*** (0.002)	− 0.013*** (0.003)

解释变量	模型 4.2.1	模型 4.2.2
$lmg_{it} \times trade_{it}$	—	−0.0004*** (0.0001)
$\ln cap_{it}$	−0.047*** (0.006)	−0.045*** (0.007)
constant	2.634*** (0.477)	2.407*** (0.492)
Wald	2728.86 (0.000)	2568.69 (0.000)
AR(1)	−2.446 (p=0.015)	−2.659 (p=0.008)
AR(2)	1.055 (p=0.301)	0.722 (p=0.464)
Sargan_p	0.998	1.000

注：除注明外，括号内数值为标准差；*** 表示在 1% 水平上显著；** 表示在 5% 水平上显著。

　　从回归结果来看，两个方程均认为两岸货物贸易对岛内就业有显著影响，即两岸货物贸易在台湾对外贸易中的份额越高，对岛内就业的替代作用越大。另外，在两个回归方程中，lmg_{it} 的回归因子均显著为负，说明劳动力市场摩擦因素抑制了劳动力搜寻和匹配能力，对就业产生直接负向影响。当在回归方程（4.2.2）中则引入劳动力市场摩擦与两岸货物贸易的交互项时，此时，两岸货物贸易的回归系数仍显著为负值，同时，交互项 $lmg_{it} \times trade_{it}$ 的回归系数也为负值，即当岛内劳动力市场摩擦程度较高时，两岸货物贸易往来抑制台湾就业，进而引起台湾失业。本节的实证结果与假说 1 相符合。

　　在回归方程（4.2.1）和（4.2.2）中，$\ln emp_{i(t-1)}$ 和 $\ln emp_{i(t-2)}$ 的回归因子均在 1% 的水平上对当期就业产生显著影响，并且解释力很强，这反映了岛内就业具有很强的持续性。$\ln cap_{it}$ 的回归因子均显著为负，这说明人均资本的提高抑制岛内劳动力需求，进而降低就业水平。$tech_{it}$ 的回归因子在两个回归方程中均为负值，且通过 5% 的显著性水平，说明岛内技术进步对岛内就业产生短期冲击效应，但长期来看技术进步会促进岛内经济增长，从而拉动岛内就业。$\ln gdp_{it}$ 的回归因子均显著为正，并且解释能力强，与第三章理论分析时我们提到的奥肯法则结论相吻合，也与台湾学者蒋静仪（2006）的研究结论一致，即台湾经济增长的就业效应具有明显的有效性，具体表现为经济增长幅度上升一个百分点，就业增长约 0.2 个百分点。另外，从回归系数大小来看，两岸货物贸易对台湾就业的影响均小于其他因素对台湾就业的影响。

三、对回归结果的讨论

本节我们重点考察的是台湾劳动力市场的信息不对称等摩擦因素带来新旧职位搜寻—匹配成本的提高、导致劳动力市场机制存在不完善因素时两岸货物贸易对台湾就业的影响。回归结果显示两岸货物贸易对岛内就业的影响系数为负值，这说明两岸货物贸易确实对岛内就业产生了一定的冲击，但冲击具有短期性。主要是因为相对于大陆而言，台湾属于劳动力匮乏而资本技术丰裕的经济体，以比较优势为主进行的两岸货物贸易往来使台湾集中生产并对大陆出口资本技术密集型产品，吸引更多的资本从劳动密集型部门向资本技术密集型部门转移，劳动力需求伴随劳动密集型部门的萎缩而下降甚至消失。除此之外，进入 21 世纪，台湾经济面临再次转型，岛内产业结构调整和升级进入瓶颈期，导致劳动力转移不顺畅，服务业未有效吸收制造业释放的劳动力，从而使两岸货物贸易对岛内制造业就业产生短期冲击。长期来看，两岸货物贸易对岛内产业结构顺利转型升级具有促进作用，进而带动岛内经济增长，提高就业水平。

在上述比较优势的基础上，两岸货物贸易引起岛内劳动力从劳动密集部门转移至资本技术密集型部门，在劳动力转移过程中，受岛内劳动力市场信息不对称等摩擦因素的影响，失业与空置岗位的搜寻及匹配成本增加，延迟劳动力找到工作的时间，进而导致台湾失业增加。

值得注意的是，两岸货物贸易影响台湾就业的实证结论暗含着一个重要前提条件：台湾对大陆出口和自大陆进口同等开放的情况下，两岸货物贸易对台湾就业产生了短期冲击。事实上，台湾自大陆进口一直受到台湾当局政策的严格限制，两岸货物贸易主要以台湾对大陆出口为主，因此，本节所得结论在一定程度上扩大进口的替代作用而弱化出口的促进作用，实际中两岸货物贸易对岛内就业的冲击比本节结论更小。

第三节 "三角模式"下两岸货物贸易与台湾就业

一、模型设定与数据说明

（一）模型设定

两岸货物贸易的"三角模式"中，台湾对大陆出口与自日本进口具有非常强烈的一致性，且这种一致性主要由台商赴大陆投资这一媒介变量引起。因此，结合第二节模型分析，本节的模型设定如下：

$$\ln L_{it} = \theta_0 + \theta_1 \ln L_{i(t-j)} + \theta_2 \ln A_{it} + \theta_3 \ln(w_{it}/c) + \theta_4 \ln Q_{it} + \theta_5 \ln EX_{it} + \theta_6 \ln IM_{it} +$$

$$\theta_7 T + \varepsilon_{it} \quad （4.3.1）$$

其中，emp_{it} 为 t 时期 i 行业的就业人数，$emp_{i(t-j)}$ 为滞后期 i 行业的就业人数，$tech_{it}$ 为 t 时期 i 行业的生产技术，cap_{it} 为 t 时期 i 行业的人均资本，gdp_{it} 为 t 时期 i 行业的增加值，$trade_{it}$ 为 t 时期 i 行业的两岸货物贸易。

在此基础上，考虑"三角模式"，即在（4.3.1）式中引入两岸货物贸易与台商赴大陆投资的交互项得到（4.3.2）式：

$$\ln emp_{it} = \theta_0 + \theta_1 \ln emp_{i(t-1)} + \theta_2 tech_{it} + \theta_3 \ln cap_{it} + \theta_4 \ln gdp_{it} + \theta_5 trade_{it}$$
$$+ \theta_6 tdi_{i(t-k)} \times trade_{it} + u_i + v_t + \varepsilon_{it} \quad （4.3.2）$$

其中，tdi 代表台商赴大陆投资，$tdi_{i(t-k)} \times trade_{it}$ 表示 i 行业滞后 k 期的台商赴大陆投资与当期两岸货物贸易的交互项，有助于理解两岸产业分工模式下，台商投资主导的进出口贸易对台湾就业的影响。

（二）指标选取和数据说明

本节采用 1992—2017 年台湾 25 个制造业面板数据，其中，25 个制造业的划分、各行业增加值、就业人数、人均资本、生产技术和两岸货物贸易的指标设定、数据来源与前文中相一致。台商赴大陆投资（tdi）：使用台商赴大陆投资额在台湾对外投资总额中的比重表示，其中，25 个制造业的台商赴大陆投资和台湾对外投资的数据均来源于台湾"经济部投审会"编制的 2017 年台湾投资统计年报。

本节按照龚明鑫（2004）就生产要素中劳动与资本份额划分产业类型的准则，进一步将台湾制造业分为传统劳动密集型和资本技术密集型两大类，以比较不同产业类型中两岸货物贸易的就业效应，具体分类见附录 1。表 4-5 报告了变量的描述性统计结果。

表 4-5　主要变量的描述性统计分析

符号	变量	样本	均值	标准差	最大值	最小值
lnemp	就业人员 / 千人	650	12.13	0.93	53.24	7.43
trade	两岸货物贸易占比 / %	650	18.83	15.56	89.79	0.00
tech	生产技术 / %	650	94.80	26.32	214.1	16.79
lngdp	行业增加值 / 百万新台币	650	12.02	5.96	67.63	6.94
lncap	人均资本 / 百万新台币	650	14.49	6.16	5614.65	10.37
tdi	台商赴大陆投资占比 / %	650	83.63	23.54	180	1.96

注：第二列中括号内为变量的单位。

二、回归方法与结果

（一）面板数据形态检验

表 4-6 是面板数据单位根检验结果，单位根滞后期采用 Schwarz 标准自动选择。从具体检验结果来看，每个变量的水平值都非平稳，但是一阶差分之后均是平稳的，均在 1% 水平上显著，即都属于一阶单整序列。

表 4-6　面板数据的单位根检验

序列	LLC	Breitung	IPS	ADF	PP
tdi	− 3.292***	1.872	2.523	26.825	47.604
△ tdi	− 9.432***	− 8.133***	− 7.583***	167.375***	354.746***
结论	tdi 属于一阶单整序列				

注：统计量上标 *** 表示在 1% 显著性水平下拒绝原假设。另外，其他变量（lngdp、lncap、trade 和 tech）的单位根检验见表 4-2。

对于面板数据的协整检验结果如表 4-7 所示。在 Pedroni 方法下，假设不同截面具有相同自回归系数的两个统计量 Panel PP 和 Panel ADF 检验结果表明变量之间存在显著的协整关系；假设不同截面具有不同自回归系数的 Group PP 和 Group ADF 均认为变量之间存在显著协整关系，同时，从 Kao 的统计量来看，也支持变量之间具有显著协整关系的结论。因此，可以认为不同行业类型中两岸货物贸易、行业增加值、生产技术与人均资本之间均存在稳定的长期关系。

表4-7　面板数据协整关系检验

Pedroni(Engle–Granger based)	全部制造业		传统劳动密集型		资本技术密集型	
	Statistic	P–value	Statistic	P–value	Statistic	P–value
Panel v–Statistic	0.656	0.253	–1.471	0.923	–0.706	0.760
Panel rho–Statistic	3.328	0.999	1.642	0.949	2.005	0.977
Panel PP–Statistic	–1.387*	0.092	–2.197**	0.014	–2.401***	0.008
Panel ADF–Statistic	–2.975***	0.001	–2.676**	0.003	–3.166***	0.000
Group rho–Statistic	5.161	1.000	2.646	0.995	2.990	0.998
Group PP–Statistic	–2.766***	0.003	–2.735***	0.005	–3.593***	0.000
Group ADF–Statistic	–1.893**	0.029	–3.412***	0.000	–3.283***	0.000
Kao(Engle–Granger based)	–1.655**	0.049	–4.646***	0.000	–1.797**	0.036

注：统计量上标 ***、** 和 * 分别表示在1%、5%和10%显著性水平下拒绝原假设。

（二）回归结果

1. 总体制造业的回归结果

本节实证模型与本章第二节的模型相似，称为动态面板数据模型。为避免估计的内生性，本节仍选择能够有效处理变量内生性问题的动态面板回归方法之一即差分 GMM。

回归结果如表4-8表示，工具变量的过度识别约束检验，即 Sargan 的 P 值都大于 0.05，说明两个回归方程中工具变量是有效的。而扰动项的自相关检验 AR(1) 和 AR(2) 的 P 值显示，可以在 1% 的显著性水平上拒绝"扰动项差分的二阶自相关系数为零的假设"，表明差分后只存在一阶序列自相关，而不存在二阶序列自相关。此外，联合 wald 检验也表明回归方程（4.3.1）和（4.3.2）均在整体上显著。这均显示我们的差分 GMM 具有很好的适用性。

表4-8　全部制造业的回归结果

解释变量	模型 4.3.1	模型 4.3.2
$\ln emp_{i(t-1)}$	0.897*** (0.026)	0.888*** (0.031)
$\ln emp_{i(t-2)}$	-0.117*** (0.023)	-0.109*** (0.026)
$tech_{it}$	-0.001*** (0.0002)	-0.001*** (0.0003)
$\ln gdp_{it}$	0.207*** (0.028)	0.206*** (0.029)
$\ln cap_{it}$	-0.025*** (0.005)	-0.024*** (0.006)
$trade_{it}$	-0.002*** (0.0005)	-0.002*** (0.0006)
$tdi_{it} \times trade_{it}$	—	-0.00001* (0.000003)
constant	0.648** (0.329)	0.757** (0.297)
Wald	4256.33 (0.000)	3778.15 (0.000)
AR(1)	-3.708 (p=0.0002)	-3.754 (p=0.0002)
AR(2)	-0.632 (p=0.521)	-0.388 (p=0.706)
Sargan_P	0.982	1.000

注：除注明外，括号内的数值为标准差；统计量上标 ***、** 和 * 分别表示在1%、5%和10%显著性水平下拒绝原假设。

在全部制造业的回归方程中，考虑到行业增加值和生产技术的内生性，在差分GMM中被视为内生变量。从回归结果来看，回归方程（4.3.1）中两岸货物贸易对岛内就业有显著负向影响，即两岸货物贸易对岛内就业形成替代作用，与第二节实证结论相符。当考虑两岸货物贸易的"三角模式"，在回归方程（4.3.2）中引入台商赴大陆投资与两岸货物贸易的交互项时，两岸货物贸易对岛内就业仍具有显著的负向影响，且台商赴大陆投资与两岸货物贸易的交互项 $tdi_{it} \times trade_{it}$ 的回归系数也显著为负值，而影响系数相对较小。这说明台商赴大陆投资引起的岛内贸易变化对岛内就业有显著负向影响。

在两个回归方程中，$\ln emp_{i(t-1)}$ 和 $\ln emp_{i(t-2)}$ 的回归因子均在 1% 的水平上对当期就业产生显著影响，并且解释力很强，这说明就业具有很强的持续性。$tech_{it}$ 回归系数为负值，且在两个回归方程中通过了 1% 的显著水平，说明生产技术对岛内就业有显著负向影响。如前所述，生产技术对岛内就业的替代作用具有短期性，长期而言，生产技术有利于经济增长，进而提高就业水平。$\ln gdp_{it}$ 的回归系数为正，对就业有促进作用。$\ln cap_{it}$ 的回归系数显著为负，说明人均资本形成对岛内就业产生显著负向影响，以上因素对就业的影响均与第二节的实证结论相一致，进而证明本章实证模型的稳健性。

2. 不同产业类型的回归结果

随着两岸货物贸易关系的深入发展，两岸货物贸易结构经历了明显的产业升级，逐渐从传统劳动密集型产业转向资本技术密集型产业。因此，为了回答两岸货物贸易对岛内制造业就业的影响是否存在行业差异，本节把制造业区分为传统劳动密集型与资本技术密集型两大类，并分别进行回归估计，结果如表 4-9 所示。

从表 4-9 可以看出，与整体制造业的回归结果相比，传统劳动密集型制造业和资本技术密集型制造业的估计结果中各变量的影响系数大小均存在不同程度的变化，这说明各因素对岛内就业的影响存在行业差异。

就传统劳动密集型制造业而言，从回归结果来看，回归方程（4.3.1）中两岸货物贸易对岛内就业有显著负向影响，即两岸货物贸易对岛内劳动密集型制造业就业形成替代作用，且替代作用与对整体制造业的替代作用相当，均为 0.002。当考虑到两岸货物贸易的"三角模式"，在回归方程（4.3.2）中引入台商赴大陆投资与两岸货物贸易的交互项时，两岸货物贸易对岛内就业仍具有负向影响（尽管并不显著），而台商赴大陆投资与两岸货物贸易的交互项对岛内制造业的就业具有显著负向影响，影响系数较小，与整体制造业中两岸货物贸易的就业表现一致。在两个回归方程中，就业滞后项、人均资本形成与产出仍对劳动力就业产生显著作用，生产技术对岛内就业的影响为负（尽管并不显著），这与整体制造业中相同变量的回归结果相一致。

表 4-9　分行业的回归结果

解释变量	传统劳动密集型制造业		资本技术密集型制造业	
	模型 4.3.1	模型 4.3.2	模型 4.3.1	模型 4.3.2
$\ln emp_{i(t-1)}$	0.882***	0.821***	0.759***	0.678***
	(0.104)	(0.115)	(0.940)	(0.142)
$\ln emp_{i(t-2)}$	−0.105	−0.098	−0.178***	−0.228***
	(0.064)	(0.063)	(0.067)	(0.087)
$tech_{it}$	−0.002**	−0.002	−0.001	−0.001*
	(0.001)	(0.001)	(0.001)	(0.001)
$\ln gdp_{it}$	0.356**	0.347**	0.136**	0.144*
	(0.164)	(0.157)	(0.064)	(0.073)
$\ln cap_{it}$	−0.034**	−0.031***	−0.021**	−0.028**
	(0.017)	(0.023)	(0.012)	(0.012)
$trade_{it}$	−0.002*	−0.006	−0.002	−0.002
	(0.001)	(0.006)	(0.002)	(0.001)
$tdi_{it} \times trade_{it}$	—	−0.00001***	—	−0.00001**
		(0.00000)		(0.00000)
constant	2.024**	2.004***	3.247***	4.687**
	(1.487)	(1.447)	(1.277)	(2.346)
Wald	1345.54	1559.72	668.73	597.50
	(0.000)	(0.000)	(0.000)	(0.000)
AR(1)	−1.573	−1.567	−2.061	−1.452
	(p=0.017)	(p=0.012)	(p=0.039)	(p=0.146)
AR(2)	0.587	0.378	0.540	2.180
	(p=0.521)	(p=0.086)	(p=0.589)	(p=0.058)
Sargan_p	0.982	1.000	1.000	0.996

注：除注明外，括号内的数值为标准差；统计量上标 ***、** 和 * 分别表示在 1%、5% 和 10% 显著性水平下拒绝原假设。

　　就资本技术密集型制造业而言，从回归结果来看，回归方程（4.3.1）中两岸货物贸易对岛内就业无显著负向影响，即两岸货物贸易对岛内资本密集型制造业的就业未形成明显替代作用。当考虑到两岸货物贸易的"三角模式"，在回归方程（4.3.2）中引入台商赴大陆投资与两岸货物贸易的交互项时，两岸货物贸易对岛内就业的负向影响仍不显著，而台商赴大陆投资与两岸货物贸易的交互项对岛内制造业就业有显著负向影响，影响系数较小。在两个回归方程中，就业滞后项、生产技术与产出仍对劳动力就业产生显著作用，人均资本形成对岛内就业的影响为负（尽管并不总是显著），这与整体制造业中相同变量的回归结果也相一致。

三、对回归结果的讨论

本节我们重点关注两岸货物贸易的"三角模式"对岛内就业的影响。从计量结果来看，两岸货物贸易对岛内就业的影响存在行业差异，主要表现为两岸货物贸易对岛内传统劳动密集型制造业就业的负向影响较为显著，而对岛内资本技术密集型制造业就业的负向影响不显著。这主要是因为两岸货物贸易往来的理论和现实基础均符合比较优势原则，即相对于大陆而言，台湾在生产资本技术密集型产品有相对优势，两岸货物贸易对台湾就业的替代作用主要体现在传统劳动密集型制造业，而对资本技术密集型制造业就业无明显影响。

在第三章的现实分析中，我们发现两岸货物贸易的主要特征是投资拉动和加工贸易为主形成的自日本进口关键、核心零部件—台湾接单—大陆加工生产—出口欧美的两头在外的贸易模式。这种情况下，以台商赴大陆投资为媒介变量，在带动两岸货物贸易的同时，也存在高度依赖自日本进口技术密集型产品的事实。

当考虑"三角模式"时，两岸货物贸易对岛内就业的影响均不显著，而台商赴大陆投资与两岸货物贸易的交互项对岛内就业均产生负向影响，这一方面表明台商赴大陆投资转移了岛内传统劳动密集型制造业的部分就业机会，但这是全球绝大部分经济体经济发展中的必经阶段，即由低端产业迈向高端产业，在此过程中转移的部分就业机会可以由其他产业（尤其是服务业）吸收；另一方面台商赴大陆投资是岛内产业结构升级和转型的迫切需求，不仅使台湾产业分工向产业链中上端移动，且可以带动岛内关键零部件的出口，从而有利于岛内资本技术密集型制造业的就业。而我们的计量结果表明两岸货物贸易对岛内资本技术密集型制造业就业并没有显著影响。这主要是因为台商在赴大陆投资带动岛内资本技术密集型产品出口的同时，也诱使岛内自日本进口大量高端核心零部件，不仅替代岛内资本技术密集型产品的生产，且弱化台湾出口大陆对岛内资本密集型制造业就业的拉动效应。

本章小结

自 20 世纪 80 年代中后期以来，台湾失业率逐渐攀升，2009 年急剧跳升至历史最高点 5%，随后一直在 4% 左右浮动，失业率居高不下和就业不足逐渐演变成台湾最严重的社会问题之一，与此同时，两岸货物贸易规模处于快速增长期。作为台湾外贸转型、经济转型升级急需以大陆为腹地发展起来的两岸货物贸易到底对岛内失业产生怎样的影响？本章借助面板数据具有更多样本的优点，在理论与现实分析的基础上给予严密的实证检验。

因为传统国际贸易模型的一个隐含假设是充分就业，从而忽视了分析对外贸易与就业的关系。基于此，本章引入劳动力市场摩擦因素考察劳动力市场不完全下两岸货物贸易对就业的影响。从研究结论来看，两岸货物贸易对岛内就业有显著的负向影响，而且岛内劳动力市场的摩擦程度是影响两岸货物贸易的就业效应大小的重要条件，即当劳动力市场摩擦程度较大时，两岸货物贸易对台湾就业的负向影响越大。在上述结论基础上，本章进一步考虑两岸货物贸易的"三角模式"，即自日本进口—台湾接单—大陆生产—出口欧美市场的贸易模式对岛内就业的影响。研究结果表明当引入台商赴大陆投资与两岸货物贸易的交互项时，两岸货物贸易对岛内就业的影响均不显著，而台商赴大陆投资与两岸货物贸易的交互项对岛内就业产生负向影响。因此，两岸货物贸易的"三角模式"不利于岛内就业。另外，两岸货物贸易通过产业结构和劳动力市场机制均对岛内劳动密集制造业就业产生负向影响，而对岛内资本密集型制造业就业的影响不显著。

在两岸货物贸易的"三角模式"中，台湾在大陆和欧美日市场之间处于中介位置。伴随全球产业结构升级和产业外移的浪潮，两岸货物贸易的这种合作模式对台湾形成严重挑战，台湾对外贸易的问题和瓶颈凸显，集中体现在两个方面：一是以代工生产模式和加工贸易形态出现的两岸货物贸易"三角模式"具有严重的脆弱性。台资企业代工所需要的关键零组件和原材料均由台湾从美日等国进口，台湾本土研发产品的品牌较少，岛内有竞争力的品牌则更加少，台湾只提供中间产品供大陆台商组装，核心技术、关键的原材料和零组件、标准和品牌等仍由发达国家主导，导致台湾对大陆出口增加的同时，自美日（以日本为主）等国进口额也在急剧上升，不利于岛内产品换代升级。二是深受全球产业外移浪潮和竞争的影响，台湾中介角色的成长空间越来越小，主要体现在高端技术无法与欧美日经济体相较量，而低端成本更无法与发展中经济体相比，这显然不利于岛内产业升级和转型，更无法对岛内就业产生有效的促进作用。

第五章　两岸货物贸易对台湾工资的影响：实证检验

在两岸经贸关系迅速发展与深化之际，岛内实际工资增幅趋缓甚至下降、熟练劳动力与非熟练劳动力的工资差距扩大，这引起两岸学者对两岸贸易往来的工资效应进行激烈的讨论和研究。2007 年 10 月，台湾"行政院主计处"的研究显示因台湾与大陆的接近，产业持续外移，导致工资涨幅受限，且导致近几年受雇人员报酬占 GDP 的比重呈下降状态，由 1990 年 51.4%，递降至 2005 年的 45.8%；进一步，受全球化及大陆廉价劳动力的冲击，造成岛内高低技术劳工工资差距扩大。[①] 那么事实是否如此？基于两岸货物贸易对岛内工资的影响机制分析，本章引入技术因素对两岸货物贸易的工资效应进行实证检验。

第一节　假说的提出

以比较优势为基础发展起来的两岸货物贸易主要以垂直专业化分工为主，即两岸货物贸易主要由台湾向大陆转移劳动密集型生产活动带动。Jones（1997）在多种要素、两种产品的 H-O 模型中详细探讨了以垂直专业化分工为主的贸易对实际工资的影响，具体分析如下：商品 1 代表劳动密集型商品；商品 2 代表资本密集型商品。初始均衡时，商品 1 的生产技术为 A，商品 2 的生产技术为 B，此时工资与资本价格比是商品 1 和 2 单位等产量曲线上过切点 A 和 B 连线的斜率。现在假设技术进步只发生在资本密集型产品的生产部门 2，均衡时存在两种情况，即不同要素偏向型技术进步下的等量曲线：2'或者2°。以 Stolper 和 Samuelson 为代表的学者认为生产技术改变后两种商品的劳动资本价格比会

---

① 《台湾产业外溢的影响研究报告》，台湾"行政院主计处"网站，2007 年 10 月。http://www.epochtimes.com/b5/7/10/10/n1862829.htm，

发生变化，即从 AB 的斜率变化为 DE 的斜率，而 Jones（1997）指出生产技术改变后，经济体利用要素禀赋的生产方式将会改变，经济体将会只生产商品 2 而不生产商品 1，等产量曲线变为2'而不是2'，此时工资与资本价格比是2'等产量曲线上过 F 点的切线，劳动相对资本的价格提高。这说明如果经济体的技术改变属于偏向型技术进步，其生产模式将会发生变化，即专业化生产资本密集型产品，此时实际工资的提高来源于资本密集型生产部门的技术进步。

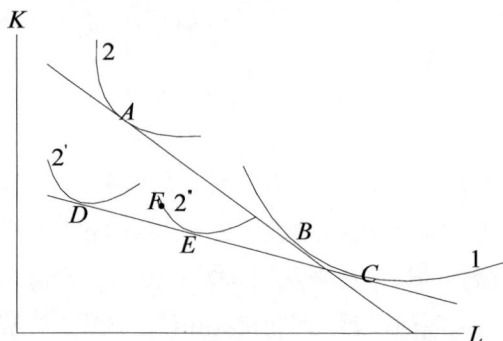

图 5-1　技术对生产方式的作用

资料来源：Jones.Trade,Technology,and Income Distribution[A].1997:27-37。

考虑到现实中生产分工的复杂性，Jones（2001）对上述文献进行拓展，根据产品的复杂程度把生产活动分为多个阶段，而中间阶段由资本密集型和劳动密集型两个生产活动组成。具体而言，如果是资本密集型经济体，生产活动的组合应该是趋于资本技术密集型生产活动，劳动密集型生产活动转移导致经济体向更高的资本密集型生产活动移动，提高产品附加值，实际工资是上升的。因此，当劳动力同质时，对外贸易对工资的影响取决于国际生产分工中生产活动的组合。

就两岸而言，两岸产业分工是国际分工在两岸经贸往来中的体现，且相对大陆而言，台湾在全球及区域生产分工中的生产组合属于偏向资本技术密集型的生产活动，得到假说 1。

假说 1：两岸贸易往来中台湾集中资本技术密集型生产活动，进而提高岛内产品附加值，进而促进岛内工资。

当考虑异质性劳动力时，克鲁格曼在 H-O 理论中引入技术内生化因素分析南北贸易与相对工资的关系。具体分析如下：

假设世界由北方和南方构成。北方代表熟练劳动力（H）丰富、拥有技术领先的发达经济体，南方代表非熟练劳动力（L）丰富、技术落后的发展中经济体，并用 * 表示。产品的生产周期是遵循北方创新—南方模仿的模式，南北方存在技术差距。居民仅生产和消费两种类型商品：熟练劳动密集型商品和非熟练劳动密集型商品，并且具有 CES 形式的效用函数，即：

$$U = (C_L^\alpha + C_H^\alpha)^{1/\alpha}, 0 < \alpha < 1, \sigma = \frac{1}{1-\alpha} > 1$$

式中，C_L 为非熟练劳动密集型商品的消费量，C_H 为熟练劳动力密集型商品的消费量，σ 为两类商品之间的替代弹性。

根据总收入约束，采用 Dixit 和 Stiglitz（1977）对消费及价格的相关定义得到两类商品的消费量表达式为：

$$C_i = \frac{I}{P}(\frac{P_i}{P})^{-\sigma}, i = L, H \qquad (5.1.1)$$

其中，I 为消费者的总收入水平，P_i 为 i 类商品的价格，P 为商品的价格总水平，这里假设只有两类商品，因此总价格水平是指两类商品的总价格水平，即 $P = (P_L^{1-\sigma} + P_H^{1-\sigma})^{1/(1-\sigma)}$。

由（5.1.1）式转化和调整得到熟练劳动力密集型商品和非熟练劳动力密集型商品的相对价格的表达式：

$$\hat{P} = \frac{P_H}{P_L} = (\frac{C_H}{C_L})^{-1/\sigma} \qquad (5.1.2)$$

假设非熟练劳动密集型产品的生产过程中仅仅需要非熟练劳动的简单操作，因此在该产品的生产中不存在任何学习和生产技术的提升，同时，假设一单位非熟练劳动力能并且只能生产一单位的非熟练劳动密集型商品。对应地，熟练劳动力密集型商品也仅需要熟练劳动力的参与，且生产过程中存在学习和生产技术的提升。因此，两种商品生产函数分别为：

$$Q_L = L 和 Q_H = A_H H \qquad (5.1.3)$$

式中 Q_L 和 Q_H 分别为非熟练和熟练劳动力密集型商品的生产总量；L 和 H 分别为投入到两类商品生产中的非熟练劳动和熟练劳动量。A_H 为熟练劳动密集型商品的生产技术。

在完全竞争市场结构中，生产要素将根据其边际产值获取相应报酬，因此，非熟练劳动力和熟练劳动力的工资水平分别为：

$$w_L = P_L \text{和} w_H = A_H P_H \qquad （5.1.4）$$

封闭经济下，市场出清条件意味着两种商品的消费量均等于其产量，即：

$$C_i = Q_i ; i = L, H \qquad （5.1.5）$$

由（5.1.2）式至（5.1.5）式可得封闭条件下的相对工资为：

$$\hat{w} = \frac{w_H}{w_L} = A_H^{1-\frac{1}{\sigma}} \left(\frac{H}{L}\right)^{-\frac{1}{\sigma}} \qquad （5.1.6）$$

由于拥有领先技术的发达经济体生产熟练劳动力密集型产品的技术优于发展中经济体，所以 $A_H > A_H^*$，二者的关系可以进一步表达为：

$$A_H = \theta A_H^*, \theta > 1$$

其中，θ 表示发达经济体生产技术优于发展中经济体技术的倍数。因此，（5.1.6）式可以写成包含南方发展中国家的技术进步的表达式：

$$\hat{w} = \frac{w_H}{w_L} = A_H^{1-\frac{1}{\sigma}} \left(\frac{H}{L}\right)^{-\frac{1}{\sigma}} = (\theta A_H^*)^{1-\frac{1}{\sigma}} \left(\frac{H}{L}\right)^{-\frac{1}{\sigma}} \qquad （5.1.7）$$

由于 $1 - \frac{1}{\sigma} > 0$ 和 $-\frac{1}{\sigma} < 0$，我们可以把封闭经济时影响经济体相对工资的因素概括为：经济体相对工资是技术进步的增函数，是熟练劳动力相对供给量的减函数。

接下来考虑对外贸易的情况，当经济体对外贸易时，生产并不一定等于消费。此时市场出清的表达式为：

$$C_i + C_i^* = Q_i + Q_i^* ; i = L, H$$

在这种情况下，商品相对价格的表达式为：

$$\hat{P}^e = \frac{P_H^e}{P_L^e} = \left(\frac{Q_H + Q_H^*}{Q_L + Q_L^*}\right)^{-\frac{1}{\sigma}} \qquad （5.1.8）$$

对外贸易促使发达经济体进行技术防御，进而促进熟练劳动力密集型产品的生产技术提高。因此：

$$A_H^e = \theta^e A_H^*, 1 < \theta < \theta^e \qquad （5.1.9）$$

对外贸易后发达经济体相对工资可以表达为：

$$\hat{w}^e = \frac{w_H^e}{w_L^e} = \frac{A_H^e P_H^e}{P_L^e} = A_H^e \hat{P}^e \qquad （5.1.10）$$

将（5.1.8）式和（5.1.9）式代入（5.1.10）式，可得：

$$\hat{w}^e = (\theta^e A_H^e)^{1-\frac{1}{\sigma}} (\frac{H + \frac{1}{\theta^e} H^*}{L + L^*})^{-\frac{1}{\sigma}} \qquad （5.1.11）$$

考虑到发达经济体受教育程度和职业培训强度要高于发展中经济体，因此，发达经济体的熟练劳动力相对熟练要高于发展中经济体，即 $\frac{H}{L} > \frac{H^*}{L^*}$，可得：

$$\begin{cases} (\dfrac{H + \dfrac{1}{\theta^e} H^*}{L + L^*})^{-\frac{1}{\sigma}} > (\dfrac{H}{L})^{-\frac{1}{\sigma}} \\[4mm] (\theta^e A_H^*)^{1-\frac{1}{\sigma}} > (\theta A_H^*)^{1-\frac{1}{\sigma}} \end{cases} \qquad （5.1.12）$$

上式表明：当 $1 < \theta < \theta^e$ 时，对外贸易会提高发达经济体的相对工资。具体来讲，对外贸易使价格效应和技术防御效应均得到提高，即对外贸易促使北方发达经济体实现的技术进步体现为熟练劳动密集型商品的生产技术得到提升，并高于封闭前与发展中国家生产技术的差距，发达经济体的相对工资会提高。

具体到台湾与大陆的贸易往来，在过去30余年，伴随改革开放，大陆经济发展水平得到快速提升，生产技术取得巨大进步，一跃成为当前全球第二大经济体。同时，自20世纪90年代以来，台湾经济发展进入中低速增长，尤其进入21世纪，台湾经济进一步发生转折性变化，几乎各项经济指标都持续恶化，经济稳定性也逐渐丧失，经济进入低速发展时期。因此，在过去30余年，台湾与大陆的生产技术差距是趋于缩小，即 $\theta^e < \theta$，所以存在：

$$\begin{cases} (\dfrac{H + \dfrac{1}{\theta^e} H^*}{L + L^*})^{-\frac{1}{\sigma}} > (\dfrac{H}{L})^{-\frac{1}{\sigma}} \\[4mm] (\theta^e A_H^*)^{1-\frac{1}{\sigma}} < (\theta A_H^*)^{1-\frac{1}{\sigma}} \end{cases} \qquad （5.1.13）$$

（5.1.13）式表明，当 $1 < \theta^e < \theta$ 时，两岸货物贸易是否会提高岛内相对工资取决于价格效应和技术防御效应的相对大小。一般而言，只有当对外贸易达到一定程度以后，经济体之间的贸易产品才会出现相似、贸易结构才会趋于类同，

此时经济体之间的竞争加剧，发达经济体的防御性技术效应才会凸显出来。因此，当对外贸易较低时，价格效应占据主导，对外贸易提高发达经济体相对工资；但是当对外贸易达到一定规模以后，技术防御效应逐渐成为主导力量，对外贸易的进一步扩大降低发达经济体相对工资。由于熟练劳动力相对工资代表工资差距，从而反映经济体的收入不平等程度。因此，上述结论表明对外贸易对发达经济体熟练劳动力的相对工资（工资差距）的影响呈现出先扩大后缩小的倒 U 型形状。就两岸而言，两岸货物贸易使岛内熟练劳动密集型商品的生产技术得到较大提升，而两岸生产技术差距呈现缩小趋势，得到假说 2。

假说 2：在上述条件下，两岸货物贸易对岛内相对工资的影响不确定，具体结果取决于技术防御效应与价格效应的相对大小。

第二节　两岸货物贸易与台湾总体工资变动

一、模型选择与数据说明

假设追求利润最大化厂商使用劳动和资本两种生产要素，且资本为外生变量。生产函数为：$Y = Af(L, K)$，利润最大化的条件为：

$$Max\pi = Af(L, K) - (w \cdot L + r \cdot K)$$

其中，Y 为产量，K 和 L 分别为资本和劳动，A 为生产技术，w 为工资，r 为资本价格。对上式求一阶偏导：$w = \dfrac{\partial Af(L, K)}{\partial L}$，即得工资函数：

$$w = h(L, K, A)$$

就经济意义而言，工资是由劳动力需求方与劳动力供给方共同决定的。而厂商对劳动力的需求，应该取决于其决定的产出、生产技术以及其他要素的投入，其中，其他要素投入和劳动力供给可以看作是外生变量。

本节重点旨在探讨两岸货物贸易如何影响台湾工资。其中，两岸货物贸易以两岸货物贸易总额占台湾对外贸易总额的份额来衡量。在上述公式中加入两岸货物贸易的解释变量，并对除贸易和技术以外的变量取对数，建立如下回归方程：

$$\ln rwage_{it} = \alpha_0 \ln gdp_{it} + \alpha_1 \ln cap_{it} + \alpha_2 trade_{it} + \alpha_3 tech_{it} + \alpha_4 \ln labor_{it}$$
$$+ u_i + v_t + \varepsilon_{it}$$

（5.2.1）

同时，为进一步考察两岸货物贸易的"三角模式"对工资的影响，在

（5.2.1）式中加入两岸货物贸易与台商赴大陆投资的交互项，即：

$$\ln rwage_{it} = \alpha_0 \ln gdp_{it} + \alpha_1 \ln cap_{it} + \alpha_2 trade_{it} + \alpha_3 tech_{it} + \alpha_4 \ln labor_{it}$$
$$+ \alpha_5 trade \times tdi + u_i + v_t + \varepsilon_{it}$$
（5.2.2）

其中，$rwage_{it}$为t时期i行业的实际工资，cap_{it}为t时期i行业的人均资本量，gdp_{it}为t时期i行业增加值，$tech_{it}$为t时期i行业的生产技术，用各行业的劳动生产率表示，$labor_{it}$为t时期i行业的劳动力供给，$trade_{it}$为t时期i行业的两岸货物贸易，tdi_{it}为t时期i行业台商赴大陆投资，u_i为行业变量，v_t为时间变量，ε_{it}为回归残差。

本节采用1992—2017年台湾25个制造业面板数据进行实证分析，其中，工资水平（rwage）是用名义工资扣除价格水平后的实际工资来表示；劳动力供给（labor）是各行业使用15岁以上劳动力人数，因无法获取各行业劳动力供给数据，本节使用各行业雇用人数代替，而且为了避免替代变量内生性引起的伪回归，以下回归中劳动力供给变量均使用滞后一期作为工具变量。另外，名义工资、价格水平、劳动力供给的数据均来源于台湾"行政院主计处"的"统计资讯国民统计所得资料库"。除此之外，人均资本、行业增加值、生产技术、两岸货物贸易和台商赴大陆投资的指标设定与数据来源和第四章相一致。

二、回归方法与结果

（一）面板数据形态检验

表5-1是面板数据单位根检验结果，从具体检验结果来看，每个变量的水平值都非平稳，但是一阶差分之后均是平稳的，均在1%水平上显著，即都属于一阶单整序列。

表5-1　面板数据的单位根检验

序列	LLC	Breitung	IPS	ADF	PP
lnrwage	−2.897***	0.852	1.518	27.923	46.107
△ lnrwage	−8.411***	−7.033***	−8.064***	156.365***	343.777***
lnlabor	−4.711***	−3.925***	3.158	14.152	15.316
△ lnlabor	−18.059***	−17.595***	−12.625***	214.449***	210.439***
结论	lnrwage、lnlabor 均属于一阶单整序列				

注：统计量上标 *** 表示在1%显著性水平下拒绝原假设。另外，其他变量（lngdp、lncap、tech、trade 和 tech）的单位根检验见第四章第二节表4-2。

对于面板数据的协整检验结果如表 5–2 所示。在 Pedroni 方法下，假设不同截面具有相同自回归系数的两个统计量 Panel PP 和 Panel ADF 结果表明变量之间存在显著的协整关系；假设不同截面具有不同自回归系数的 Group PP 和 Group ADF 均认为变量之间存在显著协整关系，同时，从 Kao 的统计量来看，也支持变量之间具有显著协整关系的结论。因此，可以认为不同行业内两岸货物贸易、行业增加值、人均资本、生产技术、劳动供给与实际工资水平之间均存在稳定的长期关系。

表 5–2　面板数据协整关系检验

Pedroni(Engle– Granger based)	全部制造业		传统劳动密集型		资本技术密集型	
	Statistic	P– value	Statistic	P– value	Statistic	P– value
Panel v– Statistic	− 1.852	0.947	0.730	0.235	− 1.616	0.947
Panel rho– Statistic	2.845	0.997	− 0.304	0.381	3.665	0.999
Panel PP– Statistic	− 2.895***	0.001	− 7.522***	0.014	− 2.357***	0.009
Panel ADF– Statistic	− 3.617***	0.000	− 6.567***	0.003	− 3.172***	0.000
Group rho– Statistic	4.785	1.000	0.817	0.793	4.948	1.000
Group PP– Statistic	− 4.102***	0.000	− 8.725***	0.000	− 3.463***	0.000
Group ADF– Statistic	− 3.871***	0.000	− 7.437***	0.000	− 4.675***	0.000
Kao(Engle– Granger based)	− 2.623***	0.004	− 5.676***	0.000	− 2.782***	0.002

注：统计量上标 *** 表示在 1% 显著性水平下拒绝原假设。

（二）回归结果

1. 总体制造业的回归结果

本节采用面板固定效应和随机效应对上文设定的模型进行回归分析。固定效应是指将方程 $y_{it} = \alpha + x_{it}'\beta + z_i'\delta + u_i + \varepsilon_{it}$ 两边对时间取平均得到新方程，然后与原方程相减可得原方程的离差形式：

$$y_{it} - \overline{y}_i = (x_{it} - \overline{x}_i)'\beta + (\varepsilon_{it} - \overline{\varepsilon}_{it})$$

离差形式已将 u_i 消去，只要 $(x_{it} - \overline{x}_i)$ 与 $(\varepsilon_{it} - \overline{\varepsilon}_{it})$ 不相关，则用 OLS 一致地估计 β，称为固定效应估计量，记为 $\hat{\beta}_{FE}$，主要是使用每个个体的组内离差信息得

到的估计量。随机效应主要假设不同个体之间的扰动项不相关，而同一个体不同时期的扰动项之间存在自相关，但自相关系数不随时间的距离而改变，此时采用 FGLS 来估计原模型，得到估计量被称为随机效应估计量，记为 $\hat{\beta}_{RE}$。

究竟是使用固定效应还是随机效应进行回归分析，可以根据两者的估计量构建豪斯曼检验统计量进行选择。豪斯曼统计量的表达式为：

$$(\hat{\beta}_{FE} - \hat{\beta}_{RE})^{-1} \left[\widehat{\mathrm{var}(\hat{\beta}_{FE})} - \widehat{\mathrm{var}(\hat{\beta}_{RE})} \right]^{-1} (\hat{\beta}_{FE} - \hat{\beta}_{RE}) \xrightarrow{d} \chi^2(K)$$

其中，k 为解释变量随时间而变的个数，如果该统计量大于临界值，则拒绝原假设，认为随机效应模型为正确模型。我们分别对模型（5.2.1）和（5.2.2）进行了固定效应和随机效应的拟合，表 5-3 首先给出了全部制造业的估计结果。Hausman 的检验值表明，在全部制造业中，模型（5.2.1）应该进行固定效应估计，而模型（5.2.2）应该进行随机效应估计。

表 5-3 全部制造业的回归结果

解释变量	模型 5.2.1		模型 5.2.2	
	固定效应	随机效应	固定效应	随机效应
$\ln gdp_{it}$	0.002 (0.012)	0.016 (0.012)	0.024 (0.015)	0.032** (0.014)
$\ln cap_{it}$	0.111*** (0.012)	0.116*** (0.012)	0.154*** (0.015)	0.159*** (0.016)
$trade_{it}$	0.003*** (0.0004)	0.003*** (0.000)	0.002* (0.001)	0.002* (0.001)
$trade_{it} \times tdi_{it}$	—	—	0.00001 (0.00001)	0.00001 (0.00001)
$tech_{it}$	−0.001*** (0.0002)	−0.001*** (0.0002)	−0.001*** (0.0003)	−0.001*** (0.0002)
$\ln labor_{it}$	−0.171*** (0.055)	−0.191*** (0.056)	−0.074 (0.078)	−0.083 (0.079)
constant	10.733*** (0.443)	10.557*** (0.452)	8.988*** (0.634)	8.869*** (0.636)
Hausman (p_vaule)	30.11 (0.000)		6.20 (0.392)	

注：除注明外，括号内的数值为标准差；统计量上标 ***、** 和 * 分别表示在 1%、5% 和 10% 显

著性水平下拒绝原假设。

从回归结果来看，回归方程（5.2.1）的固定效应估计结果表明两岸货物贸易对台湾真实工资有显著的正向影响，即两岸货物贸易对岛内实际工资水平具有促进作用。而考虑两岸货物贸易的"三角模式"，即在回归方程（5.2.2）中引入台商赴大陆投资与两岸货物贸易的交互项时，回归方程（5.2.2）随机效应估计结果表明两岸货物贸易对台湾真实工资仍具有显著的正向影响，但影响系数变小，两岸货物贸易与台商赴大陆投资的交互项对岛内实际工资无显著影响。

在两个回归方程中，$\ln gdp_{it}$ 的回归系数均为正，说明产出对真实工资具有积极作用，尽管并不总是显著。$\ln cap_{it}$ 的回归系数显著为正，表明人均资本形成对真实工资有显著的正向影响。$tech_{it}$ 的回归系数显著为负，且通过了 5% 显著水平，说明生产技术对真实工资有显著地负向影响。$\ln labor_{it}$ 的回归系数为负，说明劳动力供给对真实工资有负向影响，尽管并不总是显著，这与第一节的假说分析相一致。

2. 不同产业类型的回归结果

接下来，进一步分行业类型检验两岸货物贸易对岛内实际工资的影响，以考察两岸货物贸易的工资效应是否存在行业差异，本小节分别利用传统劳动密集型制造业和资本技术密集型制造业的面板数据对模型（5.2.1）进行回归估计，结果如表 5-4 所示。

表 5-4　分行业的回归结果

解释变量	传统劳动密集型制造业		资本技术密集型制造业	
	固定效应	随机效应	固定效应	随机效应
$\ln gdp_{it}$	-0.112***	-0.098***	0.08**	0.07**
	(0.018)	(0.017)	(0.017)	(0.018)
$\ln cap_{it}$	0.225***	0.223***	0.079**	0.096***
	(0.013)	(0.014)	(0.016)	(0.017)
$trade_{it}$	0.001	0.001	0.001**	0.001**
	(0.001)	(0.001)	(0.0005)	(0.0005)
$tech_{it}$	-0.001***	-0.001***	0.0002	0.0001
	(0.0002)	(0.0002)	(0.0003)	(0.0003)

解释变量	传统劳动密集型制造业		资本技术密集型制造业	
	固定效应	随机效应	固定效应	随机效应
$\ln labor_{it}$	−0.352*** (0.067)	−0.337*** (0.068)	−0.224*** (0.081)	−0.187** (0.085)
constant	21.128*** (0.561)	15.773*** (0.568)	11.006** (0.655)	12.458*** (0.691)
Hausman (p_vaule)	17.29 (0.006)		30.24 (0.000)	

注：除注明外，括号内的数值为标准差；统计量上标 ***、** 和 * 分别表示在 1%、5% 和 10% 显著性水平下拒绝原假设。

表 5–4 的 Hausman 检验值表明，传统劳动密集型制造业和资本技术密集型制造业应以固定效应的回归估计为准。从估计结果来看，两岸货物贸易对岛内实际工资的影响存在显著部门差异。主要表现在：在资本技术密集型制造业部门，两岸货物贸易对台湾实际工资有显著的正向影响，与全部制造业的估计结果一致；在传统劳动密集型制造业部门，两岸货物贸易对台湾实际工资的正向影响不显著，这在一定程度上说明台湾集中生产资本密集型产品并出口大陆可以提升本部门实际工资，与假说 1 相一致。

从分行业的估计结果来看，行业的人均资本和劳动力供给对岛内真实工资的影响与整体估计结果比较一致，而且都非常显著。但产出和生产技术对真实工资的影响存在行业差异。在传统劳动密集型制造业部门，产出对真实工资有显著的负向影响，与整体制造业的估计结果不一致。而在资本密集型制造业部门，产出对真实工资有显著的正向影响，与传统劳动密集型制造业的估计结果相反。此估计结果在一定程度上说明台湾在产业升级过程中，转移传统劳动密集型制造业对本部门的实际工资产生抑制作用，而对资本密集型制造业的生产和发展有助于本部门实际工资的增加。生产技术对实际工资的行业效应与理论分析结论相吻合，这说明台湾的偏向型技术进步促使其生产模式发生变化，即偏向专业化生产资本密集型产品，此时实际工资的提高来源于资本密集型生产部门。

三、对回归结果的讨论

从回归结果来看，两岸货物贸易对岛内实际工资有显著的促进作用，这个结论与H-O定理及相关的SS定理推论并不完全一致。一方面，这主要是因为SS定理推论中对外贸易使发达经济体工资下降是相对资本而言，而本书中因为资本价格无法得到，被解释变量实际工资是绝对变量。因此，这并不能简单否认SS定理的适用性。一般而言，企业家是资本的拥有者，同时也是利润的最后获得者，雇主所得大部分是归于资本的所有，所以资本的价格可以用营业盈余来代替。相应的，在居民收入账户中，劳动报酬与雇主营业盈余可以粗略代表劳动资本的价格比值。[①] 通过观察台湾"行政院主计处"1990—2009年劳动报酬与雇主营业盈余的数据变化，詹健隆（2010）指出台湾社会工资成长的速度追不上居民所得成长的速度、雇主利润的成长速度远超越居民所得成长速度等现象，从中我们可以得出相对于资本价格，台湾劳动工资是下降的，与SS定理相符。另一方面，如前文所述，Jones（1997）引入技术因素详细探讨了发达经济体向发展中经济体转移劳动密集型制造业（生产的垂直化分工）会导致实际工资上升，且这种实际工资的上升来源于资本技术密集型产品的生产。就两岸而言，两岸货物贸易以加工贸易为主，属于互补性的垂直产业分工模式。同时，台湾的生产活动处于比大陆更高的生产阶段，主要属于资本技术密集型生产活动，当台湾将劳动密集型生产活动转移至大陆时，台湾在全球生产价值链的地位得到提升，产品的附加值得到提高，从而促进台湾的实际工资。

当考虑两岸货物贸易的"三角模式"，两岸货物贸易对岛内实际工资的促进作用受到限制，这主要是因为以台湾产业升级和转型为目的，台商赴大陆投资的同时全球代工所需要的关键零组件和原材料均由台湾从日美等国进口，台湾仅提供中间产品供大陆台商组装，台湾的中介角色的成长空间越来越小，产品附加值提高幅度受到束缚、岛内工资成长受限。

另外，两岸货物贸易的工资效应存在部门区别，主要表现在对传统劳动密集型制造业实际工资的促进作用不显著，而对资本技术密集型制造业实际工资有显著的促进作用。这充分说明两岸货物贸易使台湾集中生产资本密集型产品，从而提高产品的附加值，最终提升资本技术密集型制造业的工资。

---

① （台）詹健隆：《以台湾劳动生产力解析台湾薪资问题》，《自由中国之工业》2010年第6期，第115页。

第三节　两岸货物贸易与台湾相对工资变动

一、基于向量自回归模型的实证分析

（一）研究方法与指标选取

本节采用向量自回归（VAR）建模的方法分析两岸货物贸易与台湾工资之间的动态关系。相较于结构式联立方程，VAR 模型中的所有变量具有对等性，表现在所有方程均是当期变量对所有变量的滞后期进行回归，不仅避免因经济理论争议造成对内生变量和外生变量划分的不一致问题，而且不会产生因变量相互影响引起内生变量的联立估计错误。因此，在研究多变量的动态性相互影响中，VAR 模型的适用性更强。

考虑建立如下的 VAR 模型：

$$Y_t = A_1 Y_{t-1} + \cdots + A_p Y_{t-p} + BX_t + \varepsilon_t, t = p+1, \cdots, T$$

其中，$Y_t = (Y_{1t}, Y_{2t}, \cdots Y_{kt})'$是$k$维内生时间序列向量，$X_t = (X_{1t}, X_{2t}, \cdots X_{dt})'$是$d$维外生时间序列向量；$P$为内生变量的滞后阶数，根据 AIC 和 SC 最小准则综合确定滞后期是；T为观测样本量，$A_1 \cdots A_p$和B分别是$k \times k$和$k \times d$维待估参数矩阵；ε_t代表k维独立随机扰动项的向量。

通过对上述 VAR 模型的估计，不仅可以考察各个内生变量的历史变动是否由k个内生变量来解释；而且还可以得到各期各变量对内生变量的联合动态影响程度。在此基础上，进一步利用脉冲响应函数和方差分解法获取模型中各方程的随机扰动项一个标准差的冲击对各变量的动态影响，并比较各方程随机扰动项的冲击效应大小。

本节最早能获得 1986 年台湾整体制造业熟练劳动力和非熟练劳动力工资的数据，因此，所选取的时间跨度为 1986—2017 年。被解释变量为相对工资（wage），使用熟练劳动力工资与非熟练劳动力工资的比值来衡量。解释变量包括：两岸货物贸易占台湾对外贸易的份额（trade）；相对劳动力供给（labor）：使用熟练劳动力供给与非熟练劳动力供给的比值来衡量；生产技术（tech）。其中，熟练劳动力和非熟练劳动力的划分方法：首先依据台湾"行政院劳工委员会"1986—2012 年职业别工资调查表中的职业分类，将受雇员工按照职业类别分为主管及监督人员、专业人员及助理专业人员、实务工作人员、服务工作人员及售货员、技术工及机械设备操作、非技术工及体力工等七大类；其次，因

为没有标准分类可以区分熟练劳动力与非熟练劳动力，本书只能寻找替代的分类方法。台湾学者王素弯（1999）认为在台湾"行政院主计处"劳动人口的分类中，只有职员与员工的分类比较近似于常用的白领和蓝领概念来表示相对技术层面的不同。因此，参照王素弯（1999）对职员和员工的定义及林祖嘉和黄启宏（2006）的研究，本节将研究期间的熟练劳动力和非熟练劳动力两类的具体内容划分如表5-5所示。

数据来源：熟练劳动力和非熟练劳动力的工资、就业人数主要来源于台湾"行政院主计处"与"劳工委员会"出版的《台湾地区职类别薪资调查报告》、"行政院主计处"的"统计资讯国民统计所得资料库""薪资与生产力统计资料库"和"就业和失业统计资料库"。两岸货物贸易和生产技术的数据来源和指标衡量与第四章一致。另外，研究中对相对工资和相对劳动力供给两个变量取对数，不仅避免量纲差异对模型估计精度的影响，而且使模型估计系数易于理解和度量，即估计系数表示变量之间的弹性大小变动。

表 5-5　劳动技术别分类表

期间	熟练劳动力	非熟练劳动力
1986—1993	主管及监督人员、工程师及其他专门技术人员	佐理人员、买卖工作人员、技术员、技术工、服务工作人员、生产操作工及体力工作事务工
1994—2002	主管及监督人员、工程师及其他专门技术人员	事务工作人员、助理专业人员、技术员、技术工、服务工作人员及售货员、非技术工及体力工
2003—2010	主管及监督人员、专业人员	事务工作人员、技术员及助理专业人员、服务工作人员及售货员、技术工及机械设备操作工、非技术工及体力工
2011—2017	主管及监督人员、专业人员	事务支援人员、技术员及助理专业人员、服务及售货工作人员、技艺、机械设备操作及组装人员、基层技术工及劳力工

资料来源：依据台湾地区职业别薪资调查报告的内容整理。

（二）平稳性和协整检验

本部分主要针对 VAR 模型中各变量序列的平稳性和协整关系进行检验。单位根的检验方法主要包括应用最为广泛的 DF 检验和 ADF 检验。DF 检验只有当序列为一阶自相关时才有效，而对序列存在高阶滞后相关，检验无效；ADF 用来检验含有高阶序列的单位根。表 5-6 给出各变量 ADF 单位根检验结果。

表 5-6　ADF 单位根检验结果

变量	水平序列		一阶差分序列		结论
	检验形式 (C,T,k)	ADF 统计量	检验形式 (C,T,k)	ADF 统计量	
lnwage	(C,T,0)	−2.135	(N,N,0)	−5.916***	I(1)
trade	(C,T,1)	−2.79	(N,N,0)	−3.467***	I(1)
tech	(C,T,6)	−0.153	(N,N,5)	−3.911**	I(1)
lnlabor	(C,T,0)	−2.759	(N,N,0)	−3.909***	I(1)

注：检验形式中 C 和 T 分别表示检验方程中带有截距项和趋势向（N 表示没有对应项）；统计量上标 *** 和 ** 分别表示在 1% 和 5% 显著性水平下拒绝原假设。

ADF 统计量显示所有变量均未通过 5% 的显著水平检验，因此，原变量水平序列属于非平稳时间序列。而对所有变量一阶差分后，均通过 1% 的显著水平检验，因此，所有变量均是一阶单整时间序列。

由于这五个变量均为一阶单整时间序列，因此，可以通过协整分析判断它们之间是否存在长期稳定关系。Johansen 和 Juselius(1988,1999) 提出了一种以 VAR 模型为基础进行多变量协整检验的很好方法，被称为 JJ 检验。本书使用 JJ 检验，根据 VAR 模型的 AIC 和 SC 准则综合确定最佳滞后期数。结果如表 5-7 所示。

表 5-7　协整检验结果

原假设	特征值	迹统计量	最大特征根
(a)lnwage、tech 和 lnlabor 三个变量的协整			
零个协整向量	0.565	30.212**	19.645*
最多一个协整向量	0.362	10.456	11.421
(b)lnwage、tech、lnlabor 和 trade 四个变量的协整			
零个协整向量	0.639	50.241**	22.769*
最多一个协整向量	0.456	26.723	17.413

注：统计量上标 ** 和 * 分别表示在 5% 和 10% 显著性水平下拒绝原假设。

表 5-7 的协整检验结果表明，两岸货物贸易、生产技术、相对劳动力供给

与相对工资存在长期均衡关系。其中，迹统计量和最大特征根统计量均在10%的显著水平上拒绝了零个协整关系的原假设。在此基础上，变量之间的协整关系式如表5–8所示。

表5–8　协整关系式

协整关系	lnwage	tech	lnlabor	trade
(a)	1.000	− 0.023*** (0.002)	0.696*** (0.117)	
(b)	1.000	− 0.019*** (0.127)	0.568*** (0.082)	− 0.006*** (0.002)

注：统计量上标 *** 表示在1%显著性水平下拒绝原假设。

表5–8详细展示了变量之间的长期均衡关系。从表中可以得出，长期内两岸货物贸易与岛内相对工资成正比，这个结论与我们前面的理论分析相符合，即发达经济体与发展中经济体进行贸易往来时，将会提高熟练劳动力的相对工资。就实证结果而言，两岸货物贸易份额提高一个百分点，将使熟练劳动力的相对工资提高0.006个百分点，因此，长期内两岸货物贸易往来将使岛内熟练劳动力受惠更多。除此之外，技术进步与岛内相对工资成正比，这主要是因为技术进步促使经济对熟练劳动力的需求增加，提高其工资；而相对劳动力供给的增加降低岛内相对工资，这个结论与前文的假说相符合。自20世纪80年代末期以来，台湾高等教育进入扩张期，专科以上学历的劳动力供给增加，尤其是专科以上劳动力在2001年后，其劳动供给大幅增加是其实际工资在2001年之后负成长的重要因素（黄芳玫，2011）。

（三）脉冲响应和方差分解

基于以上分析，为了清晰刻画两岸货物贸易与岛内相对工资的动态关系，本节首先建立VAR模型，并在此基础上采用脉冲响应函数与方差分解来考察变量之间的动态影响。其中，脉冲响应函数是指变量各期对扰动项冲击的反应幅度，即在VAR(∞)的表达式中：

$$y_t = (I_k + \Theta_1 L + \Theta_2 L^2 + \cdots)\varepsilon_t, t = 1, 2, \cdots, T$$

y_t的第i各变量y_{it}可以写成：

$$y_{it} = \sum_{j=1}^{k}(\theta_{ij}^{(0)}\varepsilon_{jt} + \theta_{ij}^{(1)}\varepsilon_{jt-1} + \theta_{ij}^{(2)}\varepsilon_{jt-2} + \cdots), t = 1, 2, \cdots, T$$

$\theta_{ij}^{(0)}$，$\theta_{ij}^{(1)}$，$\theta_{ij}^{(2)}$，$\cdots$被称为是y_j的脉冲引起的各期y_i的响应函数。

利用 AIC 和 SC 准则综合确定 VAR 模型的最佳滞后期数为 3；F 统计量显示模型的整体解释能力较高。另外，有关模型残差的三大检验结果（正态性检验、自相关检验和异方差检验）表明残差序列分别满足联合正态分布、无自相关和无异方差的条件；同时，模型中所有方程的特征根均小于 1，即都在单位圆内，因此，本节 VAR 模型结构满足平稳性要求。由于正交化形式的 Cholesky 分解技术依赖于模型中变量的前后次序，本节反复变动变量次序，其所得结果并与广义脉冲响应函数的结论相对比，发现熟练劳动力相对工资对各变量一个标准差冲击的响应较为稳定，对应地，方差分解也较为稳定。图 5-2 是基于 VAR 模型采用正交化形式的 Cholesky 分解技术模拟完成的脉冲效应函数图。

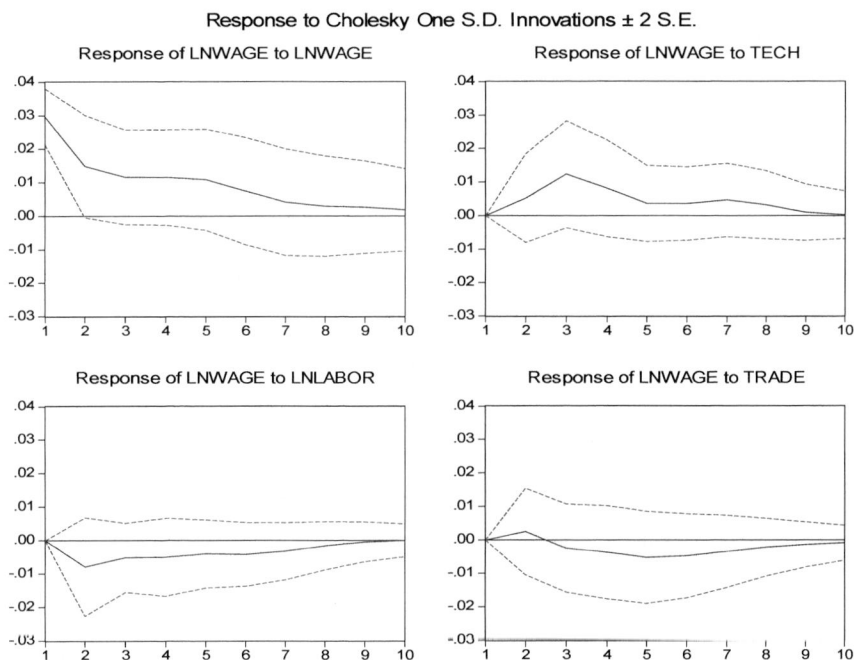

图 5-2　岛内相对工资对各变量一个标准差冲击的响应函数

注：横坐标表示冲击作用的滞后期数（单位：年），纵坐标表示岛内相对工资波动的变化；实线表示脉冲响应函数，两条虚线分别为脉冲响应函数值的正负两倍标准差偏离带。

图 5–2 中，岛内相对工资于两岸货物贸易在当期的一个标准差冲击的动态响应：对于当期两岸货物贸易的一个标准差冲击，岛内相对工资在第 2 期的反应为正向响应，第 3 期转为负向响应，随后未来各期的反应均表现为负向响应，并在第 5 期达到最大值（$\theta_{12}^{(3)} = -0.005$）后逐渐减小，从第 8 期开始趋于零。这在一定程度上说明短期内两岸货物贸易往来是可以改变台湾商品供给需求结构，从而引起资源的重组和对劳动力需求的改变，即对台湾熟练劳动力需求增加，提高其工资水平。但一个社会的资源要素是有限的，随着熟练劳动力使用成本的提高，熟练与非熟练劳动力之间的相互替代必然会出现，对非熟练劳动力的使用将会增加，非熟练劳动力的工资则趋于上升，岛内相对工资会下降，因此，两岸货物贸易规模对相对工资的影响是一个动态的变化过程。岛内相对工资于技术进步、熟练劳动力供给在当期的一个标准差冲击的动态响应：对于当期技术进步的一个标准差的冲击，岛内相对工资在各期均表现为正向响应，此影响在第 3 期增加到最大值（$\theta_{13}^{(6)} = 0.012$）后出现大幅度回落，第 6 期后出现短暂小幅回升后在第 8 期开始减弱至零，这说明短期内技术进步会正向岛内相对工资，相对于长期趋势，出现了短暂调整。对于当期相对劳动力供给的一个标准差的冲击，岛内相对工资在当期和未来各期的表现均是负向响应，并且此影响在第 2 期增加到最大值（$\theta_{14}^{(2)} = -0.008$），随后逐渐减小从第 7 期开始趋于零。这说明相对劳动力供给在短期内会使供求水平发生变化，岛内相对工资会增加，但会出现短期背离，这说明短期内经济中对熟练劳动力的需求远远高于熟练劳动力的供给，从而导致相对劳动力供给与相对工资成正向变化。

在上述脉冲响应函数的基础上，接下来进一步采用方差分解方法将 VAR 系统中以方差形式表示的内生变量波动，按其成因分解为与各方程随机扰动项有关的几个组成部分，进而可表示为各系统变量对内生变量波动的相对贡献率，具体估计结果绘制如图 5–3 所示。

Variance Decomposition of LNWAGE

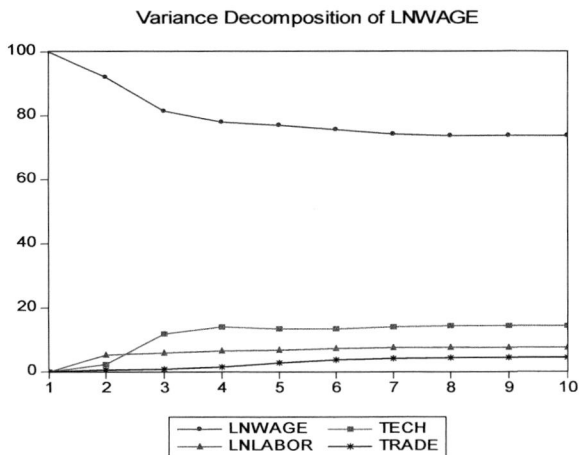

图 5-3　方差分解

由图 5-3 可以看出，岛内相对工资的方差分解结果在第 8 期以后逐渐稳定在某一值，其中岛内相对工资变动中 74.85% 由系统内部决定，两岸货物贸易的冲击对岛内相对工资变动的贡献率为 4.32%，技术进步变动冲击的贡献率为14.31%，相对劳动力供给变动冲击的贡献率为 7.56%。这个结果表明，从长期来看，岛内相对工资变动的内在强化机制比较强，受变量本身前期的影响很大。对于其他因素而言，技术进步对相对工资变动的贡献度最大，相对劳动力供给的贡献度次之，两岸货物贸易的贡献度最小。

二、基于制造业面板数据的实证分析

（一）模型设定与数据说明

自 20 世纪 80 年代中后期以来，台湾经济进入转型期，为维持和提升经济发展动力，台湾当局不遗余力的推动产业升级。在产业升级过程中，台湾逐渐由劳动密集型产业向资本和技术密集型产业过渡，与此同时，台湾参与国际分工的地位也逐渐提升，从代工和贴牌生产逐渐向自创品牌的自主创新模式转变，企业对熟练劳动力的需求也日益增加，因此，岛内相对工资会存在自我扩大的趋势，在模型设定中必须引入其前期数据。另外，考虑到经济发展与收入差距中存在著名的库兹涅茨曲线，即收入差距随经济发展先增后降的倒 U 型关系，因此，在模型设定中加入了实际 GDP 及其平方项以检验这种关系。更为重要的是为了验证第一节的理论假说，即两岸货物贸易对台湾相对工资可能存在先扩大后缩小的倒 U 型影响，本节建立如下的回归模型：

$$\ln wage_{it} = \theta_0 + \theta_1 \ln wage_{i(t-j)} + \theta_2 \ln labor_{it} + \theta_3 \ln gdp_{it} + \theta_4 \ln gdp_{it}^2$$
$$+ \theta_5 trade_{it} + \theta_6 tech_{it} + u_i + v_t + \varepsilon_{it} \tag{5.3.1}$$

在（5.3.1）式中加入两岸货物贸易的平方项得：

$$\ln wage_{it} = \theta_0 + \theta_1 \ln wage_{i(t-j)} + \theta_2 \ln labor_{it} + \theta_3 \ln gdp_{it} + \theta_4 \ln gdp_{it}^2$$
$$+ \theta_5 trade_{it} + \theta_6 trade_{it}^2 + \theta_7 tech_{it} + u_i + v_t + \varepsilon_{it} \tag{5.3.2}$$

其中，$wage_{it}$ 和 $wage_{i(t-j)}$ 为 t 时期 i 行业的相对工资和滞后项。$labor_{it}$ 为 t 时期 i 行业的相对劳动力供给，使用熟练劳动力供给与非熟练劳动力供给比重衡量。$\ln gdp_{it}$ 和 $\ln gdp_{it}^2$ 为 t 时期 i 行业增加值及其平方项。$trade_{it}$ 和 $trade_{it}^2$ 分别为 t 时期 i 行业的两岸货物贸易总额占台湾对外贸易总额比重及其平方项。$tech_{it}$ 为 t 时期 i 行业的技术进步，使用劳动力生产指数来衡量。u_i 为行业变量，v_t 为时间变量，ε_{it} 为回归残差。

本节根据数据可得性将研究区间定为 1996—2017 年。熟练劳动力和非熟练劳动力的划分标准与前面部分相同，但在研究区间熟练劳动力和非熟练劳动力所在行业种类划分有所不同，即 2001 年以前，制造业中 21 个行业包括熟练劳动力和非熟练劳动力的工资；而 2001 年以后，制造业中 25 个行业包括熟练劳动力和非熟练劳动力的工资。在上述基础上，为使数据具有一致性和准确性，本节利用 1996—2017 年台湾 21 个制造业面板数据检验两岸货物贸易与岛内相对工资之间的关系。数据的来源方面：岛内相对工资和相对劳动力供给均来源于台湾"行政院主计处"公布的"人力运用调查报告（1996—2017）"；其他指标与数据来源已在本书前面部分提及。

表 5-9　主要变量的描述性统计分析

符号	变量	样本	均值	标准差	最大值	最小值
lnwage	相对工资	462	0.54	0.11	5.73	−0.01
lnlabor	相对劳动力供给	462	9.43	0.05	10.21	8.98
trade	两岸货物贸易占比 / %	462	22.57	13.66	70.43	0.00
tech	生产技术 / %	462	89.95	16.78	158.7	29.22
lngdp	行业增加值 / 百万新台币	462	12.45	0.92	16.06	7.89

注：第二列中括号内为变量的单位。

从表5-9中可以发现，两岸货物贸易最大值与最小值之间相差很大，其标准差也相对较大。对应地，熟练劳动力的相对工资差距相差也很大，这在一定程度上表明两岸货物贸易与熟练劳动力相对工资的关系存在着行业差异，因此，本书使用分行业面数据具有合理性。

（二）回归方法与结果

1. 面板数据形态检验

表5-10是面板数据单位根检验结果，从具体检验结果来看，每个变量的水平值都非平稳，但是一阶差分之后均是平稳的，均在1%水平上显著，即都属于一阶单整序列。

表5-10　面板数据的单位根检验

序列	LLC	Breitung	IPS	ADF	PP
lnwage	−2.363***	−2.347	−0.903	47.932	65.452
△ lnwage	−4.754***	−4.254***	−4.541***	90.947***	226.052***
lnlabor	−1.569	−2.772***	1.020	22.867	21.285
△ lnlabor	−6.879***	−9.659***	−1.335***	245.137***	130.029***
trade	0.201	1.017	1.578	34.328	22.901
△ trade	−5.657***	−1.480*	−4.036***	84.779***	17.413***
tech	−1.951**	0.731	−0.275	50.203	41.453
△ tech	−7.894***	−4.463***	−4.269***	88.135***	160.131***
结论	lnwage、lnlabor、trade 和 tech 均属于一阶单整序列				

注：统计量上标 ***、** 和 * 分别表示在1%、5%和10%显著性水平下拒绝原假设。

对于面板数据的协整检验结果如表5-11所示。在 Pedroni 方法下，假设不同截面具有相同自回归系数的两个统计量 Panel PP 和 Panel ADF 的检验结果表明变量之间存在显著的协整关系；假设不同截面具有不同自回归系数的 Group PP 和 Group ADF 均认为变量之间存在显著协整关系，同时，从 Kao 的统计量来看，也支持变量之间具有显著协整关系的结论。因此，可以认为两岸货物贸易、生产技术、相对劳动力供给与相对工资水平之间均存在稳定的长期关系。

表 5–11　面板数据协整关系检验

Pedroni(Engle– Granger based)	台湾相对工资	
	Statistic	P– value
Panel v– Statistic	− 3.677	0.999
Panel rho– Statistic	3.354	0.999
Panel PP– Statistic	− 6.347***	0.000
Panel ADF– Statistic	− 10.165***	0.000
Group rho– Statistic	4.226	1.000
Group PP– Statistic	− 10.324***	0.000
Group ADF– Statistic	− 9.246***	0.000
Kao(Engle– Granger based)	− 1.570*	0.059

注：统计量上标 *** 和 * 分别表示在 1% 和 10% 显著性水平下拒绝原假设。

2. 回归结果

回归方程（5.3.1）和（5.3.2）中的解释变量均包含了被解释变量的滞后值，因此本节的模型设定是一个动态面板数据模型。本节使用 Arellano and Bond（1999）的广义差分方法对动态面板方程进行估计，估计结果如表 5–12 所示。必须说明的是表 5–12 的回归结果中没有包含 $\ln gdp$ 及其平方项，这是因为在调试程序的过程中发现 $\ln gdp$ 及其平方项的回归系数均不显著，这在一定程度也表明台湾工资差距与经济发展水平之间不具有明显的库兹涅茨曲线型关系。其中回归方程（5.3.1）中没有包含两岸货物贸易的平方项，而回归方程（5.3.2）中同时包含两岸货物贸易和两岸货物贸易的平方项。从回归结果来看，工具变量的过度识别约束检验，即 Sargan 的 P 值都大于 0.05，说明两个回归方程中工具变量是有效的。而扰动项的自相关检验 AR(1) 和 AR(2) 的 P 值显示，可以在 1% 的显著性水平上拒绝"扰动项差分的二阶自相关系数为零的假设"，表明差分后只存在一阶序列自相关，而不存在二阶序列自相关。此外，联合 wald 检验也表明回归方程（5.3.1）和（5.3.2）均在整体上显著。这均显示了我们的差分 GMM 具有很好的适用性。

从回归结果来看，两个方程均认为两岸货物贸易对岛内相对工资有显著影响。回归方程（5.3.1）中没有包含两岸货物贸易的平方项 $trade_{it}^2$，回归结果显示两岸货物贸易的回归因子通过了 1% 的显著性水平，并且回归系数为正，说明两岸货物贸易对岛内相对工资有促进作用。当在回归方程（5.3.2）中加入两岸货物贸易的平方项 $trade_{it}^2$ 后，两岸货物贸易的回归因子仍通过了 1% 的显著性水平，回归系数为正，而两岸货物贸易平方项 $trade_{it}^2$ 显著为负，并通过 10% 的显著性水平。该回归结果表明两岸货物贸易增加岛内相对工资，但增速逐渐减小。

表 5-12　两岸货物贸易与岛内相对工资

解释变量	模型 5.3.1	模型 5.3.2
$\ln wage_{it-1}$	0.728*** (0.075)	0.692*** (0.105)
$trade_{it}$	0.001*** (0.0004)	0.003*** (0.0003)
$trade_{it}^2$	—	−0.00002** (0.000008)
$tech_{it}$	−0.0002* (0.0001)	−0.0002* (0.0001)
$\ln labor_{it}$	0.006 (0.012)	−0.029 (0.021)
constant	0.039 (0.123)	0.357* (0.215)
Wald	229.32*** (0.000)	196.49*** (0.000)
AR(1)	−2.634*** (0.008)	−2.844*** (0.005)
AR(2)	1.182 (0.237)	1.162 (0.245)
Sargan_p	0.973	0.979

注：除注明外，括号内的数值为标准差；统计量上标 ***、** 和 * 分别表示在 1%、5% 和 10% 显著性水平下拒绝原假设。

对于其他变量，$\ln wage_{it-1}$ 的回归因子均在 1% 的水平上对当期岛内相对工资产生显著正向影响，并且解释力很强，并且回归系数均大于 0.5，这个结论验证台湾经济发展和产业升级过程中岛内相对工资存在自我扩大的作用机制，并且这种自我扩大作用的趋势较为强烈。$tech_{it}$的回归因子在两个回归方程中均为负值，且通过了 10% 的显著性水平，说明技术进步对岛内相对工资具有正向影响。$\ln labor_{it}$的回归因子在两个方程中对岛内相对工资不具有显著影响。另外，从系数大小来看，相对其他变量，两岸货物贸易对岛内相对工资的影响较大。

三、对回归结果的讨论

从回归结果来看，两岸货物贸易对岛内相对工资有扩大作用，但这种扩大速度趋于减小。出现这种情况的主要原因在于两岸货物贸易规模较低时，台湾与大陆之间存在着很大的技术差距，价格效应和技术防御效应均对岛内相对工资起促进作用。一方面，相对大陆而言，台湾的要素禀赋特征是熟练劳动力丰裕而非熟练劳动力稀缺，根据 H-O 理论及相关的 SS 定理，台湾与大陆进行贸易增加熟练劳动力的收入报酬而减少非熟练劳动力的收入报酬，即两岸货物贸易扩大岛内工资差距、提高岛内相对工资。另一方面，两岸货物贸易规模较小时，台湾对大陆的技术差距较大意味着对熟练劳动力需求也相对较大，从而促进熟练劳动力的收入。但是当两岸货物贸易规模提高一定程度后，两岸货物贸易技术差距在缩小，相对大陆而言，台湾进行防御性技术进步效应对岛内相对工资起到抑制作用并占据主导地位，这意味着台湾防御型技术创新不仅带动对熟练劳动力的需求，同时也强化对非熟练劳动力的培训和干中学效应，使熟练劳动力收入报酬上升的同时也提高了非熟练劳动力收入报酬，岛内相对工资上升幅度受限。另外，随着两岸技术差距的缩小，大陆熟练劳动力相对供给的增加降低了价格效应，从而使两岸货物贸易对台湾相对工资的促进作用趋于减弱。

本章小结

自 20 世纪 80 年代中后期经济转型以来，台湾改变对外发展战略，积极发展与亚太地区尤其是与大陆的经贸关系，较好地利用大陆在土地资源、劳动力要素及内需市场方面的比较优势，促进岛内经济发展，成为支撑这一时期台湾经济低增长的主要动力。与此同时，岛内的真实工资却出现缓慢增长，尤其是2001 年以后，台湾实际平均工资不仅未明显成长，而且出现负增长，2009 年实际平均工资降至近年低点 43288 新台币，岛内相对工资（也称为工资差距）则在增加，从 2000 年的 0.34 增加到 2009 年的 0.42，2012 年继续攀升。本章试图从实证的角度回答这样一个问题：两岸货物贸易对岛内实际工资和相对工资有着怎样的影响？本章利用向量自回归模型和动态面板方法对这个问题进行严谨细致的实证分析。

首先在 H-O 理论框架下基于全球及区域产业分工、引入技术差距因素分析对外贸易与工资的关系，并提出假说。在此基础上，本章利用实证模型检验两岸货物贸易对台湾实际工资的影响，研究发现两岸货物贸易对台湾实际工资有促进作用，这与假说 1 相一致。同时，考虑两岸货物贸易的"三角模式"，引入台商赴大陆投资与两岸货物贸易的交互项，结果表明台湾转移产业至大陆限制了台湾实际工资的涨幅。另外，实证研究发现两岸货物贸易对岛内相对工资有扩大作用，但扩大的速度在减小，同时，也表明两岸货物贸易的相对工资效应存在倒 U 型。这主要是因为：在全球及区域产业分工中，两岸货物贸易以加工贸易为主，属于互补性的垂直产业分工模式，且台湾处于比大陆更高的生产阶段，主要专注于资本技术密集型产品的生产。当台湾将劳动密集型生产活动转移至大陆时，不仅提升台湾在全球生产价值链中的地位，且提高产品附加值，最终促进岛内实际工资的提高。在此基础上，两岸"三角贸易"模式表明以台商赴大陆投资为媒介变量，自日本进口关键零组件的"代工模式"没有得到彻底解决，台湾主要是提供中间产品供大陆台商组装，因此，台湾中介角色的成长空间越来越小，产品附加值提高幅度受到束缚。另外，两岸货物贸易使台湾面临大陆竞争与发展，引致台湾进行防御性技术创新，进而增加对熟练劳动力的需求，提高岛内相对工资。而在两岸技术差距逐渐缩小的情况下，两岸货物贸易的防御性技术效应有限，对岛内相对工资的提升作用也有限。

第六章　ECFA 背景下两岸货物贸易
对台湾劳动力市场效应的测算

前述已经从机制和实证方面检验了自 1992 年以来两岸货物贸易对台湾劳动力就业和工资的影响。而就两岸实务层面来讲，关于两岸货物贸易对岛内劳动力市场效应的测算也同样重要，也就是给出两岸货物贸易对岛内就业和工资产生的具体效应。基于此，本章将详细测算 2010 年前后两岸货物贸易对岛内劳动力市场的效应。

2010 年 ECFA 签署是两岸经贸往来中的一个重大制度安排，标志着两岸经济关系迈向正常化、机制化和自由化的进程，也成为两岸关系走向良性互动、深化发展的重要标志。与此同时，2008 年国际金融危机的影响仍在继续，2011 年欧洲债务危机爆发再度使全球众多国家（地区）的经济发展陷入萎靡。这些因素叠加在一起对两岸货物贸易产生复杂影响，同时也对岛内劳动力市场产生影响，一方面 ECFA 的签署主要体现在货物降税安排和服务市场开放，不仅促使两岸货物贸易规模扩大，而且促进两岸货物贸易结构的优化和升级；另一方面，全球经济环境的变化不利于以两头在外加工模式为主的两岸货物贸易，促使两岸货物贸易规模增长幅度减缓。同期，岛内失业率仍维持在 4% 以上，实际工资停滞不前甚至下降。在贸易环境改变的情况下本章将测算两岸货物贸易对岛内就业和工资的具体效应。

第一节　ECFA 背景下两岸货物贸易与台湾劳动力市场的变化

一、ECFA 的主要内容

ECFA 的签署不仅标志着两岸经贸关系迈向正常化、机制化和自由化的进程，也成为两岸关系走向良性互动、深化发展的重要标志，ECFA 总则第二条合作措施中提到"海峡两岸同意，考虑海峡两岸的经济条件，采取包括但不限于下措施，加强海峡两岸的经济交流与合作"。其中第一条就是逐步减少或消除海峡两岸之间实质多数货物贸易的关税和非关税壁垒。因此，ECFA的实质内容主要体现在货物降税安排和服务市场开放。ECFA中的货物降税是以早期收获清单的形式显现，在两岸的早期收获清单中，大陆降税范围包括原产于台湾的539项产品；而台湾方面的降税范围包括原产于大陆的267项产品。两岸将在早收清单实施后两年内分H步（其中大陆方面的早期收获清单具体见表6-1）对早收清单中的产品实现零关税。具体说来，在框架中，大陆方面针对不同货物2009年不同的进口税率主要分三次实施关税减让政策。从下表6-1中可看出2009年进口税率在 $0<X \leqslant 5\%$ 范围的将在框架实施的第一年降为"0"，2009年进口税率 $5<X \leqslant 15\%$ 将在框架实施的第一年降为"5%"第二年降为"0"，2009进口税率 $X>15\%$ 的将在框架实施的第一年降为"10%"，第二年降为"5%"，并最终在第三年降为"0"。

表6-1 大陆方面早期收获产品降税安排

第N年	2009年进口税率（X%）	协议税率		
		早期收获实施第一年	早期收获实施第二年	早期收获实施第三年
1	$0<X \leqslant 5$	0	—	—
2	$5<X \leqslant 15$	5	0	
3	$X>15$	10	5	0

资料来源：根据相关内容整理而成。

同样地，框架中对于台湾方面来说，降税的模式与大陆几乎相同，区别在于货物的税率区间以及每次的降税幅度。由此可见，ECFA中的关税减让是海峡两岸全面地、有层次地进行。这一方式从理论上看，不仅区别对待了不同货物原始税率采取不同步骤使得降税有一个缓冲过程，也在最终实现了全面的零关税。

ECFA中的服务市场开放主要体现在会计服务、医院服务与特制品设计服务等方面。继2010年10月28日大陆首批实施会计服务、计算机及相关服务、研究和开发服务、会议服务以及视听服务项下的进口电影片配额等五个部门的服务贸易早期获开放措施后，2011年1月1日起又实施专业设计服务、医院服务、民用航空器维修、银行、证券、保险等六个部门的服务贸易早期收获开放措施，且部分部门享有较美日韩等其他 WTO 成员更优惠的条件，即可独资设立。台湾方面继 2010 年 11 月对大陆开放研发服务、会议服务、展览服务、特制品设计服务、大陆华语与合拍影片后，2011 年 1 月 1 日起进一步开放经纪商服务、运动休闲服务、空运服务业电脑订位系统、银行等，总计九个服务部门。迄今为止，两岸已按 ECFA 规定全面实施了服务贸易早期收获计划的市场开放。不仅如此，根据 ECFA 的规定，两岸应逐步减少双方相互投资的限制，实现两岸投资正常化、双向化发展。众所周知，台商赴大陆投资早已享有与 WTO 其他成员国同等待遇，甚至部分待遇高于其他 WTO 成员方。然而由于受到岛内各种因素的制约，大陆企业对台投资进展有限。2011 年 3 月 2 日，台湾当局开放第二批大陆企业赴台投资产业清单 42 项，再加上第一阶段开放的 205 项，合计为 247 项。其中，制造业投资开放项目合计为 89 项，占整体制造业 212 项的42%；服务业开放项目合计为 138 项，也占服务业项目总数的 42%；基础建设开放项目合计 20 项，占项目总数的 24%。台当局第二阶段的陆资开放措施，标志两岸双向投资取得了积极进展，截至 2011 年底，ECFA 规定的早期清单收获项目均已实施，这对岛内产业发展起到积极作用，理论上是有利于岛内经济社会的发展，并可带动劳动力市场的发展。

二、两岸货物贸易的变化

据台湾"国际贸易局"资料库的数据显示，自 2010 年以来，两岸货物贸易总额从 2010 年的 1128.81 亿美元上升至 2017 年的 1854.00 亿美元，增长 425.19亿美元。其中，台湾对大陆出口从 2010 年的 769.35 亿美元上升至 2017 年的1317.23 美元，增长 548.55 亿美元，台湾对大陆出口的产品中以农产品和资本技术密集型产品出口的增长速度较大。如：农产品关税的降低使台湾对大陆的农产品出口额从 2010 年的 1.18 亿美元上升至 2017 年的 11.94 亿美元，年均增长速度高达 39.65%；台湾对大陆食品制品的出口规模扩大最为明显，从 2010年的 1.57 亿美元上升至 2017 年的 8.07 亿美元，年均增长速度高达 30.27%；汽车及零部件的出口额从 2010 年 8.67 亿美元上升至 2017 年 10.17 亿美元，年均增长速度为 5.63%；机械设备的出口额从 2010 年的 293.37 亿美元上升至 2017年 300.01 亿美元，年均增长速度为 5.57%；电子产品的出口额从 2010 年的242.06 亿美元上升至 2017 年 254.79 亿美元，年均增长速度为 5.25%。而以纺织品、成衣及服饰品、皮革及贸易制品为代表的传统劳动密集型产品的出口规模呈现小幅度下降，如：台湾对大陆纺织品的出口额从 2010 年 25.42 亿美元下降至 2017 年 24.21 亿美元，年均下降速度为 0.16%；服饰品的出口额从 2010 年的 0.83 亿美元下降至 2017 年 0.56 亿美元，年均下降速度为 5.14%；皮革、毛皮及其制品的出口额从 2010 年的 2.25 亿美元下降至 2017 年 1.89 亿美元，年均下降速度为 2.01%。从上述分析看出，自 2010 年以来台湾对大陆出口结构发生了变化，主要表现在，台湾对大陆出口规模的扩张逐渐以民生产品和资本技术密集型产品为主，这说明台湾对大陆出口逐渐由规模扩张向贸易结构优化方向转变。与此同时，台湾对大陆传统劳动密集型产品的出口并未出现大幅跌落，而是与资本密集型产品的出口增加形成替代式发展。

台湾自大陆进口额从 2010 年 359.46 亿美元上升至 2017 年的 537.2 亿美元，增长 177.74 亿美元。台湾自大陆进口的产品中以金属制品的进口规模扩张最为明显，从 2010 年 27.57 亿美元上升至 2017 年的 47.98 亿美元，年均增长速度高达 16%；木竹及其制品的进口额从 2010 年的 1.46 亿美元上升至 2017 年 3.59 亿美元，年均增长速度达 11.44%；汽车及零部件的进口额从 2010 年的 7.01 亿美元上升至 2013 年的 16.87 亿美元，年均增长速度达 10.89%；纺织品的进口额从 2010 年的 9.44 亿美元上升至 2017 年 16.08 亿美元，年均增长速度达 12.49%。从中可以看出，自 2010 年以来台湾自大陆进口规模呈现稳步提升，主要以资源型产品的进口为主，这说明台湾一直视大陆为原材料的供给方，自大陆进口主要为岛内提高生产需要的资源。另外，台湾自大陆进口的劳动密集型产品和资本技术密集型产品均有上升的趋势。

由上述分析我们可以得出，2010 年以来在全球经济复苏缓慢的情况下，ECFA 签署带来的关税降低不仅促使两岸货物贸易规模扩大，而且促进两岸货物贸易结构的优化和升级。除此之外，2010 年以来两岸服务贸易的发展也在变化，服务贸易以商业形式存在，实质上为服务业的投资。据台湾"经济部投审会"统计，台商赴大陆投资从 2010 年 8.24 亿美元上升至 2017 年 130.04 亿美元，年均增长速度高达 95.19%；金融保险业的投资规模从 2010 年 50.04 亿美元上升至 2017 年 72.48 亿美元，年均增长速度高达 56.04%，同时，不动产的投资规模从 2010 年的 28.28 亿美元下降至 2013 年的 11.32 亿美元，年均下降速度超过 36.47%。

如前所述，2010 年以来，两岸货物贸易的规模和结构都发生了变化，但与 2010 年以前相比，两岸货物贸易规模的年增长率明显降低，如表 6-2 所示。主要表现在台湾对大陆出口的增长率逐渐从 2006 年的 18.71% 上升至 2010 年的 41.82%，然后下降至 2017 年的 1.33%；台湾自大陆进口增速从 2006 年 52.41%

下降至 2010 年 47.18%，然后下降至 2017 年的 4.11%。另外，2010 年以来台湾自大陆进口的年均增长速度高于台湾对大陆出口的年均增长速度。

表 6-2　两岸货物贸易规模及增长率

单位：亿美元；%

年份	台湾对大陆出口		台湾自大陆进口	
	规模	增长率	规模	增长率
2006	518.08	18.71	167.92	52.41
2007	624.17	20.48	280.14	13.04
2008	668.83	7.16	313.91	12.05
2009	542.48	− 18.89	244.23	− 22.20
2010	769.35	41.82	359.45	47.18
2011	839.59	9.13	435.96	21.28
2012	807.14	− 3.87	409.08	− 6.17
2013	817.88	1.33	425.89	4.11
2014	956.98	0.17	486.5	14.3
2015	1145.89	9.892	503.6	0.34
2016	1256.78	6.61	516.98	2.58
2017	1317.23	5.87	537.2	4.06

资料来源：台湾"国际贸易局"进出口统计查询，www.trade.gov.tw

二、台湾劳动力市场的变化

深入观察 2010 年以来台湾劳动力市场的变化有助于了解贸易环境变化对岛内就业和工资的影响。

就业率采用就业人口除以劳动人口表示。图 6-1 为 2010 年 1 月至 2017 年 12 月的台湾就业率变化情况。2010 年，台湾就业率约为 0.94，2010 年之后，台湾就业率一直维持在约 0.95，但与 2006 年和 2007 年 0.96 的就业率水平仍存在差距（见第三章图 3-10）。如果要恢复到 2007 年的就业水平，以 2017 年 12 月的劳动力人口为基准，失业人口需要减少约 65.71 万人，才能回到 2006 年 0.96 的就业率水平。

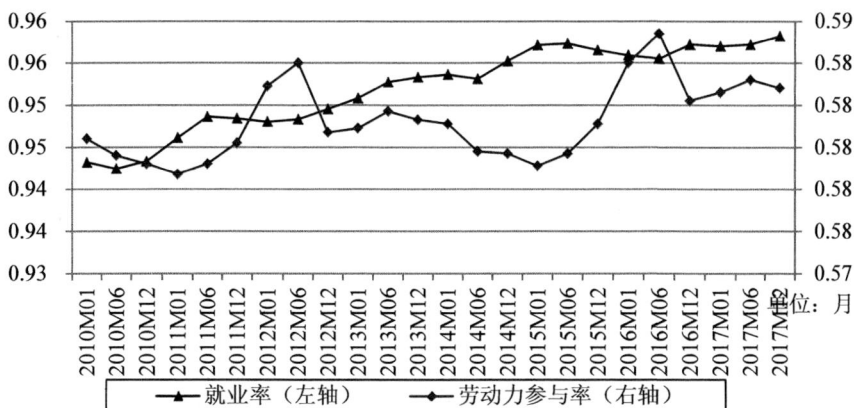

图 6-1　2010—2017 年台湾就业率和劳动参与率月变化

资料来源：台湾统计资讯网查询，http://www.stat.gov.tw/。

　　根据劳动力参与率的定义：劳动力占 15 岁以上民间人口的比率，可以得知此指标反映了劳动投入量。如图 6-2 所示，短期之内，台湾 15 岁以上民间人口的成长相对稳定，其值落在 1852 万人—1951 万人，因此，我们可以假设劳动力参与率的变化大部分是来源于劳动力需求的消长。从图 6-1 可以看出，劳动力参与率从 2010 年第三个季度的 58.41% 下降至 2011 年度三个季度的 58.11%，下降约 0.29 个百分点，变化幅度最大。受两次经济危机的影响，台湾对外出口出现严重萎缩，进而造成岛内劳动力需求呈现小幅下降。随着欧洲债务危机的影响减弱，2012 年至 2017 年，劳动力参与率一直保持在 58.45% 左右，并未出现明显上升。另外，就业率与劳动力参与率的变化呈现相同的趋势。根据图 6-2 所示，2010 年 1 月至 2017 年 1 月，失业人口呈现先增后减，并在 2010 年 2 月达到高峰，此时失业人口数约为 64 万人，失业人口先增后减是劳动力参与率变化的结果。

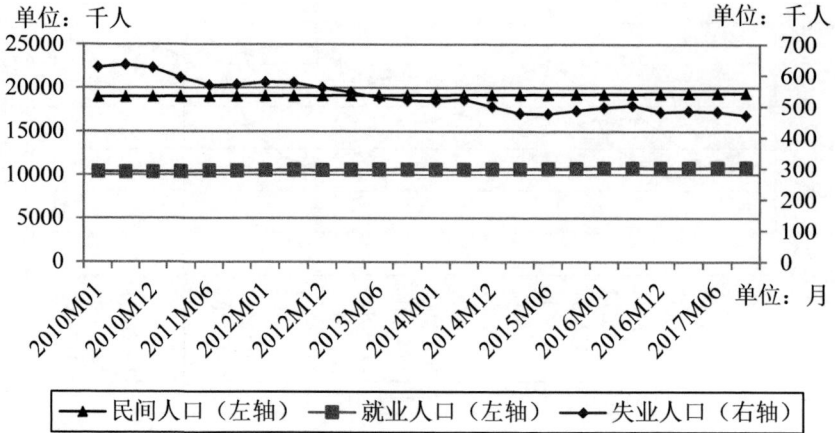

图 6-2　2010—2017 年民间人口、就业人口和失业人口的月变化

资料来源：与图 6-1 同。

如图 6-3 所示，台湾失业率在 2010—2017 年呈现缓慢下降趋势，并在 2011 年维持在 4.51% 左右。另外，2011—2012 年台湾失业率的下降表明台湾逐渐走出经济危机的阴影。

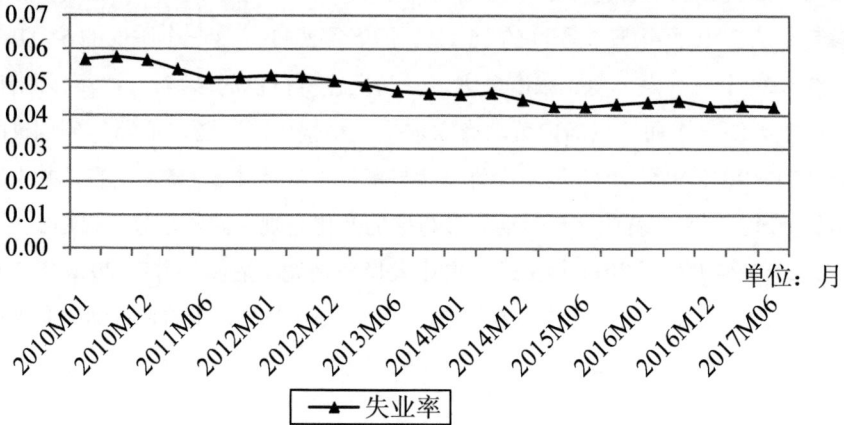

图 6-3　2010-2017 年台湾失业率月变化

资料来源：与图 6-2 同。

图 6-4 为三种离职原因的短期发展情况。自 2010 年以来，三种离职原因变化不一致。在全球经济不景气的情形下，对于因工作歇业或业务紧缩导致的失

业在失业中的比重在 2010 年 1 月至 2010 年 6 月一直处于 55%—65%，在此期间，对原有工作不满而失业的比重处于 20%—30%。2010 年下半年至今，因工作歇业或业务紧缩而失业的比重逐渐下降，对原有工作不满失业的比重逐渐上升，这表明 2010 年下半年开始，虽然全球经济发展逐渐恢复，但岛内仍有许多失业者不满意原有工作，处于继续寻找工作中，尤其是 2016 年岛内政党轮替后，经济发展始终不由得道好转，且更进一步恶化，岛内失业者就业的意愿降低。

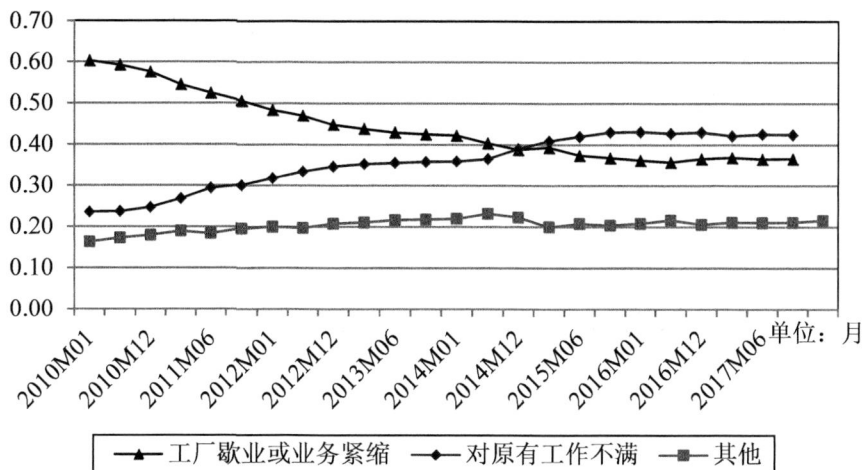

图 6-4　2010—2017 年三种离职原因的月变化

资料来源：台湾"行政院主计处"《人力运用调查报告》，http://www.stat.gov.tw/。

图 6-5 反映了台湾工资的短期变化情况，2010 年 1 月至 2017 年 12 月，台湾实际平均工资、实际非经常性工资与非经常性工资比重均呈现季节性变化的特征。由于年终奖的原因，每年的 1—2 月工资出现波峰，随后下降出现波谷，而这种变化均具有一定的稳定性，即除波峰波谷以外，实际平均工资处于 40000—42000 新台币，实际非经常性工资处于 63000—80000 新台币，而非经常性工资的比重处于 18%—19%。另外，实际经常性工资一直处于非常稳定的态势，其值始终处于约 36000 新台币。从上述分析可以看出，2010 年以来台湾工资处于非常小的增长状态。

单位：新台币   单位：%

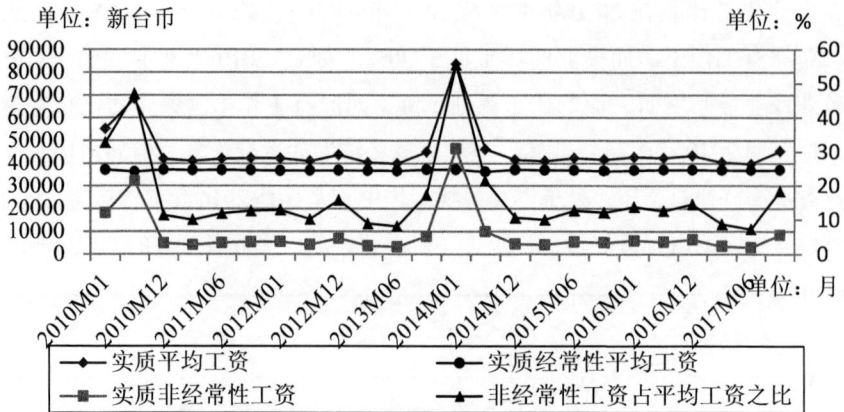

图 6-5　2010-2017 年各种工资的月变化

资料来源：台湾统计资讯网查询，http://www.stat.gov.tw/。

第二节　两岸货物贸易对台湾就业效应的测算

一、测算方法与数据说明

H-O 理论认为对外贸易导致进口竞争部门收缩，出口部门扩张，从而引起部分学者主张积极出口而限制进口的贸易政策。在此基础上，凯恩斯从宏观角度把进出口与国民收入联系在一起，为对外贸易通过经济增长机制影响就业提供依据。具体来讲，出口和消费、投资一样可以扩大经济体内部的有效需求，从而使国民收入增长、就业水平提高；进口和储蓄的作用类似，降低内部有效需求，从而减少经济体的生产规模和就业水平。本章参考周申等学者（2012）对外贸易与就业的分析框架，推导符合两岸货物贸易对台湾就业效应的测算公式。

（一）竞争型投入产出

在一个国际贸易不占重要地位的经济体，其投入产出表中，并不需要考虑经济体内产品和进口品的分别，但对国际贸易占重要地位的经济体中，比如台湾的进出口贸易总额几乎与 GDP 相当，如不将二者区分，则势必高估产业间的相互依存度，但如果从岛内产品中完全剥离进口产品的影响，又会低估各产业部门之间的联系（台湾"行政院主计处"，2006）。因此，台湾"行政院主计处"（2010）编制三种投入产出表，其中，竞争型投入产出表的系数值介于上述传统竞争型投入产出表和非竞争型投入产出表之间，充分考虑台湾对外经济属性的特征。

竞争型投入产出表中，定义 X 为总产出列向量，Y 为产品的最终需求列向量，A 为直接消耗系数矩阵。竞争型投入产出模型的国内产品平衡式为：

$$AX + Y - \hat{M}AX = X \quad (6.2.1)$$

即 $X = \left[I - (I - \hat{M})A \right]^{-1} Y = BY$，其中，$\hat{M}$ 为进口系数向量 m 的对角线矩阵，

$m_i = \dfrac{M_i}{X_i + M_i - E_i}$，$M_i$ 和 E_i 为 i 部门的进出口值。$B = \left[I - (I - \hat{M})A \right]^{-1}$，称为里昂惕夫逆系数矩阵，矩阵中系数 b_{ij} 表示 j 部门每增加一单位最终使用，对 i 部门产品直接和间接的需求量。

由于出口额（E）是最终产品需求的一部分，用 E 替代（6.2.1）式中的 Y 得出由出口所增加的总产出量：

$$X_E = BE \quad (6.2.2)$$

所以，出口拉动的劳动使用量为：

$$L_d^E = A_L X_E = A_L BE \quad (6.2.3)$$

其中，A_L 为劳动投入系数行向量。可类似得出进口替代的劳动使用量为：

$$L_d^M = A_L X_M = A_L BM \quad (6.2.4)$$

（二）偏差分解

随着时间的推移，贸易的就业效应将发生变化。本节构建偏差分解模型探讨引起这种变化的主要原因。假定经济体有 N 个产业部门，分别生产 $X_1, X_2, \cdots X_n$ 产品，单位产值的劳动力消耗系数为 a_{LX_i}，且保持不变。假定劳动供给一定，劳动力市场均衡时，就业取决于劳动力需求。放松传统贸易理论中充分就业条件。经济体的产出为：

$$Q_{X_i} = D_{X_i} + E_{X_i} - M_{X_i}, i = 1, 2, \cdots n \quad (6.2.5)$$

其中，Q_{X_i}、D_{X_i}、E_{X_i} 和 M_{X_i} 分别是 X_i 产品的总产出、内部需求、出口和进口。

当各部门劳动投入系数固定不变时，劳动力需求为：

$$L_d = \sum_{i=1}^{n} a_{LX_i} Q_{X_i} = \sum_{i=1}^{n} a_{LX_i} (D_{X_i} + E_{X_i} - M_{X_i}) \quad (6.2.6)$$

对外贸易中 X_i 产品出口占总出口的比重分别为 α_i，表示出口结构。进口占

总进口的比重分别为 β_i，表示进口结构。每个部门出口和进口值为：$E_{X_i} = \alpha_i E$，$M_{X_i} = \beta_i M$。（6.2.6）式转化为：

$$L_d = \sum_{i=1}^{n} a_{LX_i} D_{X_i} + \sum_{i=1}^{n} a_{LX_i} \alpha_i E - \sum_{i=1}^{n} a_{LX_i} \beta_i M \quad (6.2.7)$$

引入动态时间因素，为了简化公式的复杂性，假定经济体总出口和总进口均是以 g 的速度增长，且进出口结构不变。当期和下一期的进出口关系为：$E_{t+1} = (1+g)E_t, M_{t+1} = (1+g)M_t$。因此，出口拉动的就业变化如下：

$$L_{d(t+1)}^{E} = (1+g)L_{dt}^{E} \quad (6.2.8)$$

放松贸易结构和劳动投入系数不变的假定，当用投入产出法测算出口对就业直接和间接效应时，就业变化表示为：

$$L_{d(t+1)}^{E} = (1+g)L_{dt}^{E} + (1+g)\sum_{j=1}^{n}\sum_{i=1}^{n} E_t(a_{LX_i,(t+1)} - a_{LX_i,t})\alpha_{i,(t+1)}b_{ij,(t+1)} + (1+g)$$

$$\sum_{j=1}^{n}\sum_{i=1}^{n} E_t a_{LX_i,t}(\alpha_{i,(t+1)} - \alpha_{i,t})b_{ij,(t+1)} + (1+g)\sum_{j=1}^{n}\sum_{i=1}^{n} E_t a_{LX_i,t}\alpha_{i,t}(b_{ij,(t+1)} - b_{ij,t})$$

$$(6.2.9)$$

（6.2.9）式表示除贸易规模以外，贸易结构、劳动投入系数、列昂惕夫逆系数矩阵即生产消耗结构和出口结构的变动都会影响就业水平的变化，而产生的具体效应需要进行测算。

接下来，本书采用两极分解法（Dietzenbacher&Los,1998）对贸易的就业效应进行分析，其中，贸易规模（e）、贸易结构（E）、劳动投入系数（A_L）和里昂惕夫逆系数（B）对就业变化的贡献为：

$$C_{A_L} = \frac{1}{2}(\triangle A_L B^{t-1} E^{t-1} e^{t-1} + \triangle A_L B^t E^t e^t)$$

$$C_B = \frac{1}{2}(A_L^{t-1} \triangle B E^{t-1} e^{t-1} + A_L^t \triangle B E^t e^t) \quad (6.2.10)$$

$$C_E = \frac{1}{2}(A_L^{t-1} B^{t-1} \triangle E e^{t-1} + A_L^t B^t \triangle E e^t)$$

$$C_e = \frac{1}{2}(A_L^{t-1} B^{t-1} E^{t-1} \triangle e + A_L^t B^t E^t \triangle e)$$

对应贡献率为该指标的贡献在总贡献中的比重，如 A_L 对就业变化的贡献率

为：$C_{A_L}/(|C_{A_L}|+|C_B|+|C_E|+|C_e|)$，其他各因素的贡献率公式依次类推。同时，类似地分析进口对就业变动的效应。

（三）数据说明

从台湾"国际贸易局"统计资料库得到台湾与大陆、其他国家（地区）贸易的HS六位码商品数据。各行业的就业人员、不变产出值和以2006年为基期的各行业价格指数均来源于台湾"行政院主计处"，本章选择的2006年和2011年投入产出表来自台湾"行政院主计处"的产业关联表编制报告。

数据处理：（1）投入产出表的行业统一。本章测算的时间段为2006—2017年。台湾"行政院主计处"每隔5年编制投入产出表，且在第3年的11月份才公布投入产出表。目前，在研究的时间段内我们可获取最新资料是2006年和2011年的投入产出表，这说明2006—2017年列昂惕夫逆系数发生了变化，台湾生产技术水平取得了较大进步。另外，2006年投入产出表具有52×52的行业数据，为了与其他指标的行业数据具有一致性和可计算性，需要把投入产出表中农林牧渔四个部门合并为农业一个部门；饮料与烟草两个部门合并为一个部门；人造纤维与化工原料合并为化学材料制造业；钢铁和其他金属合并为基本金属制造业；水电力、燃气及污染整治业合并为水电力及燃气供应业；运输及仓储业、批发零售业、金融及保险不动产、住宿及餐饮业，其余咨询、文化传播及娱乐文化服务业等归为其他服务业。经过上述调整，投入产出表具有29×29的行业数据。具体行业部门合并见附录2。

（2）两岸货物贸易主要集中在制造业，因此，本章采用投入产出表中的第6-31部门的贸易数据。同时，借鉴台湾学者龚明鑫（2004）按照HS六位码编制对应的267个四分位产业，接着依据台湾第八次行业分类标准系统，把四分位产业小类合并到24个产业中类，与投入产出表中的部门分类对应。另外，烟草制造业贸易数据很小，为与制造业中类一致，本章把烟草制造业贸易数据合并到饮料制造业，合称为饮料及烟草制造业；钢铁和其他金属合并为基本金属制造业。

（3）本章中贸易品和非贸易品的划分是依据Feenstra（2007）的定义和台湾学者曹添旺（2008）对相关产业的分类标准。具体划分结果见表6-5。

二、测算结果

2010年以来，两岸货物贸易规模和结构均发生较大变化。本节首先从宏观角度测算和对比分析台湾与主要地区贸易对岛内就业的效应，然后考察两岸货物贸易对岛内不同部门就业的效应变化以及两岸货物贸易结构对岛内就业的影响，最后采用偏差分解探讨 2010 年前后两岸货物贸易就业效应发生变化的原因。

（一）两岸货物贸易影响岛内就业的宏观比较

表 6–3 给出了 2010 年前后台湾对外贸易的发展情况，2017 年台湾对大陆的出口约占台湾总出口的三分之一，台湾自大陆进口占总进口的份额为 15.12%。且均高于 2010 年以前出口和进口份额。

表 6–3　台湾对外贸易的主要地区别比较

单位：%

年份	出口地区				进口地区			
	大陆	美国	日本	欧洲	大陆	美国	日本	欧洲
2006	23.13	14.42	7.27	11.61	12.23	11.12	22.83	10.51
2007	25.30	13.00	6.46	11.62	12.77	10.73	20.95	9.63
2008	26.10	12.11	6.89	11.71	13.06	10.31	19.37	9.63
2009	26.62	11.62	7.12	11.12	14.01	8.93	20.78	9.65
2010	28.02	11.53	6.56	10.70	14.29	9.21	20.67	9.56
2011	27.22	11.81	5.91	10.11	15.48	8.40	18.54	9.63
2012	26.80	10.90	6.32	9.55	15.12	7.83	17.60	9.42
2013	27.34	11.07	6.54	7.57	15.31	8.42	17.43	9.32
2014	28.01	11.04	6.52	7.03	15.41	8.32	17.67	9.21
2015	28.06	11.01	6.32	7.01	15.54	8.65	18.03	8.89
2016	28.63	11.32	6.21	7.32	15.43	8.54	17.89	9.01
2017	28.86	11.45	6.35	7.04	15.78	8.76	18.01	8.67

注：欧洲是指法、德、意、荷、英五国。

资料来源：根据台湾"国际贸易局"贸易统计资料计算。

根据（6.2.3）式和（6.2.4）式测算出台湾对外贸易对岛内就业的效应，结果如表 6–4 所示。台湾出口大陆对岛内就业的拉动作用明显分别高于出口欧美日地区的就业作用。2017 年台湾对大陆出口占台湾总出口的 30.83%，而对欧美日出口合计占台湾总出口的 26.45%。对应地，台湾出口大陆对岛内就业的拉动作用是台湾出口欧洲就业作用的 2.21 倍，是出口美国就业作用的 1.8 倍，是出口日本就业作用的 3.28 倍。而台湾自大陆进口对岛内就业的替代作用分别低于自欧美日三大地区进口的就业替代。2017 年台湾自大陆进口占台湾总进口的16.12%，而自欧美日进口合计占台湾总进口的 36.55%，尤其以自日本进口为主。对应地，台湾自大陆进口对岛内就业的替代作用是台湾自欧洲进口就业作用的1.18 倍，是自美国进口就业作用的 1.12 倍，是自日本进口就业作用的 0.58 倍。台湾对大陆出口额大于台湾对其他贸易伙伴出口额，而台湾自大陆进口额小于台湾自其他主要贸易伙伴进口额是上述结论一个重要原因。另外，台湾对大陆贸易和对欧美日贸易的主要产品存在差异也会对就业效应产生影响。由于台商的持续投资，台湾对大陆的出口产品集中在半成品和中间产品，有很小部分制成品回销台湾；而台湾对欧美日的出口是以最终产品为主，但因关键技术与零组件仍掌握在欧美日，必须向其进口大量的核心零组件，尤以自日本进口为主，替代岛内就业。

表 6-4　主要地区贸易的就业效应比较

单位：万人

年份	大陆		欧洲		美国		日本	
	进口	出口	进口	出口	进口	出口	进口	出口
2006	52.29	108.96	45.24	54.92	47.80	68.05	97.59	34.27
2010	68.46	146.24	49.54	55.75	48.35	59.79	99.00	34.24
2017	73.32	138.55	53.01	55.82	46.24	60.26	89.34	35.54

资料来源：根据式（6.2.3）和（6.2.4）测算而得。

从表 6-4 中可以看出两岸货物贸易的就业效应变化。2010 年以前，台湾出口大陆拉动的岛内就业量从 2006 年 108.96 万人上升至 2010 年的 146.24 万人，年均增长 9.32 万人。同时，台湾自大陆进口所替代的岛内就业量从 2006年 52.29 万人增加到 2010 年的 68.46 万人，年均增长 4.04 万人。台湾对大陆出口对岛内就业的拉动作用远远大于自大陆进口对岛内就业的替代作用，两岸货物贸易对岛内就业的净效应也从 2006 年的 56.67 万人增加到 2010 年的 77.78万人，年均增长 5.28 万人。2010 年以后，台湾出口大陆拉动的岛内就业量从2010 年 146.24 万人下降至 2017 年的 138.55 万人，年均减少 1.09 万人。同时，台湾自大陆进口所替代的就业量从 2010 年 68.46 万人增加到 2017 年的 73.32 万人，年均增加 0.69 万人。尽管两岸货物贸易对岛内就业的净效应从 2010 年的

77.78 人减少到 2017 年的 65.23 万人，但台湾出口大陆对岛内就业的拉动作用仍远大于自大陆进口的就业替代作用。但 2010 年后，台湾自大陆进口替代岛内就业量逐渐上升、出口大陆拉动岛内就业量逐渐减少的事实正是岛内部分学者和民众反对两岸货物贸易深化往来的主要依据点。

（二）两岸货物贸易对岛内不同部门就业的影响

像台湾这样一个以出口为导向的小型开放经济体，若台湾当局刻意推动贸易部门与非贸易部门的非平衡成长，对整个经济体的稳定以及社会资源配置产生什么影响，应是值得关心的重要课题（曹添旺，2008）。因此，本小节利用（6.2.3）式和（6.2.4）式测算 2010 年前后两岸货物贸易对台湾贸易部门和非贸易部门就业的效应，结果如表 6-5 所示。

从贸易与非贸易部门的均值来看，两岸货物贸易对贸易部门的就业效应明显高于对非贸易部门的就业效应，在贸易部门，台湾出口大陆拉动岛内就业水平在 4.23—5.84，自大陆进口替代岛内就业水平在 2.02—3.24；在非贸易部门，台湾出口大陆拉动岛内就业水平在 1.46—1.92，自大陆进口替代岛内就业水平在 0.69—1.02。这反映了台湾以出口为导向、重点发展贸易部门的倾向。

2010 年以前，从出口拉动就业水平的绝对变化来看，台湾出口大陆对岛内不同部门的就业效应趋于增加。在贸易部门，以批发零售业、木竹和纺织业部门的就业效应变化较为明显，如台湾出口大陆拉动岛内批发零售部门的就业量从 2006 年 15.71 万人上升至 2010 年的 19.13 万人，年均增加量为 0.99 万人。在非贸易部门，以金融保险和运输及仓储业的就业效应较为明显，如台湾出口大陆拉动的岛内运输及仓储业的就业量从 2006 年 2.04 万人上升到 2010 年 2.73 万人，年均增加量为 0.17 万人。从进口替代就业水平的绝对变化来看，台湾自大陆进口对岛内不同部门的就业效应也趋于增加。在贸易部门，也是以批发零售业、木竹和纺织业部门的就业效应较为明显，如台湾自大陆进口替代的岛内批发零售部门的就业量从 2006 年 7.53 万人上升至 2010 年的 9.04 万人，年均替代量为 0.37 万人。在非贸易部门，也是以金融保险和运输及仓储业的就业效应较为明显，如台湾自大陆进口替代的岛内运输及仓储业的就业量从 2006 年 0.97 万人上升到 2010 年的 1.27 万人，年均替代量为 0.07 万人。

表 6-5 两岸货物贸易对不同部门就业的影响比较

单位：万人

部门		出口			进口		
		2006 年	2010 年	2017 年	2006 年	2010 年	2017 年
贸易部门	农林牧渔业	3.54	4.44	4.28	1.70	2.08	2.52
	矿业及土石采取业	3.44	1.77	2.58	1.65	0.82	1.32
	食品制造业	2.96	3.93	4.61	1.42	1.84	2.08
	饮料及烟草	0.59	0.77	1.28	0.28	0.36	0.74
	纺织业	6.38	8.14	9.04	3.06	3.81	4.49
	成衣及服饰品制造业	5.72	9.12	9.59	2.74	4.27	4.92
	皮革、毛衣及其制品	6.85	10.21	11.29	3.28	4.78	5.39
	木竹制品	6.68	9.85	9.77	3.21	4.61	4.51
	纸浆及印刷	1.65	2.20	3.31	0.79	1.03	1.27
	化学材料	3.28	3.84	4.55	1.57	1.79	2.66
	塑胶制造业	6.63	9.32	9.42	3.18	4.36	4.83
	橡胶制造业	3.89	4.88	5.54	1.87	2.28	2.71
	化学制品	4.25	5.75	5.84	2.04	2.69	2.96
	石油、煤及制品	0.35	0.53	0.48	0.16	.025	0.82
	非金属矿物质	3.15	5.06	4.96	1.51	2.37	2.82
	基本金属	2.17	2.86	3.64	1.04	1.34	1.64
	金属制品	6.72	9.59	9.82	3.32	4.49	4.99
	机械设备制造业	4.09	5.99	6.19	1.96	2.80	3.34
	电脑及电子制品	2.13	2.81	3.24	1.02	1.31	1.94
	电子零组件制造业	3.85	5.09	5.82	1.85	2.38	2.35
	电力设备制造业	3.50	5.36	5.81	1.68	2.51	2.54
	交通运输设备制造业	0.04	0.14	0.53	0.02	0.06	0.16
	其他制造业	3.83	4.94	4.91	1.83	2.31	2.79
	批发零售	15.71	19.31	18.63	7.53	9.04	9.37
	均值	4.23	5.66	5.84	2.02	2.64	3.24

部门		出口			进口		
		2006 年	2010 年	2017 年	2006 年	2010 年	2017 年
非贸易部门	营造业	0.87	1.24	1.18	0.42	0.58	0.64
	水电及燃气供应业	0.27	0.31	0.28	0.13	0.14	0.16
	运输及仓储业	2.04	2.73	2.63	0.97	1.27	1.37
	住宿及餐饮业	1.22	1.86	1.69	0.58	0.87	0.89
	金融、保险及不动产业	2.89	4.12	3.83	1.38	1.92	1.96
	均值	1.46	2.05	1.92	0.69	0.95	1.02

资料来源：根据式（6.2.3）和（6.2.4）计算而得。

2010 年后，无论是贸易部门还是非贸易部门，台湾出口大陆的就业效应都出现不同程度的下降。在贸易部门，台湾出口大陆拉动岛内批发零售部门的就业量从 2010 年的 19.13 万人下降至 2017 年的 18.63 万人，年均减少量为 0.07 万人。在非贸易部门，台湾出口大陆拉动岛内运输及仓储部门的就业量从 2010 年的 2.73 万人下降至 2017 年的 2.63 万人，年均减少量为 0.01 万人。同时，台湾自大陆进口的就业效应趋于增加。在贸易部门，台湾自大陆进口替代岛内批发零售部门的就业量从 2010 年的 9.04 万人上升到 9.37 万人，年均替代量为 0.14 万人。在非贸易部门，台湾自大陆进口替代岛内运输及仓储部门的就业量从 2010 年的 1.27 万人下降至 2012 年的 1.37 万人，年均替代量为 0.01 万人。

上述就业变化比较显著的部门大部分都具有就业系数比较高的特征，比如，从投入产出表的原始数据可以看出，2006 年批发零售业和皮革毛皮及制品的就业系数分别为 0.48 和 0.58，高于所有部门就业系数均值 0.36。虽然纺织业的就业系数仅为 0.29，但各部门最终使用增加时对纺织业的生产消耗带动较大，约为 0.12，进而使两岸货物贸易对纺织业部门的就业效应较明显。

由以上分析可知，2010 年前后两岸货物贸易对岛内不同部门的就业效应存在区别，除了上述就业系数、消耗结构、列昂惕夫系数（技术进步）和贸易量的原因之外，台湾当局产业政策倾向也是重要原因之一。台湾纺织工业经过 60 余年的发展，在国际市场扩大的需求刺激下，业者不断积极发展新产品和更新生产设备去拓展国际市场，逐渐成为世界技能型纺织品消费市场主要原料供应来源之一。依据 WTO 公布资料显示，2011 年台湾为全球第 6 大纺织品和第 30

位成衣出口地区，也是全球高级人工织布料的主要供应地区之一。[①] 虽然21世纪初，台湾产业以资讯与通讯产品的出口为主，但2006年至今，纺织工业的贸易顺差仍较高于资讯与通讯产品的贸易顺差。[②] 直至2012年台湾纺织工业总出口为118.2亿美元，总进口为33.2亿美元，贸易顺差是85亿美元，为台湾第四大贸易顺差产业，其中进出口地区以大陆和香港市场为主，占总出口的31.4%，占总进口的36%（台湾海关进出口统计、纺拓会整理，2013年2月）。这些骄人成绩的背后是台当局对纺织品工业的大力支持与发展，如台湾当局提出振兴传统产业的发展战略，以"赋税金融协助""人力资源增进"和"竞争力提升"三大类措施协助传统产业即包括纺织工业改善经营体质、研议建立提升传统产业竞争力的资金及赋税环境和运用就业安定基金、鼓励失业者投入传统产业等行动促使高科技扩散至传统劳力密集型产业，提升其在产业价值链的地位。这些因素均带动了台湾纺织工业的转型与发展，并促进了两岸货物贸易，从而带动岛内纺织工业的就业量。

自20世纪80年代中后期以来，台湾服务业由原本的辅助角色开始明显成长，逐渐成为台湾经济增长和就业的主要动力。批发零售业是台湾服务业最重要的组成部分，其不仅具有就业系数高和产业关联程度大的特点，也是现代服务业的核心竞争力所在。2005年7月，台"经济部"打破制造业独享研发补助的现况，首次拟定商业研究按照辅导办法，针对包括批发零售等产业给予经费支持。台湾批发零售业得到了巨大发展的同时也面临着岛内市场饱和的状况，从而展开对海外市场的寻求，自1992年以来，台商赴大陆投资服务业中，批发零售业投资金额一直名列前茅，持续带动台湾经济和社会就业。

另外，批发零售业的发展带动非贸易部门运输仓储和住宿餐饮业的兴起，运输系指从事商品的配送、储存、捡取、分类、包装及流通加工处理等物流服务，存储包括经营租赁、仓库及报税仓库等，二者合在一起为物流业的发展提供基础服务。尤其是进入21世纪以来，网络及供应链生产方式的兴起，台湾作为新兴工业经济体，加大与海外零售商之间的合作，促进了岛内整体物流产业的发展。在两岸货物贸易的作用下，带动其部门内部就业量。

---

① 《2012年台湾纺织工业概况》，台湾"纺拓会"2013年5月24日，http://ttf.textiles.org.tw/Textile/TTFroot/overview-chinese.pdf.

② 吴婉韵：《台湾纺织产业的政策沿革与"国家角色"》，2015年台湾政治大学硕士论文第50页，http://nccur.lib.nccu.edu.tw/bitstream/140.119/35653/7/25。

（三）两岸主要贸易产品对就业的影响

与台湾就业有关不仅仅是两岸货物贸易总量，还有两岸货物贸易结构。因此，根据（6.2.3）式和（6.2.4）式测算 2010 年前后两岸主要贸易产品对岛内就业效应，结果如表 6-6 所示。

表 6-6　两岸主要贸易产品的就业效应

单位：万人

主要贸易产品	2006 年		2010 年		2017 年	
	出口	进口	出口	进口	出口	进口
电子零组件	40.07	9.11	45.46	13.40	48.11	14.50
电脑、电子及光学制品	20.14	6.24	28.11	8.09	31.82	7.98
化学材料	10.00	0.93	11.35	1.46	12.36	1.81
机械设备	10.40	2.29	11.29	3.87	12.21	3.98
基本金属	5.69	2.29	5.72	1.59	5.87	2.02
塑胶	5.06	1.35	6.47	1.57	5.84	1.98
纺织品	4.78	0.61	4.28	0.87	4.54	1.02
电力设备制品	7.63	2.80	7.58	3.48	7.78	3.23
金属制品	4.54	0.32	4.50	0.64	4.87	1.87
化学制品	2.82	0.93	3.26	1.28	4.54	1.64
合计	111.13	26.87	128.02	36.25	136.84	39.87

资料来源：根据式（6.2.3）和（6.2.4）测算而得。

两岸货物贸易往来中，大陆对台湾出口的商品多属于中上游产品，加工层次较低，自大陆进口的商品多属于下游的工业原料和产品，二者之间具有较强的互补性。除纺织品和成衣服饰品等劳动密集型产品以外，两岸货物贸易往来的主要产品大多类似。根据台湾"国际贸易局"的资料可得，2006 年台湾对大陆出口多集中在电机设备及其零件、光学产品及其零件、机械用具及其零件、塑料及其制品、化学材料和化学产品、基本金属及金属制品和矿物质燃料等项目，合计达 552.5 亿美元，占台湾对大陆出口总额的 87.2%，而台湾自大陆进口包括电机设备及其零件、机械用具及其零件、基本金属、光学产品及零件、化学产品、塑料及其制品和矿物燃料等货品，合计达 194 亿美元，占自大陆进口总额的 78.3%。所对应的出口拉动和进口替代的就业量占对大陆总出口拉动和总进口替代就业总量的比值分别为 88.89% 和 86.86%。

由表 6-6 的数据计算 2010 年前后就业的年均变化量，可以得出台湾出口大陆的主要产品对岛内就业的影响出现不同程度变化，其中，对大陆出口电脑、电子及光学制品带动的岛内就业量，其年均增加量从 2010 年前 1.99 万人下降至 2010 年后 1.55 万人，这说明 2010 年后台湾对大陆出口电脑等制品抑制岛内就业量的增长幅度。而对大陆出口纺织品带动的岛内就业量，其年均增加量从 2010 年前 -0.12 万人下降到 2010 年后 -0.04 万人，这意味着 2010 年后台湾对大陆出口纺织品有利于就业的增长幅度。总之，2010 年后，以电脑、电子和化学制品为主的技术密集型制品出口对岛内就业具有积极作用，尽管就业增长幅度有所降低。同时，以纺织品、塑胶为主的劳动密集型制品的出口对岛内就业效应有所增加，表现为就业增长幅度的负值开始减小。

2010 年前后台湾自大陆进口的主要产品对就业的影响也出现不同程度的变化。其中，自大陆进口电脑、电子及光学制品替代的岛内就业量，其年均替代量从 2010 年前 0.46 万人降低到 2010 年后 -0.17 万人，而自大陆进口塑胶制品替代的岛内就业量，其年均替代量从 2010 年前 0.05 万人上升至 2010 年后 0.17 万人，这意味着 2010 年后台湾自大陆进口塑胶制品提高了岛内就业替代量。值得注意的是，自大陆进口纺织品替代的岛内就业量，其年均替代量 2010 年前从 0.06 万人下降至 2010 年后 0.04 万人。因此，2010 年后，台湾自大陆进口的主要产品对岛内就业替代量并不都是增加的。

（四）结构分解

如前所述，2010 年前后两岸货物贸易对岛内就业的影响发生显著变化。因此，本小节基于（6.2.10）式，利用偏差分解法进一步解析两岸货物贸易就业效应变化的主要原因，计算结果如表 6-7 所示。

首先是台湾出口大陆拉动岛内就业量的偏差分析。2010 年以前，即 2006—2010 年。台湾对大陆出口规模扩张是就业增加的主要原因，其对总偏差贡献在一半以上，约为 67.41%。根据表 6-3 计算得出，2010 年台湾对大陆出口是 2006 年的 1.44 倍，相应的 2010 出口带动就业总量是 2006 年 1.34 倍，略小于出口的变化。台湾对大陆出口结构变化对岛内就业具有促进作用，对总偏差贡献为 6.34%。岛内就业系数的变化抑制台湾出口大陆对岛内就业的拉动作用，是就业变动的主要原因之一，对总偏差贡献为 13.67%。就业系数变化抑制出口的就业效应是因为台湾产业结构经历从劳动密集型制造业转向资本技术密集型产业的过程，资本与技术投入的增加、劳动生产率的提高导致单位产品对劳动力的需求逐渐减少。岛内生产技术的进步岛内就业系数的变化抑制台湾出口大陆对岛内就业的拉动作用，其影响不容忽视，对总偏差贡献为 6.75%。这与就业系数变化的方向一致，也再次验证了全球化背景下技术进步对劳动力就业的替代效应。

2010 年以后，即 2010—2017 年，台湾对大陆出口规模缩小是就业减少的主要原因，其对总偏差的贡献为 53.3%，比 2006—2010 年减少 14.11%，主要是因为同时期就业系数和台湾对大陆出口结构的贡献均增加的原因。就业系数的贡献是向着减少就业的方向变化，贡献较大为 25.46%，而台湾对大陆出口结构的贡献是向着增加就业的方向变化，其贡献为 0.96%，比 2010 年前增减少 5.38%。岛内生产技术的进步岛内就业系数的变化促进了台湾出口大陆对岛内就业的拉动作用，对总偏差贡献为 11.56%，比 2006—2010 年要高出 4.81%。此外，2012 年台湾对大陆出口总额是 2010 年的 0.98 倍。根据表 6-3 计算得出 2012 出口带动就业总量是 2010 年 0.86 倍，与 2006-2010 年的表现类同，台湾对大陆出口总额变动与拉动就业量变动的"缺失"可以说明此期间岛内产出与就业的联动能力逐渐减弱。

表 6-7　贸易影响就业变动的偏差分析

单位：万人；%

出口拉动就业变动的偏差分析								
时期	总偏差	A_L		B		e/m		E/M	
		变动	贡献	变动	贡献	变动	贡献	变动	贡献
2006—2010	37.28	− 8.62	13.67	− 4.26	6.75	42.5	67.41	7.66	6.34
2010—2017	− 28.60	− 9.03	25.46	− 4.1	11.56	− 18.9	53.3	3.43	0.96
进口替代就业变动的偏差分析								
时期	总偏差	A_L		B		e/m		E/M	
		变动	贡献	变动	贡献	变动	贡献	变动	贡献
2006—2010	16.17	− 8.32	25.85	4.03	12.52	18.14	56.37	2.32	7.21
2010—2017	11.52	− 12.79	34.47	4.17	11.23	17.98	48.46	2.16	5.82

资料来源：根据式（6.2.10）计算而得。

其次是台湾自大陆进口替代就业量的偏差分析。2010 年之前，台湾自大陆进口总额增加是替代就业量增加的主要原因，其对总偏差的贡献占 56.37%。台湾自大陆进口结构变化增加了替代就业量，对总偏差的贡献为 7.21%。就业系数的变化抑制了进口对就业的替代作用，对总偏差的贡献分别为 25.85%。2010 年之后，台湾自大陆进口总额增加是其替代就业的主要原因，贡献为 48.46%，比 2010 年前减少 7.91%；就业系数的变化抑制进口对就业的替代作用，其贡献为 34.47%。进口结构增加了替代就业量，其贡献为 5.82%，比 2010 年前减少 1.39%。

比较分析 2010 年前后的两个时间段内两岸货物贸易的就业效应变化，得出与 2010 年之前相比，2010 年后两岸货物贸易规模对就业总偏差的贡献明显减少，而贸易结构的贡献趋于增加，即两会签署 ECFA 为两岸经济深化合作提供了新的平台和空间，两岸货物贸易结构得到提升，对台湾产业升级具有促进作用。

三、对测算结果的讨论

从本小节的测算结果来看，两岸货物贸易对台湾就业的影响非常重要，主要体现在两岸货物贸易对台湾就业的拉动作用远高于台湾与其他地区贸易的就业作用。主要是因为 20 世纪 80 年代中后期经济转型以来，台湾改变对外发展战略，积极发展与亚太地区尤其是与大陆的经贸关系，促使台湾对大陆出口的快速增长，对台湾经济和就业起到拉动作用，并明显高于其他贸易伙伴的就业作用。

2010 年以后，台湾自大陆进口替代就业量逐渐上升、出口大陆拉动就业量逐渐减少的事实正是岛内部分学者和民众反对两岸货物贸易深化往来主要的依据点。但两岸学者和实务部门应该客观面对这一现象。这是因为两岸经贸往来中，台湾对大陆出口一直远远大于自大陆进口，但这并不是市场规律发挥作用的结果，而是由人为政策限制引起的严重失衡现象。随着全球及区域经贸合作的演进，两岸货物贸易的严重失衡将不可持续，出现台湾自大陆进口增长率高于对大陆出口增长率是正常现象，进而引起台湾自大陆进口对岛内就业产生短暂冲击。

两岸货物贸易结构的变化也会显著影响岛内就业，主要体现在 2010 年以后台湾对大陆出口的主要资本技术密集型产品对岛内就业的促进作用趋于下降，同时，台湾自大陆进口的主要劳动密集型产品对岛内就业的替代作用也趋于下降。这主要是因为，受全球经济环境的不利影响，以加工贸易为主的两岸货物贸易受到了冲击，两岸货物贸易规模增速出现下滑，同时，两岸货物贸易进入结构调整阶段。具体来讲，ECFA 签署为台湾进行"再工业化"提供环境，传统制造业得到长足发展，为台湾当局降低失业率、提升就业空间增加信心。另外，2010 年以后，两岸货物贸易规模对岛内就业变化的贡献率趋于下降，而两岸货物贸易结构对岛内就业变化的贡献率趋于上升，这意味着 2010 年 ECFA 的签署为两岸货物贸易的深化合作提供平台，从而使两岸货物贸易结构得到改善。

第三节　两岸货物贸易对台湾工资效应的测算

一、测算方法与数据说明

在投入产出表中，自生产总值中扣除中间投入即为增加值，增加值又被称为原始投入，是企业或者法人机构创造的生产价值，与国民所得面统计的国内生产总值（GDP）相对应，组成部分包括劳动报酬、营业盈余、固定资本消耗与间接税净额等项。投入产出表详细表达了国民所得组成各部分之间的关系，在此基础上参照台湾学者刘瑞文（2001）构建延伸的投入产出模型（也被称为社会会计矩阵）分析劳动力报酬的变动。

（一）社会会计矩阵

社会会计矩阵是在产出投入表中纳入国民所得统计的资料而成为一个方阵，可清楚地表达要素报酬的流向与国民所得之间的关系，因此可作为比较静态模拟所得变动的工具。一般社会会计矩阵分为 6 个账户，分别为活动账、商品账、要素账（资本和劳动）、机构（家计、企业和政府）、资本账及对外账，纵行代表每部门支出，横列代表每一部门的收入，每部门的总收入与总支出相等。为了比较静态模拟，可以将传统 6 个账户的社会会计矩阵分割简化，如表 6–8 所示，保留本地产品生产账、要素账和家计账，这两个称为内生账，其他账户合并为外生账。

会计矩阵平衡时如下：

$$\begin{pmatrix} Y_c \\ Y_f \\ Y_h \end{pmatrix} = \begin{pmatrix} Y_c \\ \begin{pmatrix} Y_e \\ Y_k \end{pmatrix} \\ Y_h \end{pmatrix} = \begin{pmatrix} D & 0 & F \\ V & 0 & 0 \\ 0 & Q & T \end{pmatrix} \begin{pmatrix} Y_c \\ Y_f \\ Y_h \end{pmatrix} + \begin{pmatrix} X_c \\ X_f \\ X_h \end{pmatrix} \quad (6.3.1)$$

上式中，D 为本地产品中间投入系数矩阵，F 为本地产品家计消费支出系数矩阵，T 为家计间转移支出系数矩阵，V 为原始投入（劳动、资本）的系数矩阵，Q 为要素报酬转换系数矩阵。（6.3.1）式可以简洁为：

$$Y = D^*Y + X = (1-D^*)^{-1}X \quad (6.3.2)$$

从中可以看出，外界环境变化对各产业生产、要素报酬以及家计所得的影响，其影响过程大致如下：首先外生冲击直接影响各产业产出，各产业产出一方面增加中间投入，另一方面支付要素报酬（原始投入），要素报酬又分为劳动报酬和资本报酬。家计机构再对商品产生需求，带动第二回合产出增加，以此类推。由于各产业投入的劳动资本比重不同，在生产总值改变的情况下，各产业的要素报酬发生变化，其实质与外贸乘数对就业的作用机制是类似的。

表6-8　简化社会会计矩阵

账户	本地产品生产账	要素账		家计账	其他外生账	合计
		劳动	资本			
国产品生产账	N_{11}	—	—	N_{14}	X_c	Y_c
要素账　劳动	N_{21}	—	—		X_e	Y_e
要素账　资本	N_{31}	—	—		X_k	Y_k
家计账	—	N_{42}	N_{43}	N_{44}	—	—
其他外生账	L_c	L_e	L_k		R	Y_q
总计	Y_c'	Y_e'	Y_k'	—	Y_q'	0

在了解总产出、GDP和劳动报酬之间的相互关系后，本节利用台湾竞争型投入产出表分析两岸货物贸易对台湾劳动报酬的影响。根据第二节（6.2.3）式和（6.2.4）式，出口所增加的总产出中用于支付劳动报酬的部分为：

$W_E = \mathrm{T_L} BE$（6.3.3）

进口所降低的总产出中扣除劳动报酬的部分为：

$W_M = \mathrm{T_L} BM$（6.3.4）

其中，W_E为出口拉动的劳动报酬，W_M为进口降低的劳动报酬，$\mathrm{T_L}$为劳动报酬份额，B、E和M别表示列昂惕夫逆系数矩阵、出口和进口。

（二）偏差分解

采用上义介绍的偏差分解模型把劳动报酬变动分解为两岸货物贸易规模（e）、贸易结构（E）、劳动报酬份额（T_L）和里昂惕夫逆系数（B），它们对劳动报酬变化的贡献为：

$$C_{T_L} = \frac{1}{2}(\triangle T_L B^{t-1} E^{t-1} e^{t-1} + \triangle T_L B^t E^t e^t)$$

$$C_B = \frac{1}{2}(T_L^{t-1} \triangle BE^{t-1}e^{t-1} + T_L^{t} \triangle BE^t e^t) \ (6.3.5)$$

$$C_E = \frac{1}{2}(T_L^{t-1} B^{t-1} \triangle Ee^{t-1} + T_L^{t} B^t \triangle Ee^t)$$

$$C_e = \frac{1}{2}(T_L^{t-1} B^{t-1} E^{t-1} \triangle e + T_L^{t} B^t E^t \triangle e)$$

对应贡献率为该指标的贡献在总贡献中的比重，如T_L对劳动报酬变化的贡献率为：$C_{A_L}/(|C_{A_L}|+|C_B|+|C_E|+|C_e|)$，其他各因素的贡献率公式依次类推。对进口的分析类似。

数据处理与本章第二节一致，另外，劳动报酬比例是指对劳动支付在居民所得中的比重，劳动报酬与居民所得数据均来源于台湾"行政院主计处"的"国民统计所得资料库"。需要说明的是，"国民统计所得资料库"中的劳动报酬与平均工资的关系是：$W=w \times L$，w为平均工资，L为就业人数，劳动报酬与居民收入相对应，其内涵比平均工资更广泛，但均表示劳动者的生活水平，因此，我们认为对劳动报酬的分析结果可以粗略表示工资的发展情况，因此，以下关于劳动报酬的分析均可由工资替代。

三、测算结果

2010年以来，两岸货物贸易规模和结构均发生较大变化。本节首先从宏观角度测算和对比分析台湾与主要地区贸易对岛内工资的效应，然后考察两岸货物贸易对岛内不同部门工资的效应变化以及两岸货物贸易结构对岛内工资的影响，最后采用偏差分解探讨2010年前后两岸货物贸易工资效应发生变化的原因。

（一）两岸货物贸易影响岛内工资的宏观比较

根据（6.3.3）式和（6.3.4）式测算出台湾对外贸易对岛内工资的影响，结果如表6-9所示。从宏观角度来看，台湾出口大陆对岛内工资的提升作用明显高于出口欧美日三大地区的工资作用。2017年台湾出口大陆对岛内工资的作用是台湾出口欧洲工资作用的2.51倍，是出口美国工资作用的2.34倍，是出口日本工资作用的4.04倍。而台湾进口大陆对工资的抑制作用明显低于进口欧美日三大地区的工资效应，台湾自大陆进口对岛内工资效应是台湾自欧洲进口工资效应的1.33倍，是自美国进口工资作用的1.65倍，是自日本进口工资作用的0.68倍。

从表6-9的数据可以分析两岸货物贸易的工资效应。2010年以前，台湾出口大陆提升的岛内工资从2006年8378.08新台币上升至2010年的10080.38新台币，年均增长425.57新台币。同时，台湾自大陆进口所抑制的工资从2006年4020.9新台币增加到2010年的5093.74，年均增长268.21新台币。台湾出口大陆对工资的提升作用远远大于自大陆进口对工资的抑制作用，两岸货物贸易对台湾工资的净效应从2006年的4357.18新台币增加到2010年的4986.64新台币，年均增长157.36新台币。

2010年以后，台湾出口大陆提升的岛内工资从2010年10080.38新台币到2017年的10645.44新台币，年均增加280.53新台币。同时，台湾自大陆进口所抑制的岛内工资从2010年5093.74新台币增加到2017年的5414.71新台币，年均增加156.48新台币。两岸货物贸易对台湾工资的净效应从2010年的4986.64新台币增加到2017年的6318.22新台币，年均增加量为190.25新台币。2010年后，台湾自大陆进口抑制工资的年均增长量明显小于出口大陆提升工资的年均增加量。

表6-9　主要地区贸易的工资效应比较

单位：新台币

年份	大陆		欧洲		美国		日本	
	进口	出口	进口	出口	进口	出口	进口	出口
2006	4020.90	8378.08	3478.64	4223.30	3675.52	5232.22	7503.84	2635.71
2010	5093.74	10080.38	3686.28	4148.37	3597.25	4449.03	7365.98	2547.51
2017	5719.66	12037.88	3877.31	2907.79	1944.34	4105.47	3629.24	2398.23

资料来源：根据式（6.3.3）和（6.3.4）测算而得。

（二）两岸货物贸易对岛内不同部门工资的影响

根据（6.3.3）式和（6.3.4）式计算2010年前后两岸货物贸易影响台湾贸易部门和非贸易部门的工资变化，结果如表6-10所示。

表 6-10　两岸货物贸易对不同部门工资的影响比较

单位：新台币

分类		出口			进口		
		2006 年	2010 年	2017 年	2006 年	2010 年	2017 年
贸易部门	农林牧渔业	542	712	593	260	333	371
	矿业及土石采取业	953822	1250673	1308143	449130	585513	791950
	食品制造业	15054	17913	11651.5	7224	8386	7738
	饮料及烟草	33361	39811	25142.5	16011	18637	16820
	纺织业	22838	32376	30325	10961	15157	18702
	成衣及服饰品制造业	40841	73414	96220	19601	34369	56373
	皮革、毛衣及其制品	47604	73635	131787.5	22846	34473	74485
	木竹制品	123707	201841	182206	59371	94493	113106
	纸浆及印刷	12318	16232	18713.5	5912	7641	11057
	化学材料	50502	59425	55890	24237	27820	34442
	塑胶制造业	13625	21250	21649	6539	9948	13231
	橡胶制造业	49367	69014	59231.5	23692	32309	37114
	化学制品	50956	72807	80584	24455	34085	48358
	石油、煤及制品	47557	66209	11542.5	22824	30996	12572
	非金属矿物质	20455	30164	23867.5	9817	14121	15192
	基本金属	15515	19385	10488	7446	9075	7279.5
	金属制品	9281	11786	10543.5	4454	5518	6554
	机械设备制造业	10720	14010	13866.5	5145	6559	8470
	电脑及电子制品	5737	8115	6088.5	2753	3799	3918
	电子零组件制造业	4162	5305	6519.5	1997	2483	3851
	电力设备制造业	13465	19050	24230	6462	8918	14252
	交通运输设备制造业	1020	1201	931.5	498	562	593
	其他制造业	32589	43164	34879.5	15640	20207	22111
	批发零售	7267	6953	5420	3487	3255	3461
	均值	65929	89768	90438	31281	42027	55083

续表

分类		出口			进口		
		2006 年	2010 年	2017 年	2006 年	2010 年	2017 年
非贸易部门	营造业	1079	1527	36317	517	715	1210
	水电及燃气供应业	11596	12731	8195	5565	5960	6947
	运输及仓储业	4717	6919	5974	2264	3239	5676
	住宿及餐饮业	2530	3306	2343	1214	1547	2379
	金融、保险及不动产业	6699	10301	9730	3215	4822	8839
	均值	5324	6956	12512	2555	3256	5010

资料来源：根据式（6.3.3）和（6.3.4）测算而得。

从贸易与非贸易部门的均值来看，两岸货物贸易对台湾贸易部门的工资效应明显高于对非贸易部门的工资效应。在贸易部门，台湾出口大陆对台湾工资的提升作用在 65929—90438 新台币，自大陆进口对岛内工资的抑制作用在 31281—55083 新台币；在非贸易部门，台湾出口大陆对台湾工资的促进作用在 5324—12512 新台币，自大陆进口对台湾工资的抑制作用在 2555—35010 新台币，这也反映了台湾以出口为导向、重点发展贸易部门的倾向。

2010 年以前，从出口提升工资的绝对变化来看，台湾出口大陆对岛内不同部门的工资效应趋于增加。在贸易部门，以岛内矿业采矿石、木竹和成衣服饰品部门的工资效应变化较为明显，如台湾出口大陆对岛内成衣服饰品工资的提升作用从 2006 年 47604 新台币增加至 2010 年的 73635 新台币，年均增长量为 8143 新台币。在非贸易部门，以岛内金融保险和运输及仓储业的工资效应较为明显，如台湾出口大陆对岛内运输及仓储业工资的提升作用从 2006 年 4717 新台币上升到 2010 年 6919 新台币，年均增长量为 550 新台币。从进口抑制工资水平的绝对变化来看，台湾自大陆进口对岛内不同部门的工资效应也趋于增加。在贸易部门，以岛内矿业采矿石、木竹和成衣服饰品部门的工资效应变化较为明显，如台湾自大陆进口对岛内成衣服饰品工资的抑制作用从 2006 年 19601 新台币增加到 2010 年的 34369 新台币，年均增长量为 3692 新台币。在非贸易部门，以岛内金融保险和运输及仓储业的工资效应较为明显，如台湾自大陆进口对岛内运输及仓储业工资的抑制作用从 2006 年 2264 新台币上升到 2010 年 3239 新台币，年均增长量为 243 新台币。

2010 年后，台湾出口大陆对岛内不同部门的工资效应出现不同程度的变化。在贸易部门，台湾出口大陆对岛内成衣及服饰品工资的特殊作用从 2010 年的 73414 新台币上升到 2017 年的 96220 新台币，年均增长量为 3256 新台币。在非贸易部门，台湾出口大陆对岛内运输及仓储部门工资的提升作用从 2010 年的 6919 新台币下降到 2017 年的 5974 新台币，年均减少量为 135 新台币。这意味着 2010 年以后，台湾出口大陆对岛内各部门工资的提升作用并不总是在增加。台湾自大陆进口对岛内不同部门的工资效应也出现了不同程度的变化。在贸易部门，台湾自大陆进口对岛内对成衣服饰品工资的抑制作用从 2010 年的 34369 新台币上升到 2017 年的 56373 新台币，年均增长量为 3143 新台币。在非贸易部门，台湾自大陆进口对岛内运输及仓储业工资的抑制作用从 2010 年 3239 新台币上升到 2017 年 5676 新台币，年均增长量为 348 新台币。而在其他一些部门，台湾自大陆进口对岛内工资的抑制作用趋于下降，如加工食品部门、石油、煤制品部门等。这说明 2010 年以后，台湾自大陆进口对岛内各部门工资的抑制作用并不总是在增加。

上述工资变化比较显著的部门大部分都具有劳动报酬份额比较高的特征，比如，2006 年木竹制品和运输仓储业的劳动报酬份额分别为 0.48 和 0.41，高于所有部门的均值 0.36。

（三）两岸主要贸易产品对岛内工资的影响

随着两岸货物贸易的深入进行，两岸货物贸易结构也对岛内工资产生影响。因此，根据（6.3.3）式和（6.3.4）式计算 2010 年前后两岸主要贸易产品对岛内工资的影响，结果如表 6-11 所示。

表 6-11　两岸主要贸易产品的工资效应

单位：新台币

主要贸易产品	2006 年		2010 年		2017 年	
	出口	进口	出口	进口	出口	进口
电子零组件	3621	658	3643	880	3415	813
电脑、电子及光学制品	1568	360	1833	422	1133	390
化学材料	1181	99	1453	159	1012	215
机械设备	536	118	501	172	543	165
基本金属	653	321	433	146	380	559
塑胶	220	59	250	61	159	106

续表

主要贸易产品	2006 年		2010 年		2017 年	
	出口	进口	出口	进口	出口	进口
纺织品	467	29	327	39	183	46
电力设备制品	360	271	279	259	230	304
金属制品	252	60	169	62	102	104
化学制品	174	57	185	72	276	110
均值	903	203	907	227	743	281

资料来源：根据式（6.3.3）和（6.3.4）测算而得。

目前，两岸货物贸易产品主要以加工产品为主，产业内贸易趋势加快。由表 6-11 的数据计算 2010 年前后工资年均变化量，可以得出台湾对大陆出口的主要产品对岛内工资的影响出现了不同程度的变化，其中，对大陆出口电脑、电子及光学制品对岛内工资的促进作用，其年均增加量从 2010 年前 5.5 新台湾下降至 2010 年后 -32.5 新台币，这说明 2010 年后台湾对大陆出口电脑等制品抑制了岛内工资的增长幅度。对大陆出口化学制品对岛内工资的促进作用，其年均增加量从 2010 年前 2.75 新台币上升至 2010 年后 13 新台币，这意味着 2010 年后台湾对大陆出口纺织品有利于工资增加。

2010 年前后，台湾自大陆进口的主要产品对工资的影响也出现不同程度变化，其中，自大陆进口电脑、电子及光学制品对岛内工资的抑制作用，其年均增加量从 2010 年前 55 新台币降低至 2010 年后 -9.51 新台币，这意味着 2010 年以后台湾自大陆进口电脑等制品降低对岛内工资的抑制幅度。自大陆进口化学制品对岛内工资的抑制作用，其年均增加量从 2010 年前 3.75 新台币上升到 2010 年后 5.51 新台币，因此，2010 年以后，台湾自大陆进口的主要产品对岛内工资的抑制作用并不都是增加的。

表6-12 贸易影响工资变动的偏差分析

单位：新台币；%

出口影响工资变动的偏差分析									
日期	总偏差	A_L		B		e/m		E/M	
		变动	贡献	变动	贡献	变动	贡献	变动	贡献
2006—2010	1702.3	-833.77	24.74	400.5	11.8	1954.81	58.01	180.7.	5.36
2010—2017	1048.8	-516.93	24.82	238.1	11.4	1250.89	60.06	76.75	3.68
进口影响工资变动的偏差分析									
日期	总偏差	A_L		B		e/m		E/M	
		变动	贡献	变动	贡献	变动	贡献	变动	贡献
2006—2010	1072.84	-112.32	6.63	-197.5	11.67	1313.18	77.58	69.57	4.11
2010—2017	1035.29	-156.13	9.66	-134	8.29	1226.63	75.92	98.79	6.11

资料来源：根据式（6.3.5）测算而得。

　　如前所述，2010年前后两岸货物贸易对岛内工资的影响发生显著变化。因此，本节基于（6.3.5）式，利用偏差分解法进一步解析两岸货物贸易工资效应变化的主要原因，计算结果如表6-12所示。研究结果指出两岸货物贸易规模变化是影响工资变动的主要原因，而贸易结构对工资变动的影响较小，且两岸货物贸易规模、贸易结构、劳动报酬份额对工资效应的贡献变化与前文就业效应的贡献变化相一致。另外，技术进步对台湾自大陆进口降低工资的抑制作用得到有效发挥，因此，针对两个经济体之间贸易往来的进口替代作用，推动社会进步发展的生产技术是起到了积极作用。

三、对测算结果讨论

　　从本小节的测算结果来看，两岸货物贸易对台湾工资的影响非常重要，主要体现在两岸货物贸易对台湾工资的提升作用远高于台湾与其他地区贸易的工资作用。主要是因为20世纪80年代中后期转型以来，台湾改变对外发展战略，积极发展与亚太地区尤其是与大陆的经贸关系，促使台湾对大陆出口的快速增长，对台湾经济和工资起到积极作用，并明显高于其他贸易伙伴对岛内工资作用。2010年以后，台湾自大陆进口抑制工资的年均增长量低于出口大陆提升工资的年均增长量。

两岸货物贸易结构的变化也会显著影响岛内工资，主要体现在2010年以后台湾对大陆出口的主要资本技术密集型产品对岛内工资的促进作用趋于下降，而自大陆进口的主要劳动密集型产品对岛内工资的抑制作用也趋于下降，这主要是受全球经济发展低迷的影响。然而这表明ECFA签署为台湾进行"再工业化"提供环境，传统制造业得到长足发展，为台湾当局提高工资、提升工资增长率增加信心。另外，2010年以后，两岸货物贸易规模对岛内工资的贡献率趋于下降，而两岸货物贸易结构的贡献率趋于上升（尽管两岸货物贸易结构的贡献率一直很小），表明2010年ECFA的签署为两岸货物贸易的深化合作提供平台，从而使两岸货物贸易结构得到改善，提升两岸在全球产业分工中的位置。

本章小结

与前面章节不同的是，本章仅就两岸关系从实务层面测算2010年前后两岸货物贸易对岛内就业和工资的效应。自2010年以来国际金融危机的持续、欧洲债务危机的深化和ECFA的签署使两岸货物贸易外部和内部环境均发生较大变化，进而对岛内劳动力市场的影响也发生较大变化。因此，以两岸货物贸易的经济增长机制出发，本章采用台湾当局发布的经过改进的竞争型投入产出表和社会会计矩阵测算和比较分析2010年前后两岸货物贸易与其他台湾贸易伙伴对岛内劳动力市场影响、两岸货物贸易对岛内贸易和非贸易部门劳动力市场的影响和两岸主要贸易产品对岛内劳动力市场的效应。

首先，2010年以来，台湾出口大陆对台湾就业（工资）的拉动（提升）作用远高于台湾对其他地区出口的就业（工资）作用，而台湾自大陆进口对台湾就业（工资）的替代（抑制）作用远小于台湾自日本进口的就业（工资）作用，但与台湾自欧美进口的就业（工资）作用相当。

其次，2010年前后，两岸货物贸易对岛内就业和工资的影响发生变化，主要体现在台湾对大陆出口拉动的就业量逐渐减少，而自大陆进口替代的就业量逐渐上升。同时，台湾对大陆出口提升的工资年均增加量仍然高于台湾自大陆进口抑制工资的年均增加量。

最后，针对2010年前后两岸货物贸易的劳动力市场效应变化做进一步的分解和测算。结果表明，就业系数、两岸货物贸易规模和贸易结构的变化共同影响岛内就业变动，其中，贸易规模变化的贡献最大，就业系数变化的贡献次之，贸易结构变化的贡献较小。同时，劳动报酬份额、两岸货物贸易规模和贸易结构的变动也共同影响岛内工资变动，两岸货物贸易规模变化的贡献大于其他两个因素的贡献。另外，2010年以后，两岸货物贸易规模仍是劳动力就业和工资变动的主要原因，但贸易结构的贡献趋于上升。

值得注意的是，2010年以后，台湾对大陆出口拉动的就业量逐渐减少，而台湾自大陆进口替代的就业量逐渐上升的现象成为部分学者和一贯坚持"逢中必反"社会人士的把柄，并大肆对此现象着墨反对两岸经贸深化发展。

除了追溯和正确看待台湾自大陆进口对就业的替代作用和对工资的抑制作用之外，也要重新认识并区分进口的结构。在本章的分析中，只是考虑了统一的出口和进口，未考虑其目的性。其中，进口的用途比出口复杂，除了消费所需进口，投资和出口均需要进口，因此，自大陆进口作为一种负产出，尽管可能对岛内劳动力产生一定的替代效应，但不同的替代效应产生的最终结果不尽相同，如以消费为目的的进口对劳动力的替代就是最终替代，然而以投资最终产品和生产中间产品则不然。短期来看，进口对劳动力会产生替代作用，但通过后续投资和出口会带动相关产业的劳动力需求，因此，最终的促进作用会抵消全部或者部分替代作用。纵观台湾自大陆进口的产品中以原材料和电子零部件为主，且这些大部分归属生产过程中的投入，对岛内就业产生的替代作用非常有限，对岛内工资的抑制作用也可以忽略不计。因此，实际上台湾自大陆进口产生的就业替代作用和工资抑制作用小于本章中的计算结果。值得说明的是本书没有区分台湾自大陆进口的目的原因有两个，一是台湾自大陆进口额相对出口额非常小，相对应的替代就业作用远小于出口就业的拉动作用，进行拆分并不会显著影响二者的差距；二是自大陆进口的速度大于出口增长速度是事实，因此，进行进口类型拆分不会改变文章出现的数据现象。

第七章 两岸服务贸易对台湾劳动力市场的影响

考虑到两岸货物贸易往来的持久性和规模较大，前面章节集中论述了两岸货物贸易对台湾劳动力市场的影响。近几年伴随两岸服务贸易的迅速发展，两岸服务贸易对岛内劳动力市场的影响也逐渐成为研究热点。然而理论和实证研究发现开放服务贸易与商品贸易最大的差别在于两者对劳动力市场的影响完全不同，那两岸服务贸易对岛内劳动力市场产生的具体影响是怎么样的呢？这也是本章着重研究的主要目的所在。2013 年签署的《海峡两岸服务贸易协议》由于被搁置，至今未生效，这也使得两岸服务贸易合作的实际效应存在未知定论，本章希望提供一种分析视角和声音。

第一节 两岸服务贸易的发展现状分析

一、服务贸易的界定与测算

（一）服务贸易的界定

服务贸易一般被认为是不同国别（地区）之间互相提供服务的经济交换活动，而经济学对其的定义并没有统一概述。国际层面上的服务贸易主要指各个国家（地区）间的服务买入或服务卖出的一种模式。《美加自贸协定》是世界上首个国家层面定义服务贸易的法律文件，其对服务贸易的定义表述为由其他缔约方的一个人在其境内或进入一缔约国（区域）提供所指定的一项服务。在关贸协定乌拉圭回合谈判中，服务贸易进一步被界定为通过四种不同提供形式进行服务的交易，《服务贸易总协定》中对服务贸易定义的四种不同形式服务交易主要表现为：（1）跨境提供：指从一同盟地区领土内到其他任一同盟地区境内提供服务，如国际电话通讯；（2）境外消费：指在一同盟地区领土内的服务供给者在其自身领土内为来自其他同盟地区的服务需要者供应服务，其中较为典型的是旅游、教育和医疗等；（3）商业存在：指一同盟地区内的服务供给者在其他同盟地区领土内形成业务实体向消费者供应服务；（4）自然人流动：一同盟地区的服务供给者跨境到另外的同盟地区内以自然人的形态提供服务。结合上述服务贸易的相关概念和内涵，本书采取《海峡两岸服务贸易》中服务贸易的定义，主要是指包含四种形式的服务形式供给，即自一方内向另一方内提供服务；在一方内向另一方的服务消费者提供服务；一方服务提供者通过在另一方内的商业存在提供服务；一方服务提供者通过在另一方内的自然人存在提供服务。

相对于货物贸易，服务贸易具有较为复杂的特性，主要为：贸易标的的无形性；交易与生产、消费的同步性；贸易主体的多重性；服务质量的差别性；高度垄断性；不可共存性；贸易保护方式的刚性和隐蔽性；惯例、约束的相对灵活性；营销管理的复杂性，正是因为这些复杂的特性使得服务贸易的核算较为复杂，如何计算服务贸易也成为学术界的研究热点。

（二）服务贸易的测算

正是由于服务贸易的特点，服务贸易往来的数据不易统计，尤其是受限于政治因素的困扰，两岸服务贸易往来的统计就更加复杂。目前，大陆方面对于两岸服务贸易的统计数据非常少，且不完善，台湾地区的统计则会与真实情况有较大偏差。基于此，关于服务贸易核算的研究文献非常多，而附加值贸易核算法成为国际经济学领域的研究热点。Hummels（2010）对垂直专业化的研究使得"附加值贸易"这一思想开始被大众渐渐熟知；Daulin（2011）在其学术成果中首次提出"附加值贸易"概念；Koopman（2012）按照附加值内容分解了一国总出口，第一次形成了贸易附加值分解系统框架，并揭示了大陆出口中国内贸易附加值比重；Johnson and Noguera（2012）在 Daulin 等人的研究基础上正式定义"附加值出口"为"一国（地区）生产但被另一国（地区）最终使用的附加值"，同时给出具体的计算方法，并结合贸易、生产和投入使用的数据简述了世界过去 40 年贸易增加值的变化等。鉴于此，本书基于附加值贸易核算法，利用 OECD 最新附加值贸易数据库，测度大陆与台湾地区的的服务贸易规模，以正确衡量两岸服务贸易差额，这有助于了解和确定大陆与台湾之间服务贸易的真实规模及总体形势。

本书利用 Johnson and Noguera（2012）的方法来测算一国（地区）服务业附加值出口，即服务业附加值出口既包括通过服务业直接出口实现的服务附加值出口，也包括通过其他行业出口而间接实现的服务附加值出口。具体测算方法参考刘艳等（2016）使用的公式（式 7.1.1）。本书仅关注式（7.1.1）中矩阵 VT 的非对角线上的元素所构成的矩阵，具体含义是各国（地区）之间的双边附加值贸易，即 VT_{1i}（i≠2）表示国家（地区）1 生产但被国家（地区）i（i=1,2,3…G）最终使用的附加值，即国家（地区）1 对国家（地区）i 的附加值出口。以此类推，利用式（7.1.1）可以测度一国（地区）对其他国家（地区）的附加值出口。

$$
VT = \begin{bmatrix} VT_{11} & VT_{12} & \cdots & VT_{1G} \\ VT_{21} & VT_{22} & \cdots & VT_{2G} \\ \vdots & \vdots & \ddots & \vdots \\ VT_{G1} & VT_{G2} & \cdots & VT_{GG} \end{bmatrix} = VBE
$$

$$
= \begin{bmatrix} V_1 & 0 & \cdots & 0 \\ 0 & V_2 & \cdots & 0 \\ \vdots & \vdots & \ddots & \vdots \\ 0 & 0 & \cdots & V_G \end{bmatrix} \begin{bmatrix} B_{11} & B_{12} & \cdots & B_{1G} \\ B_{21} & B_{22} & \cdots & B_{2G} \\ \vdots & \vdots & \ddots & \vdots \\ B_{G1} & B_{G2} & \cdots & B_{GG} \end{bmatrix} \begin{bmatrix} E_1 & 0 & \cdots & 0 \\ 0 & E_2 & \cdots & 0 \\ \vdots & \vdots & \ddots & \vdots \\ 0 & 0 & \cdots & E_G \end{bmatrix} \quad (7.1.1)
$$

二、两岸服务贸易的发展现状及特点

两岸经贸往来遵循国际贸易比较优势理论和市场经济规则，在此背景下，近几年发展迅速的两岸服务贸易亦是遵循国际比较优势理论和市场经济规则，尤其是台湾与大陆的服务业发展存在阶段性差异，为两岸服务贸易往来提供了较大发展空间。

（一）两岸服务贸易往来的发展概况

1.大陆服务贸易发展概况

大陆服务业发展大致经历了四个阶段：第一阶段（1949—1960 年）：奠定基础期。大陆服务业与整体经济同步发展，服务业产值从 1952 年的 191 亿元递增到 1960 年的 465 亿元，占国内生产总值的比重也从 28% 上升了 32%。第二阶段(1960—1978 年)：曲折前行期。由于片面重视重工业的发展，加上对服务业的片面理解，一再强调"先生产后生活"的艰苦奋斗精神，对服务业采取了限制其发展的政策，致使服务业发展长期落后于整体经济的发展速度，服务业经历了 20 世纪 60 年代的徘徊后，增长速度一直大幅落后于第二产业，到 1978 年服务业产值为 872 亿元，仅仅是工业产值的二分之一，占 GDP 的比重也下滑到 23.9%。第三阶段(1979—1996 年)：蓬勃成长期。1979 年实施的改

革开放促使服务业获得了重新发展的契机，真正成为大陆推动工业化发展的强力支撑。但相对于工业的高速发展，服务业对外开放度有限，制度松绑力度不足，发展潜力未能充分调动出来，占国民经济的比重也只是恢复到了 20 世纪 60 年代初的水平，1996 年服务业产值为 23326 亿元，占国内生产总值的比重为 33%。第四阶段 (1997 年以后)：迈向扩张成熟期。服务业的发展空间急速扩大，这是因为：一方面农村剩余劳动力大量释出为服务业发展提供了市场，而工业化进程接近完成，既为服务业提供了空间，也对服务业发展提出了新的要求。另一方面，政府开始采取积极措施发展服务业。以 1997 年中共十五大报告提出"发展现代服务业"为标志，一系列推进服务业发展的政策措施陆续出台，无论是作为对出口导向型经济的补充还是替代，内需市场日益受到重视，服务业的发展真正进入了黄金时期，继 2001 年服务业产值占国内生产总值的比重突破 40% 大关后，与工业产值的差距逐年缩小，并于 2013 年正式超越工业，逐渐成为经济发展的主力产业，迎来服务业蓬勃发展的时代。

与服务业的发展历程相对应，自 1979 年实行改革开放政策后，大陆服务贸易进出口额为 44 亿美元。1992 年则突破了 100 万美元，这一时期大陆服务贸易总额年均增长率达到了 10.53%。进入 21 世纪，服务贸易取得重大发展，2000 年时进出口总额突破 660 亿美元，年均增速达到 21.01%。从中可以看出大陆服务贸易总量增长的同时增长率也维持在一个高水准。大陆加入 WTO 后，2000—2010 年的十年间在总量可观的基础上仍然保持 18.57% 的平均年增长率，相比 2000 年的 660 亿美元，2004 年大陆服务贸易进出口额翻了一番，相比 2010 年 3624 亿美元，2015 年大陆服务贸易进出口额又翻了近一番。相较于世界服务贸易黄金发展期，大陆服务贸易发展的较晚，但增长速度和体量一直处于稳定高速的发展期。从占全世界服务贸易出口的比重来看，1982 年以来中国进出口额占世界比重一直徘徊在 0.57%—0.61%。至 1991 年开始有所提升，1990—2000 年的十年间年平均增速达到 20.53%，占全世界服务贸易进出口额的比重持续扩大。根据世界贸易组织发布的服务贸易规模排名，中国服务贸易在 2012 年首次进入世界前三，且在 2014 年升至世界第二。从进出口结构上来看，基于要素禀赋的比较优势，传统服务贸易诸如旅游业、运输业和建筑业成为大陆服务贸易的主要出口对象，占大陆服务贸易出口总额的 80% 以上。这是不同于货物领域的方面，自货物贸易领域，中国是贸易出口大国，长期保持顺差，与此同时大陆服务贸易 1991 年前一直因发展缓慢的同时保持微小的贸易顺差。1990—1995 五年间进入飞速发展时期，从这一时期起服务贸易转为逆差，且逆差额越来越大，并于2014年达到历史最高1971亿美元，随后一直表现为逆差，差额出现波动。

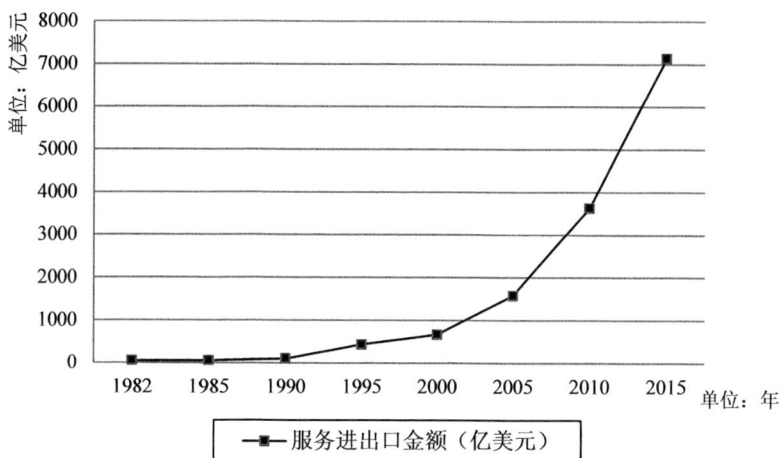

图 7-1　大陆服务贸易进出口额

2. 台湾服务贸易发展的概况

20世纪50年代以来，台湾服务业发展经历了四个阶段：第一阶段（20世纪50年代至60年代中期）：早熟型态。服务业占岛内经济的比重远高于工业。服务业产值占台湾GDP的比重变化不大，仅从1951年的46%微幅增长到1966年的47%，整体经济结构的变化主要体现在农业比重的下降，占GDP的比重从63%下降到23%。第二阶段（20世纪60年代后期到80年代中期）：为实现工业化提供支撑的阶段。随着工业化进入高潮，工业与服务业在岛内经济的比重大致相当，两者的差距缩小到5个百分点以内。岛内服务业产值占台湾GDP的比重继续上升到1981年的49%，农业占比进一步下降到7%。第三阶段（20世纪80年代到2007年）：主导经济发展阶段。20世纪80年代中期以后服务业产值与工业的差距再次拉大，1987年首次超过农业与工业产值之和，1993年占GDP比重再次突破60%。第四阶段(2008年起)：相对停滞阶段。进入21世纪，台湾服务业产值占GDP的比重维持在67%—70%，这一阶段的服务业发展占比与同时期的经济发展并不匹配，存在"虚高"现象，这也被认为台湾经济发展动力不足，服务业发展滞后的普遍原因。

受国际经济形势与岛内自身拥有技术手段的制约，台湾服务业发展呈现出以下几个特点：一是占总体经济比重呈现下降趋势，对总体经济增长的贡献落后于工业，特别是制造业的表现。服务业占GDP的比重起伏波动，总体低于

70%。二是总体保持扩张势头，个别产业发展不尽如人意。近 10 年来台湾增长势头最强的产业几乎都是现代服务业，其中文化运动及休闲服务业增加值从 2002 年的 873 亿新台币，增加到 2011 年的 1221 亿新台币，增长 39%；信息及通讯传播业增加值从 3540 亿新台币增加到 5347 亿新台币，增长 51%；专业、科学及技术服务业增加值虽然在 2008 年出现过衰退，但仍从 2002 年的 1876 亿新台币增加到 2011 年的 3144 亿新台币，增长了 67%, 均快于同期 GDP 的增长率 31% 。但也有一些现代服务业受各种因素影响，增长相对较慢，如医疗保健及社会工作服务业增加值同期从 3433 亿新台币增加到 4104 亿新台币，仅增长 19%。三是就业人数占比相对较低。虽然总体上台湾服务业就业人数占比保持缓慢增加的趋势，但都低于其增加值占 GDP 的比重，而且与产值占比相比，近年服务业就业人数占比保持了相对稳定，维持在 58% 到 59% 之间。四是无论在台湾吸引的外来投资还是在其对外投资中，服务业的规模都已占有重要地位。截至 2017 年底，台湾当局共核准外来投资金额 2222 亿美元，其中对服务业投资占 73%。华侨投资金额 41 亿美元，服务业投资占 61%，外资与侨资对现代服务业部门的投资占比分别为 39% 与 55%。同期台湾对外投资累计金额为 826 亿美元，服务业投资占比更高达 608%，其中现代服务业部门占比为 51%。

依据台湾"中央银行"所编制的"国际收支平衡表资料"（2017）显示，台湾服务贸易出口金额由 1990 年 70 亿美元发展为 2017 年 690 亿美元的规模，台湾服务贸易进口金额由 1990 年 146 亿美元发展为 2017 年 629 亿美元规模。同时，大陆与台湾的经贸合作也越来越紧密：从 2000 年开始大陆成为台湾最大出口市场，从 2003 年开始大陆成为台湾最大的贸易伙伴，从 2008 年开始大陆与台湾的贸易金额超过 1000 亿美元。近年来，台湾地区非常重视与其他国家（地区）的自由化协议签订，包括 2010 年和海协会签署 ECFA、2011 年和日本签署《华日投资协议》、2013 年与美国恢复《贸易与投资架构协定》协定、和新西兰签署《华纽经济协定》、与新加坡签署《华星经济伙伴协定》，均充分展现了台湾经济融入世界的决心与努力。截至 2017 年底，台湾与大陆、洪都拉斯、塞尔瓦托、巴拿马、危地马拉等签署 8 个自由贸易协议，FTA 贸易覆盖率为 9.69%，其中以海协会与台湾海基会签署的 ECFA 对台湾整体经济的影响最大。

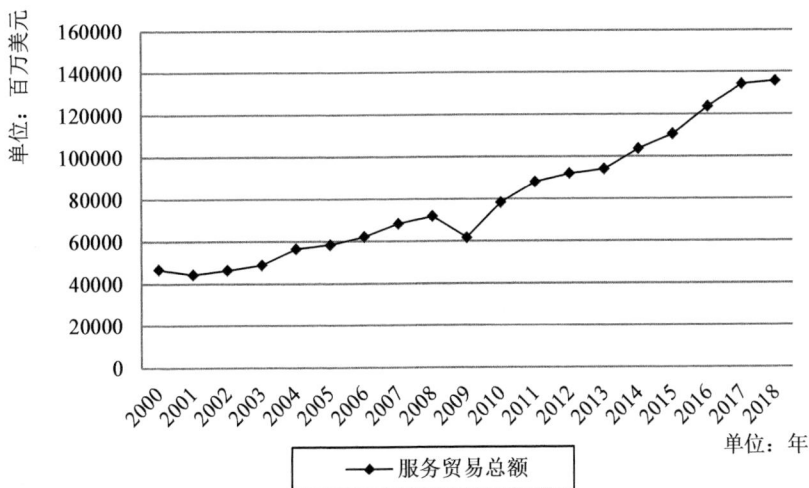

图 7-2　21 世纪以来台湾服务贸易进出口额

3.两岸服务贸易往来的进程和发展

（1）两岸服务贸易规则的演进情况

两岸服务贸易往来由无到有经历了相对曲折的发展阶段，借鉴学术界的演进成果，本书认为两岸服务贸易规则的发展经历了三个阶段（见表 7-1）。一是两岸服务贸易规则的起步阶段。1980—2008 年，这一时段因"台独"因素的阻碍，两岸服务贸易的合作机会渺茫，这一阶段的两岸服务贸易合作领域主要发生在传统服务业领域，具体集中在旅游和交通运输（空运、海运、邮政方面），服务贸易的规模和水平也非常有限。2000 年，福建沿海与金门、马祖地区直接往来，可以进行的服务贸易项目有货物运输来往和维修保养运输船只。2006 年的"大陆居民赴台湾地区旅游管理办法"不仅对大陆开放了台湾地区的旅游观光业，也促使双方人员流动进一步松动。二是两岸服务贸易规则的发展阶段。自 2008 年开始，两会签署了多项协议，涉及旅游、航空运输、海上运输、金融合作等方方面面，进一步促进了海峡两岸服务贸易往来和发展。三是两岸服务贸易规则深入阶段。第三个阶段以《海峡两岸经济合作框架协议》以及其后续协议《海峡两岸服务贸易协议》的签署为标志。ECFA 签署对两岸服务贸易往来进出口额的拉动作用非常明显，因此在 2013 年 6 月，借此契机双方谈判启动台湾与大陆服务贸易合作的相关内容。在磋商过程中，两会双方共进行了 12 次正式谈判、3 轮小规模交流和 60 多个同行业的商务交流。然而在岛内，《海峡两岸服务贸易协议》的某些内容被一些人士歪曲和利用，尤其是台湾法院的审批过程引发了岛内部分人士的"暗箱操作""黑箱"等疑虑，并于 2014 年 3 月 17 日于台北爆发"太阳花学运"一事，致使海峡两岸 ECFA 后续协议如货品贸易协议谈判、后续服务贸易协议谈判、海峡两岸争端机制建设均暂停告一段落。

表 7-1　1980—2010 年海峡两岸服务贸易往来进程

阶段	日期	协议	主要内容
起步阶段	2000 年 12 月 13 日	"试办金门马祖与大陆地区通航实施办法"	海峡两岸可以进行的服务贸易项目有货物运输来往和维修保养运输船只
	2006 年 4 月 16 日	"大陆居民赴台湾地区旅游管理办法"	大陆居民可以通过旅游组织形式到台湾旅游，需要指定旅行社和接待旅行社
发展阶段	2008 年 6 月 13 日	"关于大陆居民赴台湾旅游协议"	大陆居民赴台旅游经办旅行社不再配额制定。可自由制定台湾地区的住宿餐饮服务、导游服务等。
	2008 年 11 月 4 日	《海峡两岸金融合作协议》《海峡两岸金融监管谅解备忘录》	双方同意海峡两岸船舶停靠并登记，海峡两岸间客货可通过船舶直接运输；双方开通穿越台湾海峡的双向直达航路，海峡两岸空（航）部门建立了直接交接
	2009 年 4 月	《海峡两岸金融合作协议》、《海峡两岸金融合作谅解备忘录》	双方同意各自金融监督管理机构对奔赴对岸开展业务的银行业、证券及期货、保险业实施有效监管，建设监督合作机制。
突破阶段	2010 年 6 月 29 日	《海峡两岸经济合作框架协议》	服务商采取积极的清单模式具体承诺的贸易规定。大陆在会计、医院、银行等 11 个方面对台开放，台湾也在银行、会议、展览等 9 个服务业对大陆开放。
	2013 年 6 月 21 日	《海峡两岸服务贸易协议》	进一步减少或消除海峡两岸间服务贸易禁止性、限制性壁垒和措施。

（2）两岸服务贸易发展的现状

ECFA 作为一个阶段性实现的自由化安排，在早期收获计划中以扩大货物贸易的开放为主要努力方向。此后在 ECFA 的基础上，台湾海基会与海协会进一步签署了促进服务贸易合作和发展的相关协议，从而进一步减少两岸服务贸易的市场准入门槛，进一步开放服务市场。ECFA 框架下签署的相关协议打破了整体服务贸易自由化的障碍，推动了台湾海峡服务贸易自由化的快速发展。

ECFA 早收清单中双方对服务贸易共开放 20 个行业，其中大陆 11 项、台湾 9 项。据商务部台港澳司统计，截至 2017 年底，共有台湾 367 家企业、大陆 144 家企业在清单中新开放的行业提供服务，台湾共有 53 家金融企业和 661 家非金融企业利用早期收获优惠政策在大陆提供服务，并核准引进 33 部台湾电影，大陆共有 6 家金融企业和 224 家非金融企业利用早起收获优惠政策在台湾提供服务，并核准引进 70 部大陆电影。与此同时传统服务产业的贸易往来也得到了带动发展，自 2008 年以来"三通"（通邮、通航、通信）开放后，海峡两岸间的观光旅游业逐渐从跟旅游团行开放为自由行，大量来自中国大陆的游客观光创造了台湾观光服务业的盛况，岛内服务贸易竞争力逐渐增强。

ECFA 早期收获计划的整体行业成效也非常显著。据商务部台港澳司统计显示，截至 2017 年底，货物贸易方面，大陆对台湾累计减免关税约 256.2 亿元人民币；享受台湾对大陆减免关税 28.5 亿元人民币。降低了海峡两岸贸易往来的成本。除此之外，台湾地区还从外国进口外国货物，出口"国外三角贸易"，"其他商业服务"这一项中获得巨额盈余。2010 年其他商业服务净出口额为 84.4 亿美元，低于三角贸易 174 亿美元的出口额，如果排除三角贸易模式，其他商业服务出口将转为逆差。ECFA 将两岸经贸往来带入了一个全新的时代，并且为海峡两岸双方的经济产业发展提供了实实在在的好处，带动和振兴台湾的生活类服务行业，也提升了大陆对台湾的经济影响力，但 ECFA 的影响还远不止如此。作为一个框架协议，早期清单对服务贸易的促进力度还是相对较小，但因 ECFA 属于循序渐进型协议，后续协议会类同中国与东盟间的 FTA，先在 2002 年确立架构和早期收获计划，之后分别在 2004、2007 和 2009 年确立《货物贸易协议》《服务贸易协议》和《投资协议》一样，后续推进的《海峡两岸服务贸易协议》等一系列协议才是将 ECFA 框架效力落实的实质性关键步骤，也将会产生巨大的经济社会效益。

（二）两岸服务贸易的特点

根据上述公式（7.1.1），本书采用 OECD 的最新 TIVA 数据库计算两岸服务贸易的附加值额。在 OECD 的最新 TIVA 数据库中，包括 14 个服务行业：建筑、批发零售与修理、住宿与餐饮、运输与仓储、邮电、金融中介业、房地产活动、机械设备租赁业、计算机及相关活动、研发及其他商务服务、公共管理与国防安全、教育、卫生与社会工作和其他社区、社会及个人服务业以及家政服务业。测算结果如表 7–2 和 7–3 所示，分别是大陆对台湾地区的服务贸易出口和服务贸易进口数据。

表 7-2　基于附加值贸易核算法的大陆对台湾地区的服务贸易出口

单位：亿美元

项目	年份																		
	2000	2001	2002	2003	2004	2005	2006	2007	2008	2009	2010	2011	2012	2013	2014	2015	2016	2017	2018
整体	23.23	25.02	29.49	30.52	40.48	45.57	52.65	61.85	71.10	66.43	84.44	96.54	98.21	99.20	106.23	120.4	55.63	60.23	40.01
建筑	0.16	0.26	0.39	0.17	0.26	0.17	0.18	0.22	0.26	0.19	0.2	0.23	0.32	0.36	0.28	0.35	0.17	0.21	0.23
批发零售修理	5.27	6.00	7.41	8.78	12.63	14.49	17.27	19.98	25.25	22.87	26.72	32.23	36.25	38.25	40.02	42.01	24.12	25.01	28.32
住宿与餐饮	3.64	1.32	5.09	4.40	5.75	6.11	5.94	6.69	7.69	7.66	12.27	13.35	15.32	16.12	18.23	22.32	15.21	16.20	14.23
运输与仓储	5.91	5.57	6.56	6.74	8.95	9.28	11.60	12.75	14.05	12.79	17.48	19.11	21.03	25.16	28.36	26.12	16.23	18.21	17.25
邮电	1.44	1.94	2.04	2.07	2.50	3.53	3.24	3.91	3.36	3.35	2.38	2.92	3.32	4.25	5.56	4.67	2.10	2.32	2.12
金融中介	1.95	1.76	2.00	1.97	2.41	2.61	3.68	5.30	6.36	6.08	8.03	9.18	10.25	12.36	13.26	12.68	8.32	8.01	7.98
房地产活动	1.13	1.22	1.35	1.30	1.68	1.93	2.47	3.44	3.36	3.37	4.40	4.91	5.65	7.21	8.01	7.56	5.45	5.01	6.21
机械设备租赁	0.28	0.22	0.29	0.21	0.21	0.23	0.27	0.27	0.25	0.26	0.39	0.46	0.56	0.65	0.78	0.86	0.42	0.43	0.51
计算机及相关活动	0.09	0.10	0.12	0.15	0.27	0.33	0.45	0.55	0.64	0.58	0.71	0.80	0.95	1.05	1.98	2.04	0.76	0.78	0.81
研发及其他商务活动	0.85	0.87	1.05	1.33	2.25	2.69	3.33	4.07	4.82	4.5	5.67	6.51	7.23	7.56	8.45	9.65	5.23	5.41	5.65
公共管理防务安全	0	0	0	0	0	0	0	0	0.03	0.04	0.01	0.01	0.05	0.09	0.12	0.13	0.0	0.0	0.0
教育	0.18	0.17	0.20	0.18	0.24	0.29	0.34	0.46	0.48	0.7	0.81	0.96	1.20	1.31	1.42	1.52	0.85	0.83	0.81
卫生与社会工作	0.05	0.06	0.1	0.11	0.15	0.19	0.23	0.28	0.37	0.33	0.54	0.61	0.82	0.92	1.02	1.32	0.56	0.45	0.48
社会、个人服务	2.32	2.54	2.87	2.84	3.18	3.69	3.67	3.98	4.14	3.86	4.85	5.30	5.89	6.86	7.86	8.25	5.23	5.45	5.02

表7-3 基于附加值贸易核算法的大陆对台湾地区的服务贸易进口

单位：亿美元

项目	年份																		
	2000	2001	2002	2003	2004	2005	2006	2007	2008	2009	2010	2011	2012	2013	2014	2015	2016	2017	2018
整体	46.46	51.20	70.42	81.52	99.65	107.6	119.5	135.2	150.3	153.3	204.7	240.7	250.3	261.5	270.1	280.2	100.2	100.3	99.5
建筑	0.32	0.38	0.5	0.41	0.53	0.75	0.99	1.16	1.22	1.24	1.84	2.01	2.23	2.56	3.35	3.25	1.70	1.72	1.65
批发零售修理	22.46	24.01	34.39	42.23	52.28	62.82	69.26	78.27	90.23	89.66	112.6	131.7	142.2	156.2	186.2	189.2	93.2	89.2	89.6
住宿与餐饮	1.6	2.15	2.45	1.45	1.91	3.90	4.04	3.99	3.84	5.28	11.38	15.08	17.56	18.25	20.01	20.56	15.21	16.20	14.23
运输与仓储	2.76	3.08	4.49	4.94	5.86	7.11	8.47	7.92	7.87	10.38	17.78	18.72	20.45	23.16	25.36	26.12	14.23	14.21	14.25
邮电	0.9	1.03	1.29	1.61	2.04	2.16	2.23	2.49	2.59	2.69	3.17	3.71	4.25	5.01	5.98	6.54	2.59	2.45	2.25
金融中介	6.4	6.43	8.31	9.03	10.98	10.97	11.23	15.36	12.30	15.27	18.68	19.25	20.31	21.58	22.21	23.01	10.25	10.56	10.01
房地产活动	6.99	7.99	10.6	11.96	14.13	5.15	5.92	6.94	7.34	7.73	10.7	12.43	13.21	14.01	15.23	16.20	7.56	6.89	6.65
机械设备租赁	0.2	0.23	0.3	0.3	0.34	0.44	0.60	0.62	0.63	0.8	1.32	1.73	2.01	2.86	3.24	3.56	1.20	1.32	1.24
计算机及相关活动	0.44	0.53	0.74	0.75	0.87	0.55	0.69	0.97	1.12	1.18	1.61	1.94	2.35	3.01	3.54	4.21	1.12	0.98	1.01
研发及商务活动	2.14	2.52	3.65	4.61	5.85	7.96	9.72	10.48	12.67	13.68	16.8	19.78	20.01	22.21	23.14	24.45	12.58	13.01	13.25
公共管理防务安全	0	0	0	0	1.25	1.42	1.58	1.75	1.8	2.5	2.88	3.21	3.89	4.21	5.56	6.24	1.8	1.9	1.7
教育	0.17	0.21	0.27	0.26	0.29	0.4	0.44	0.55	0.55	0.6	1.01	1.15	2.21	2.58	3.21	4.25	1.15	1.45	1.01
卫生与社会工作	0.15	0.16	0.23	0.26	0.31	0.79	0.88	1.02	1.12	1.20	1.57	1.89	2.56	3.25	4.21	5.01	1.2	1.3	1.2
社会、个人服务	1.93	2.40	3.21	3.71	4.28	3.45	3.65	4.18	4.05	4.8	7.22	8.7	9.5	10.42	11.58	12.24	6.54	5.45	5.56

由表7-2和表7-3的数据可发现：（1）2016年之前，大陆对台湾地区的整体服务贸易进出口数额均呈增长趋势，这说明两岸服务贸易规模在不断扩大，两岸服务贸易业务往来也愈加频繁与密切。2016年由于民进党上台执政，两岸经贸交流处于停滞状态，服务贸易往来更受波及，两岸服务贸易额也就呈现急剧下降。（2）总的看来，大陆对台湾地区的服务贸易一直处逆差状态，且逆差

不断扩大，说明大陆直接或间接向台湾地区进口的服务量要大于大陆直接或间接向台湾地区出口的服务量，且这种"进大于出"的现状愈加明显。（3）2016年之前，所有服务行业的贸易进出口额均呈现整体上升趋势，2016年之后服务行业的贸易进出口总额逐渐下降。（4）从贸易结构角度来看，大陆向台湾地区的服务贸易进口中占比最大的是批发零售与修理业，占比排名第二、三位的则因时间不同而稍有不同。出口方面，除2000年外，批发零售与修理业一直稳坐大陆对台湾地区的服务贸易出口占比第一把交椅的位置，而运输与仓储业和住宿与餐饮业紧随其后。除此之外，研究结果发现：两岸服务贸易类型主要集中在劳动密集型服务业，其次为资本密集型，最后为知识技术密集型。占比排名前三的如批发、零售与修理、住宿与餐饮、运输与仓储、金融中介、房地产活动等均属于劳动密集型或资本密集型；并且按要素密集度的角度看，这二者的比重就已经占据了整体服务业将近九成甚至以上，两岸之间进行的知识与技术密集型服务业贸易往来较少，如计算机及相关活动、公共管理与防务安全的比重只占据1%左右。综上而言，从上述大陆和台湾服务业发展的历程以及两岸服务贸易合作发展的演进分析可以看出两岸服务贸易的合作也是基于比较优势动因，具有国际贸易理论的一般特点，除此之外，两岸服务贸易合作还有其显著时空特征：一是大陆现代服务业优势在于门类齐全，企业规模庞大；台湾的优势则在于发展基础扎实，服务意识强。大陆现代服务业已得到了全面发展，特别是北上广深一线城市的现代服务业门类齐全，拥有一批大型骨干企业，规模多远大于台湾同业。台湾的优势则在于深厚的产业基础，不仅生产性服务业与制造业企业紧密结合，拥有优质的服务客户群与良好的服务理念，消费性服务业也能自觉做到以客为尊，具有强烈的服务与创新意识。二是大陆现代服务业的最大劣势在于发展基础薄弱，服务意识欠缺，台湾的弱势在于市场单一，国际化经验不足。台湾服务业的国际化实际上是追随着制造业台商的脚步，围绕着为其提供资金等后勤服务展开的，具有竞争力的产业基本上都是制造业的延伸，企业科研投入不足。2003年到2007年台湾服务业科研经费年均仅为137亿新台币，远低于制造业的水平1747亿新台币，2007年台湾服务业科技支出占其生产毛额的比重不到0.2%，而同年制造业是将生产毛额的7%用于科研支出。台湾服务贸易之所以在2008年能够转为顺差，主要是因为两岸关系发展取得重大突破，庞大的大陆客户群为其提供了充足的客源，加上台商投资向东南亚转移带来的一系列变化，而并非台湾服务业本身的竞争力发生了根本性飞跃。三是两岸现代服务业都以金融业与物流业基础最强，台湾近年一些信息通讯服务业与科技服务业也取得了长足进步。大陆经济尚处在工业化阶段，为生产出口服务的服务业部门获得了较多的政策优惠与资源，得到了优先发展。台湾作为出口导向型经济体，金融业与物流业同样发展最快，而信息通讯服务业与科技服务业的突出表现也与民营经济的投入有很大关系。台湾历年民间投资超过当局与官营企业投资总额的 3 倍以上 (2012 年分别是 2.27 万亿新台币与 0.59 万亿新台币)，信息通讯服务业与科技服务业企业中，由相关制造业企业投资成立的子公司占了绝大多数。

第二节　两岸服务贸易对台湾劳动力市场影响的实证分析

一、模型选择与数据说明

（一）模型选择

伴随国际服务贸易的兴起和发展，研究服务贸易的就业和工资效应的文献逐渐增多。从现有文献看，国内外相关研究多是从服务贸易就业效应和服务业外商直接投资就业效应这两个方面来探讨服务业开放对就业的影响。在服务贸易就业效应方面，Armah（1994）就国际贸易对第三产业就业影响的实证分析表明，贸易不仅促进第三产业各行业吸纳更多的熟练劳动力，且有助于优化就业结构。Mitra（2009）利用印度的数据研究发现，虽然贸易自由化程度提高与服务业就业增长同时存在，但贸易对服务业就业的影响并不显著。周申、廖伟兵 (2006) 运用投入产出分析方法，对大陆服务贸易的就业效应进行研究发现，1997—2000 年服务出口就业促进效应和服务进口就业替代效应呈下降趋势，2001—2004 年开始稳步上升，总体上，服务贸易的净就业效应较小。魏君英、张明如（2013）利用大陆的相关数据研究得出服务业出口对就业具有促进效应，进口则对就业具有替代效应。赵成柏（2009）的实证研究表明，服务进出口与大陆就业数量之间存在长期均衡关系，二者均对就业人数增长产生了促进作用，但服务进口促进效应小于出口促进效应。吕义军、李秉强（2010）研究发现出口导向率和工资水平与服务业总体就业数量负相关，进口渗透率和产出与总体就业数量呈正相关。蒙英华、黄宁（2010）的研究结论是，长期而言生产者服务进口对服务业就业具有正向影响；短期而言这种促进效应依然存在，但效应较小。范爱军、李菲菲（2011）的研究认为长期来看服务出口和服务进口均对就业产生正向促进作用，服务进口的拉动效应要高于出口的拉动效应。研究上述文献可以发现，相较于商品贸易，服务贸易的就业和工资效应更为复杂，尤其是长期而言，服务贸易更能拉动本区域的就业人口。

在借鉴魏君英、张明如（2013）有关服务贸易对大陆服务业就业影响的计量模型设定基础上，本书引入岛内服务业境外直接来台投资并构建解释服务业就业数量的计量模型：

$$\ln labor_{it} = \eta_0 + \eta_1 rwage_{it} + \eta_2 \ln gdp_{it} + \eta_3 \ln EX_{it} + \eta_4 \ln IM_{it} + \eta_5 \ln FDI_{it}$$
$$+ \eta_6 \ln K_{it} + \mu_{it} \quad (7.2.1)$$

其中，式（7.2.1）下标 i 表示服务细分部门，t 表示时间；labor 表示就业数量，rwage 表示实际工资水平；gdp 表示部门产出，取值为各部门实际增加值；EX 表示台湾对大陆服务贸易出口导向率，取值为服务业部门出口额除以部门增加值；IM 表示台湾自大陆服务贸易进口渗透率，取值为服务业部门进口额除以部门增加值；FDI 表示各服务部门境外来台直接投资，取值为各部门实际使用外资金额除以部门增加值；K 为资本存量；η_0 - η_6 为待估参数；μ_t 用表示误差项。

待估计量模型的变量中，就业数量、实际工资以及部门产出的数据来源与第四章和第五章一致；境外来台直接投资数据来源于台湾"经济部投资审议委员会"；台湾对大陆服务贸易出口和服务贸易进口的数据来源于本章节基于附加值贸易的核算结果；资本存量使用永续盘存法计算，需要三个方面的数据：基期资本存量、固定投资（I）及折旧率（δ），基期资本存量采用 1975 年现存固定资本存量的资料，固定投资使用 2006 年不变价格固定资本形成表示，折旧率选取 0.04，其具体计算方式为：$K_t = (1-\delta)K_{t-1} + I_t$。考虑到基于附加值贸易核算的数据，本书采用 2000—2018 年的各行业部门数据进行实证分析。

（二）数据处理

1. 样本选择

由于服务贸易核算与台湾标准行业分类中关于服务部门的划分存在差异，本书根据 OECD 的最新 TIVA 数据库对服务贸易的分类标准和台湾行业标准分类，将服务贸易和服务部门分类进行了对应（见表 7-4）。

表7-4 服务部门与服务贸易的对应表

服务部门	服务贸易
运输与仓储	运输与仓储
批发与零售	批发零售修理
金融与保险	金融中介
住宿与餐饮	住宿与餐饮
资讯、电信传播	邮电、计算机及相关服务
不动产服务	建筑、房地产活动
专业科学及技术服务	研发及商务活动
支援服务	—
公共服务	公共管理和防务安全
教育服务	教育
医疗保健及社会工作	卫生及社会工作
艺术、娱乐和休闲服务	
其他服务	机械设备租赁

支援服务业与艺术、娱乐和休闲服务部门没有对应的服务贸易统计数值，因而无法纳入本实证的样本分析中，再加上公共管理及服务安全的两岸货物贸易往来数据较少，因而无法纳入本实证的样本分析。因此，本书样本是2000—2018年10个服务业部门的数据进行分析，样本共190个。

2.按照可贸易度对服务部门进行划分

"可贸易度"最早源于古典经济学关于"最终产品可贸易，但资本、劳动力、土地等生产要素不可贸易"的假定。后来国际经济学以此发展出"贸易品—非贸易品"的分析框架，并在20世纪90年代扩展成分产业部门的可贸易性问题。21世纪后，服务外包的迅速兴起引起不少发达国家（区域）对本国（区域）就业流失的忧虑，特别是服务部门本身的技能密集性和高工资特点更加剧了这种担忧 (Jensen et al, 2008)。服务贸易相关研究中，开始出现关于不同服务部门"可贸易度"问题的探讨，进而在可贸易度的基础上具体分析贸易潜力和相关就业效应 (Jensen et al,2010)。显然，可贸易度越高的服务部门，越容易实现跨境服务供给，也就越容易通过贸易影响国家（区域）内部产业发展和就业增长。本书将国外学者已经测算出的发达经济体各细分服务部门可贸易度 (Saez et al,2015) 对应到台湾标准行业分类下的各细分服务部门中，通过进一步整理归类，将台湾各大类服务部门分为"可贸易度较高""可贸易度较低"和"不可贸易"三类。由于在实际分析中，主要区别在于第一类与后两类之间，因而本书的实证将后两类合并为"可贸易度较低"类。因此，"可贸易度较高"的服务部门包括"运输与仓储服务""资讯、电信传播""金融与保险""批发与零售""专业科学和技术服务"5个部门；"可贸易度较低"的服务部门包括"不动产服务""住宿和餐饮服务"及"医疗保健和社会工作""教育"和"其他服务"5个部门。

3. 按照要素密集度对服务部门进行划分

各服务部门不同的要素密集度也会影响服务贸易和服务业境外来台直接投资的就业效应。按照制造业要素密集部门的划分方法，可以将服务业各部门分为劳动密集型、资本密集型和知识密集型三类。劳动密集型行业指生产支出中工资支出占比较大的行业，以劳动力工资与设备折旧占生产成本的比重作为衡量标准；资本密集型行业指单位劳动力对应的固定资本较多的行业，以行业人均固定资产占有率作为衡量标准；知识密集型行业指对于劳动力专业知识技能要求较高的行业，以中高级技术人员占全行业劳动力的比重作为衡量标准。参考邹琪、田露月（2010）和李夏玲、田泽永（2014）关于服务业要素密集部门的划分方法，本书将10个服务部门归为三类。其中"劳动密集型"服务部门包含"住宿和餐饮服务""批发与零售""医疗保健及社会服务""其他服务业"等4个部门；"资本密集型"服务部门包括"运输与仓储""不动产服务"等2个部门；"知识密集型"服务部门包括"教育""资讯、电信传播""金融与保险""专业、科学及技术服务"等4个部门。

二、实证结果和分析

1. 两岸服务贸易对岛内服务业就业的影响

从表7-5可以看出，总体而言，两岸服务贸易对岛内服务业就业的影响并不显著，主要原因可能是台湾对大陆服务出口发展水平较低，还不足以对岛内就业数量产生明显的拉动作用。台湾自大陆服务进口对岛内服务业就业也并未产生较强的替代效应，但不同类型服务的进口所产生的效应有所不同。具体而言，资本密集型服务进口和知识密集型服务进口对岛内就业均产生显著正向影响，劳动密集型服务进口对岛内就业产生显著负向影响。这主要是因为：（1）资本密集型服务和知识密集型服务中有很多中间投入服务，这些服务的进口会提高下游服务产业的竞争力，促使其扩大生产规模，增加就业。比如专业、科学及技术服务内部细分产业之间有极强的产业关联性，Douglas（2012）曾指出进口专业技术服务中间品可以帮助台湾岛内生产的商务服务最终产品适应出口市场。（2）劳动密集型服务进口对台湾岛内劳动密集类型服务产生较强的替代作用。比如住宿和餐饮行业对应的主要是旅游服务，虽然台湾旅游和境外旅游之间存在异质性，但不可否认境外旅游的便利化会对岛内旅游产生一定程度的替代效应。由于可贸易度较高的服务部门与知识密集型服务部门高度一致，可贸易度较高的服务进口对岛内服务业就业产生显著正向影响，可贸易度较低的服务进口对台湾岛内服务业就业产生显著负向影响。

表 7-5　两岸服务贸易对台湾就业的面板 OLS 估计结果

变量	整体	按要素密集度分类			按可贸易度分类	
		资本密集型	知识密集型	劳动密集型	可贸易度较高	可贸易度较低
进口渗透率	− 0.0003*	− 0.0001**	− 0.0002*	− 0.0001	− 0.0001	− 0.0002
	(1.68)	(2.05)	(2.68)	(2.34)	(1.56)	(1.36)
境外来台直接投资	− 0.025*	− 0.006	− 0.005	− 0.004*	0.004***	− 0.003**
	(0.28)	(0.31)	(0.86)	(1.87)	(1.76)	(1.82)
实际工资	− 0.04*	− 0.02**	− 0.07**	− 0.06	− 0.03***	− 0.02*
	(0.17)	(2.31)	(2.16)	(0.98)	(3.21)	(2.98)
部门产出	0.06**	0.02**	0.05***	0.02	0.04*	− 0.001*
	(2.74)	(2.98)	(3.85)	(0.96)	(1.98)	(1.62)
出口导向率	0.109	− 0.11	0.18	0.16	− 0.23	− 0.63
	(0.25)	(0.52)	(0.39)	(0.92)	(0.63)	(0.22)
资本存量	− 0.06	− 0.07	− 0.05**	0.04*	0.01	0.008*
	(0.56)	(0.98)	(2.76)	(1.79)	(1.34)	(1.73)
常数	54	45	58	78	55	65
	(84)	(28)	(128)	(87)	(240)	(27)
观测值	190	38	44	44	95	95

注：括号内数据为标准误差。*p<0.1，**p<0.05，***p<0.01。

2.服务业境外来台直接投资对岛内服务业就业的影响

表 7-5 的估计结果表明，在 1% 的显著性水平下，服务业境外来台直接投

资对岛内服务业就业的影响显著为负，最可能的原因是：近十年来台湾服务业境外来台直接投资主要流入房地产、专业、科学及技术服务部门，2013年这两个服务部门实际利用境外来台直接投资额68亿美元，占岛内实际利用境外来台直接投资的54.4%，占台湾岛内服务业利用境外来台直接投资的58.24%。房地产业劳动力密集度较低因而不会创造较多的就业岗位；专业、科学及技术服务业总体上对劳动力素质要求较高，台湾岛内本土劳动力素质可以满足需求，但就业量并不显著。总体看，近十年来台湾岛内服务业对外开放的领域高度集中，境外来台直接投资对岛内台湾就业的拉动作用未能有效实现，反而由于加剧竞争等因素出现就业挤出效应。

从不同类型的服务看，资本密集型和劳动密集型服务业境外来台直接投资产生显著的负向就业效应，知识密集型服务业境外来台直接投资对岛内就业的影响不显著。可能的原因是：运输与仓储服务业等资本密集型服务业境外来台直接投资不仅没有带来就业创造，反而因行业生产率的提升造成就业减少；住宿和餐饮业等劳动密集型服务业境外来台直接投资一方面造成岛内私人投资挤出，另一方面加剧了原本就很激烈的行业内竞争，导致就业减少；实际上，以金融和保险、专业、科学及技术服务为代表的知识密集型服务在总体服务业就业的占比从2003年的16.9%提升至2013年的19.4%，但一方面由于对劳动者素质要求相对较高，另一方面由于提升了行业内部关联企业的效率，从而在一定程度上降低了本行业的就业人数，因此，境外来台直接投资的总体就业效应并不明显。这些结论也说明陆资进入岛内服务业对就业的影响也会产生相同效应，尤其是少量的陆资注入对岛内就业的替代效应非常小。

第三节 《海峡两岸服务贸易协议》对台湾劳动力市场的潜在影响

一、《海峡两岸服务贸易协议》的主要内容

自2008年金融危机以来，以内需市场为主的服务业发展对岛内就业的作用受到限制，主要归因于岛内内需市场的狭小。相反，大陆则拥有相对广阔的内需市场，为两岸服务业合作发展提供了空间。大陆的服务市场发展起步晚，但在过去的五年的时间快速成长，2017年的服务业产值增加了约5倍左右，占大陆市场总值超过60%，就业人口占总人口数的50%左右。相对于台湾及大陆经济发展和人口规模，大陆服务业发展和就业市场尚存在巨大成长空间。《海峡两

岸服务贸易协议》正式在这个背景下几经协商商定，对台湾经济转型和就业具有重要的意义。

两岸两会领导人第九次会谈于 2013 年 6 月 21 日在上海举行，双方由海协会会长陈德铭与台湾海基会董事长林中森签署《海峡两岸服务贸易协议》。《海峡两岸服务贸易协议》是 ECFA 后续协商所签协议之一，一式四份，双方各执两份，文本长达 48 页，正文分为四章、24 条，有 2 个附件，分别为《服务贸易具体承诺表》和《关于服务提供者的具体规定》。《海峡两岸服务贸易协议》的商谈签署过程经历多年，其意义深远非同一般，也凸显两岸服务贸易合作的重要性。《海峡两岸服务贸易协议》规定了两岸服务贸易的基本原则、双方的权利义务，未来合作发展方向及相关工作机制等内容。协议明确了两岸服务市场开放清单，在早期收获基础上更大范围地降低市场准入门槛，为两岸服务业合作提供更多优惠和便利的市场开放措施。协议中双方开放承诺总共 144 条，涉及 10 多个服务业范围，涵盖了商业、通讯、建筑、分销、环境、健康和社会、旅游、娱乐文化和体育、运输、金融等。其中大陆方面开放承诺 80 条，台湾方面开放承诺开放 64 条，具有开放水平高、涵盖面广特点。《海峡两岸服务贸易协议》的目标是致力于逐步减少或消除双方之间涵盖众多部门的服务贸易限制性措施，促进双方服务贸易进一步自由化及便利化；继续扩展服务贸易的广度和深度；增进双方在服务贸易领域的合作，最终将会促进台湾服务业发展，其对就业的作用也将会得以体现。

二、《海峡两岸服务贸易协议》的潜在岛内就业和工资效应分析

《海峡两岸服务贸易协议》对岛内就业和工资潜在影响，虽有其特殊性，但它对岛内就业和工资的潜在影响应该遵循市场经济规律和比较优势的一般结论。基于此，接下来本书尝试从学理与实践角度探讨《海峡两岸服务贸易协议》的签署对岛内劳动力就业和工资的潜在效应。

（一）评估方法及说明

木节评估方法是针对《海峡两岸服务贸易协议》签署之后的实际开放程度，对台湾岛内总体经济及服务业产业就业的影响进行量化评估分析。在评估方法上，本研究利用国际间评估自由化效益常用的多国贸易分析模型，即 GTAP 模型，并搭配该模型的最新版资料库，针对《海峡两岸服务贸易协议》签署的可能效益，针对台湾与大陆服务业市场开放及陆资来台投资效益进行估算。

1. 两岸服务业市场的关税比较推算

本节将利用 GTAP 模型，首先是模拟两岸服务业市场开放的效益。然而受限于 GTAP 原始资料库并不包含各项服务业贸易壁垒的量化数据，难以直接量化双边服务业的开放效益，因此需要透过计量分析上常用的引力模型，以此来评估服务业的关税等值作为衡量服务业贸易障碍的指标。本书参考 Park（2002）和 Francois（2007）的计算服务业关税等值的方法，其中关税等值是指把复杂多样的非关税措施对当地市场上某种进口商品的影响，统一用相应程度额名义关税税率来量化。Park（2002）和 Francois（2007）认为各国（区域）服务部门进口需求可以表示为：

$$M_{ijk} = a_j + a_k + a_1 \ln(GDP_i) + a_2 \ln(PCI_i) + a_3 \ln(dis_{ik}) + \varepsilon_i \text{。}$$

在上述公式中，M_{ijk} 代表 I 国（区域）自 K 国（区域）进口 J 部门产品的金额，a_j 及 a_k 则分别为部门别及国家（区域）别的虚拟变量；GDP_i 代表 I 国（区域）的 GDP，用以表示该国（区域）的经济规模；PCI_i 则代表 I 国（区域）的每人 GDP，用以表现该国（区域）居民的消费能力；dis_{ik} 则为 i 国（区域）及 K 国（区域）首都之间的距离；而式中 ε_i 为误差项。

利用上述公式求得各国（区域）服务业部门各产业的进口预估值后，再利用下式计算各国（区域）服务部门各产业的关税等值：

$$-\sigma \ln(T_{ijk}) = \ln \frac{M_{ijk}^a}{M_{ijk}^p} - \ln \frac{M_{bjk}^a}{M_{bjk}^p}$$

在这个公式中，商标 a、p 分别代表实际值以及预测值，而下标 ijk、bjk 则分别代表 i 国（区域）以及作为基准国家（区域）自 K 国（区域）进口 j 部门的产品金额，σ 为进口代替弹性。本研究依据哥本哈根研究所得到的估计结果，采用 σ =7.6 作为后续服务部门各产业关税等值的估算参数。至此，服务部门各产业的关税等值则为：$t_{ijk} = (T_{ijk} - 1) \times 100\%$。

台湾对大陆服务业在《海峡两岸服务贸易协议》签署前仍有许多限制，并未给予正常化待遇。因此比较之下，现行台湾对大陆服务业等值关税均高于台湾与其他主要贸易区域。再者《海峡两岸服务贸易协议》尚未生效，为推估《海峡两岸服务贸易协议》生效后台湾与大陆彼此之间的关税等值降幅，必须借由其他存在资料作为比对评估的基础。

由于在其 WTO 承诺的基础上，大陆迄今在双边服务贸易协议优惠程度最高者即为大陆与香港的《内地与香港关于建立更紧密经贸关系的安排》（简称 CEPA），因此本研究以 CEPA 下大陆对香港服务贸易的关税等值作为推算两岸服务贸易自由化效益的参考指标，也就是假设《海峡两岸服务贸易协议》生效后，大陆对台湾的关税等值应该接近对香港的关税等值。然而由于《海峡两岸服务贸易协议》面对之情景与香港不完全相同，因此有必要依据两岸现况进行调整。首先由于大陆在《海峡两岸服务贸易协议》中承诺开放并不等同于香港。经比较分析，大陆在非金融服务业之类别中，共计做出 65 项承诺，其中 52 项等于或大于 CEPA，但亦有 13 项低于 CEPA。而对于金融服务业，大陆程度的 14 项则高于 CEPA，1 项低于 CEPA。因此，依照香港修改关税等值以来精准表述大陆服务业的开放程度。其次对于营造工程、工商服务以及公共行政、教育医疗及其他服务等第三产业，由于香港并非营建工程出口方，因此，取主要营建输出区域（日本和韩国）所面对的中国关税，即取中国对此两国的关税等值的均值作为基准。对于工商服务、教育和医疗部门，香港作为中心据点提供跨境贸易，贸易程度较低，因此选择台湾技术能力、产能及服务提供方式类似的日本和韩国所面对的关税等值作为基准。

考虑台湾的开放程度，因台湾地区承诺最为开放的是比照其他区域，因此，台湾地区的关税等值降幅推算以台湾主要贸易伙伴（日本、韩国、美国、欧洲）的关税等值的平均值作为降幅推算基础。实际上，台湾对大陆的开放承诺，并非完全比照外资，仍有许多行业低于其他国家（区域）的待遇。经比较，台湾在非金融服务业类别中，共做出 55 项承诺，其中 37 项等于外资待遇，但也有 18 项低于外资待遇，而对于金融服务业，则在 9 项承诺中，仅有 1 项等同于外资，其余 8 项均低于外资。

依前述设定，经评估后，台湾与大陆的服务业在《海峡两岸服务贸易协议》生效之前的关税等值，详见表 7-6。

表 7-6　两岸服务业部门关税等值

产业类别	大陆对台湾的关税等值		台湾对大陆的关税等值	
	协议前	协议后	协议前	协议后
营造工程	32.41%	23.86%	36.04%	32.56%
商品买卖	38.54%	7.71%	45.13%	40.19%
运输业仓储	20.20%	4.04%	22.00%	19.58%

产业类别	大陆对台湾的关税等值		台湾对大陆的关税等值	
	协议前	协议后	协议前	协议后
水上运输	22.79%	19.29%	24.37%	22.24%
空中运输	18.82%	11.03%	26.3%	22.55%
通讯服务	9.47%	3.20%	12.34%	9.51%
金融服务	11.12%	7.02%	14.60%	14.11%
保险	24.79%	24.21%	30.45%	29.74%
工商服务	9.47%	4.39%	12.55%	9.57%
娱乐及其他服务	13.62%	3.92%	17.93%	13.26%
公共行政、教育医疗及其他	12.46%	9.14%	16.25%	13.22%

资料来源：GTAP 第 8.1 版资料库及本研究计算结果。

2. 开放陆资对岛内的经济社会效应

《海峡两岸服务贸易协议》签署的经济与劳动力市场效应，除了上述通过降低服务业关税等值的市场开放效益之外，还要考虑经济评估模型本身并不包含跨区域资金流动机制，无法透过模型计算出境外投资的成长效益，所以有必要针对《海峡两岸服务贸易协议》生效后可带动的陆资流入规模进行分析，来更完整的反映《海峡两岸服务贸易协议》对于陆资投资的具体效益。

数据方面，本研究运用台湾"经济部投审会"统计资料库与联合国历年世界投资报告的统计资料，结合运用动态回归模型，依循境外来台投资模式，根据 1984—2012 年全球资金流量、产业附加值与台湾境外来台直接投资金额为基础，同时考虑个别产业及资金到位的延迟特性，推估《海峡两岸服务贸易协议》生效后带动陆资对台湾的经济社会效应。其中，服务部门的陆资来台规模估算式可以表示为：

$$FDI_{it} = \beta_0 + \beta_1 FDI_{it-1} + \beta_2 GDP_{it-1} + \beta_3 WFDI_t + \beta_4 WFDI_{t-1} +$$

$$\alpha_1 D_1 WFDI_{t-1} + \cdots + \alpha_6 D_6 WFDI_t + \mu$$

其中，FDI_{it} 代表 i 部门在 t 年的境外来台投资金额；GDP_{it-1} 代表 i 部门在 t-1 年的产业增加值，用以表现该部门的经济规模，$WFDI_t$ 与 $WFDI_{t-1}$ 代表 t 年与 t-1 年扣除大陆和台湾的全球海外投资金额，分别代表当年全球的海外的直接投资规模。$\alpha_1 \cdots \alpha_6$ 分别为六个部门别（电子零组件、金融保险、不动产、教育、行政、医疗保健等）虚拟变量与 WFDI 的交叉系数，μ 为误差项。

接下来，推估岛内开放服务业部门的陆资流入规模，根据估计系数以 2009—2012 大陆海外投资的规模，逐年带入 $WFDI_{t-1}$ 与 $WFDI_{t-1}$，并求取陆资流入年平均规模。根据上述步骤估算开放陆资服务业平均每年流入 1.5 亿美元，可增加岛内资本存量约 0.02%。

依据上述二阶段做法，本研究将以第一阶段本研究针对双边服务业关税等值降幅计算的评估结果作为台湾与大陆服务业开放的基本效益，同时并将加上第二阶段计算陆资来台规模，以反映开放后对带动投资的效益。必须说明的是，检验过去台湾开放陆资的经验，政策开放的效益需要依据产业是否具备吸引陆资的条件，以及相关投资方案是否符合台湾投审会审查的条件，因此，投资成效仍需视个案而定，所以综合来看，本研究针对《海峡两岸服务贸易协议》的经济效应评估结果，预期将落在较为保守的推算值，在不包含陆资来台效益的服务业关税等值与（保守值）以及同时纳入陆资来台效益的乐观估计值（乐观者）之间。另外，本研究针对《海峡两岸服务贸易协议》所做的经济社会影响评估，采用的是比较静态分析方法，探讨《海峡两岸服务贸易协议》是否签署这个外在冲击变数对总体经济、产业结构及就业影响进行比较。由于性质上属于静态模型，因此评估过程中假设其他条件不变。故模拟结果显示的经济冲击或者效益，并未纳入政府、产业针对相关影响所采取的应对措施，也无法显现服务贸易自由化后比如国际制度接轨所带来的影响及利益。

（二）评估结果说明

1. 对台湾总体经济和产业的影响

依据前述模拟设定，本研究评估《海峡两岸服务贸易协议》签署的潜在就业和工资效应，在降低服务业关税等值估算市场开放并考量诱发陆资来台效益下，估计台湾实质 GDP 将会增加 9700 万至 1.34 亿美元，增加率介于 0.025%—0.034%。对两岸服务业进出口贸易的影响估算得出台湾服务业到大陆的出口值增长约 4.02 亿美元，增加约 37.2%。相对而言，自大陆的服务进口值增加约 9200 万美元，增长率 9.08%，显示对台湾服务业进口影响相对有限。

至于台湾对外服务业总出口部分，可望增加约 3.78 亿美元，增长率为 1.61%，显示《海峡两岸服务贸易协议》的签署有助于提升岛内服务业的总出口。而在台湾总进口方面，则因台湾对大陆服务业开放幅度不大，进口成长幅度相对较小，总进口约增加 6100 至 6300 万美元之间，增加率 0.3%。

表 7-7　《海峡两岸服务贸易协议》对台湾总体经济的影响

单位：百万美元；%

分类		初始值	变化值 *	变化 *
实质 GDP 变化	台湾	394587	97—134	0.025—0.034
	大陆	3509068	123	0.004
两岸服务业 贸易变化	台湾出口至大陆	1080	401.81—401.88	37.19—37.2
	台湾自大陆进口	1011	91.7—91.78	9.07—9.08
服务业出口 变化	台湾总出口	23539	377—378	1.60—1.61
	大陆总出口	116844	93	0.08
服务业进口 变化	台湾总进口	20851	61—63	0.29—0.30
	大陆总进口	100528	218	0.22

资料来源：根据上述步骤和方法计算而得。

注：* 表示下界保守值为单独考虑服务业市场开放降税效果，上届（乐观）值为纳入陆资来台效益。

《海峡两岸服务贸易协议》的签署对台湾服务业产值具有正向的作用，估计将增加约 3.9 亿至 4.28 亿美元，增长幅度平均介于 0.1%—0.11%。其中以变化百分比来看，受惠于两岸服务往来更加频繁，有助于空中运输服务业发展，产值估计增长 0.55%，增加约 3500 万美元左右，成长幅度变化最大。其次是运输仓储业，开放后产值约增加 6400 万美元，估计约增长 0.33% 至 0.34%。

再以变化值大小来看，以商品买卖业的产值增长最多，按照 0.17% 成长率来计算，约可增加 1.35 亿至 1.43 亿美元；其次是运输仓储业，约可增加 6200万—6400 万美元，工商服务业则排名第三，产值约增加 5200 万—5600 万美元。总体而言，《海峡两岸服务贸易协议》的签署对岛内个服务业的产值均具有正向效果，这对提振劳动力市场具有重要作用。

表 7-8　《海峡两岸服务贸易协议》对台湾服务业产值的影响

单位：百万美元；%

产业分类 1	初始值	变化值 *	变化 *
空中运输	6355.77	34.7—35.14	0.55—0.55
运输仓储业	18741.95	62.19—63.62	0.33—0.34

产业分类 1	初始值	变化值 *	变化 *
水上运输	3291.19	6.22—6.34	0.19—0.10
商品买卖	84719.55	134.98—143.16	0.16—0.17
工商服务	3577.14	52.18—56.09	0.15—0.16
通讯服务	11228.22	12.99—14.06	0.12—0.13
娱乐及其他服务	24232.85	22.63—24.55	0.09—010
营造工程	37154.19	23.11—30.96	0.06—0.08
住宅服务	34609.75	15.32—20.34	0.04—0.06
金融服务	36809.95	12.26—15.88	0.03—0.04
保险	11586.73	2.03—2.98	0.02—0.03
公共行政、教育医疗及其他服务业	71320.98	12.27—15.34	0.02—0.02
合计 / 平均	375758.27	390.87—428.49	0.10—0.11

资料来源：本研究模拟结果。

注：表中各产业所对应的行业分类，见附表 3。本表产业根据变化率高低，由高至低排序。

　* 表示下限（保守值）为单独考虑服务业市场开放降税效果，上限（乐观值）为纳入陆资来台效益。

2. 对台湾服务业就业的影响

在就业方面，《海峡两岸服务贸易协议》的签署对岛内服务业就业亦有正向作用。服务业总就业人数估计可能增加 11380 至 11923 人，总就业增长率幅度为 0.15%—0.16%。其中，以就业人数变化观察，商品买卖业的就业人数增长最多，可增加 5 千多人的就业需求。其次如公共行政、教育医疗及其他服务业，就业需求亦可增加 2 千余人，再如运输仓储业、工商服务业等，其就业需求可望增加超过千人以上。

表 7-8 《海峡两岸服务贸易协议》对台湾服务业就业的影响

单位：人；%

产业分类 1	初始值	变化值 *	变化 *
空中运输	11441	70—70	0.61—0.61
运输仓储业	276875	1111—1132	0.4—0.41

产业分类1	初始值	变化值 *	变化 *
水上运输	5587	12—12	0.22—0.21.
商品买卖	2467274	5138—5282	0.21—0.21
工商服务	509182	989—1018	0.19—0.2
通讯服务	97611	153—155	0.16—0.16
娱乐及其他服务	608278	904—944	0.15—0.16
营造工程	420412	494—590	0.12—0.14
金融服务	283214	209—222	0.07—0.08
保险	228401	140—150	0.06—0.07
公共行政、教育医疗及其他服务业	2497388	2160—2350	0.09—0.09
合计 / 平均	7405663	11380—11923	0.15—0.16（平均）

资料来源：本研究模拟结果。

注：表中各产业所对应的行业分类，见附表3。本表产业根据变化率高低，由高至低排序。

 * 表示下限（保守值）为单独考虑服务业市场开放降税效果，上限（乐观值）为纳入陆资来台效益。

　　考虑陆资投资岛内市场，《海峡两岸服务贸易协议》的签署对台湾就业的影响还会更大些。以营造工程中的建筑业为例，台湾建筑业者不仅可以在大陆设立建筑设计企业，还可以在大陆参加工程投标。同时，允许台湾服务提供者在大陆设立的建设工程设计企业聘用台湾相关人员、放松对技术职称和居住时间条件限制，且放松对台湾企业出资额比例的限制。此项开放措施可以提升台湾企业在大陆的竞争力，进一步促进建筑业及相关行业的台商对大陆进行贸易和投资，使岛内建筑业蓬勃发展，带动本行业及相关的人才就业，进而提高他们的收入。

　　运输仓储、空中运输等服务业的就业效应也是非常明显的，其中最为相关的是两岸旅游服务业之间的合作往来。台湾旅游业者在大陆设立旅行社，不仅没有年度旅游经营总额的限制，并且在营业场所、营业设施和最低注册资本等方面享有与大陆业者的同等待遇，甚至可以从事出境旅游业务。此番举措不仅促进台湾旅游业的发展，也可以进一步深化两岸旅游产业合作，逐渐从量的来往向质量的提升方向转移。另外，由于旅游业属于劳动密集型产业，旅游业贸易合作的深化将对台湾经济结构调整、经济质量提升起积极作用，对岛内劳动力再就业的效应较其他行业更加明显，主要体现在：一是旅游直接带来就业人数，主要是指台湾旅游统计中的公布的直接就业人数，具体包括旅游住宿、旅行社、景区和旅游车船公司等就业人员；二是旅游间接就业人数，包括直接为游客服务以及旅游密切相关的餐饮、娱乐、运输以及公共设施服务的就业人数；三是旅游经济拉动的就业人数，是指在前两层作用下台湾岛内经济增长为其他行业发展注入动力，形成新的就业点。

《海峡两岸服务贸易协议》中对银行业和医疗业的开放促使台湾服务业转型升级也带动了其他行业的发展和就业。台湾银行业者可以在福建设立异地支行，并可以在大陆发起设立乡镇银行。大陆方面特别承诺，台湾的银行在大陆的营业性机构经批准经营台资企业人民币业务时，服务对象可包括依规定被认定视同台湾投资者的第三地投资者在大陆设立的企业。这一切承诺热切回应了大陆台资企业的关切，且为台湾银行业提供了新的领域和市场空间。台湾金融业在大陆的进一步发展，不仅缓解了岛内过度竞争和盈利能力下降问题，也为岛内金融人才创造更多的岗位，促进了就业。台湾医疗业者可以在大陆以合资合作，或者独资的形式设立医院，其中独资医院可以在所有省会城市和直辖市设立，合资合作医院可以在其他地区设立，对于台湾医疗行业而言，扩大对医疗服务市场大的开放能更方便地满足台资企业市场的需求，同时带动岛内母公司的研发、技术和配套设备的建设，增加岛内医疗业的就业岗位，带动岛内专业人才的收入。

此外，《海峡两岸服务贸易协议》涉及的其他方面健康社会、娱乐文化、电子商务等方面同样为台湾企业进军大陆市场提供了有利条件。令人期待的是，一方面，两岸服务贸易协议中对台湾服务者身份条件的放宽，允许外来企业在台设立商业据点满3年或者5年以上，就能以台湾服务者身份利用本协议需求大陆市场，增加侨外企业来台投资的动能，也将带动岛内劳动力市场的需求。另一方面，两岸服务业合作可以改善台湾过去依赖产品出口的贸易模式，为服务业出口提供方向。逐渐从过去的传统产业提升为知识经济和现代服务业输出，有利于岛内产业经济的转型升级和可持续发展，这才是改善劳动力市场最为根本的出路。

必须要说明的是，本研究所使用的各产业就业人数初始值是根据台湾"主计处"发布的2006年产业关联就业表推测而得。所以使用产业关联就业表是为了配合GTAP模型的产业分类，因GTAP为全球贸易量化评估模型，产业分类与台湾的产业标准有出入，所以将 GTAP 的产业分类对应到台湾产业关联就业表的部门分类中去推算部门就业人数，但这并不会导致结果差异明显。比如台湾"主计处"2013 年 5 月在内统计就业人数是 730 万人，本研究估计同期是 740 人万人，总就业人数已经相当接近了。

本章小结

继 2012 年 8 月《海峡两岸投资保护和促进协议》完成之后，2013 年《海峡两岸服务贸易协议》的签署标志着 ECFA 实质内涵的提升，为两岸服务贸易提供了制度化基础。不过岛内一些人士担心《海峡两岸服务贸易协议》的签署可能使台湾在经济与政治上更受大陆操作，2014 年爆发"太阳花运动"要求逐条审查。2016 年民进党再度执政后，《海峡两岸服务贸易协议》就此搁置，至今未生效。理论和实证研究均发现以内需市场为主的服务业发展对带动就业的作用非常大，然而受限于岛内内需市场的狭小和以服务业发展为主的产业结构转型不力，服务业对岛内就业的作用没有得到实际的发挥，这也是造成岛内劳动力市场萎靡不振的重要原因。相反，大陆则拥有相对广阔的内需市场，两岸服务贸易往来不仅可以拓展台湾服务业的发展空间，且有利于岛内经济产业转型升级，与此同时，台湾与大陆服务业发展阶段存在梯度差异，这也是近几年两岸服务贸易迅猛发展的重要原因。在此背景下迅速发展两岸服务贸易对台湾劳动力市场的影响产生了哪些影响？与两岸货物贸易的劳动力市场效应存在哪些区别？是本章研究重点。

本章研究发现，两岸服务贸易进出口数额较低，台湾对大陆服务贸易出口的就业作用未得到积极显现，关联作用下，台湾对大陆进口的服务贸易则产生了替代作用。此外，本研究实证结果还显示，近 10 年来，台湾对大陆服务贸易出口对岛内服务业就业影响不显著；台湾对大陆服务进口对服务业就业产生了替代效应，具体来看，可贸易度高的服务进口、资本密集型和知识密集型服务进口对就业产生显著的正向效应，可贸易度低的服务进口和劳动密集型服务进口对就业产生显著的负向效应。服务业直接利用外资未能带来国内服务业明显的就业增长，反而造成就业减少，负向就业效应主要由资本密集型和劳动密集型服务业外商直接投资造成。因此，服务业对大陆开放对岛内就业的影响不能得出绝对的"积极"或"消极"的结论，而要基于不同服务提供模式、不同服务部门的可贸易度和要素密集度，以及不同服务行业发展与就业水平做出具体的判断。虽然服务进口对就业的替代作用较明显，但可贸易度高的服务及资本、知识密集型服务进口可以通过产业关联对就业产生正向促进作用。本章研究发现《海峡两岸服务贸易协议》潜在就业和工资效应是非常明显，可望带给岛内经济、产业的发展，这均有利于带动岛内劳动力市场的繁荣，尤其是劳动密集型产业的受益最大，尤其是《海峡两岸服务贸易协议》中陆资的流入也将会对岛内产业发展起到积极作用，然而由于台湾当局对大陆企业对台湾投资的限制有关，《海峡两岸服务贸易协议》的潜在影响也未得到有效发挥，这些积极作用也未得到显现，也就无法服务于台湾岛内的劳动力市场，拉动台湾经济发展。

第八章　研究结论与建议

第一节　研究结论

一、主要结论

本书致力于从理论和实证两个角度探讨两岸贸易对台湾劳动力市场的影响，包括两岸货物贸易和两岸服务贸易分别对岛内就业和工资的影响。主要研究结论如下：

结论一：两岸货物贸易确实对台湾就业产生了一定的冲击，但这种冲击是短期的且主要作用于劳动密集型的制造业。而台湾劳动力市场的信息不对称等摩擦因素带来新旧职位搜寻—匹配成本的提高，则加大了两岸货物贸易对台湾就业的冲击力度。更为重要的是，两岸货物贸易具有的"日本进口—台湾接单—大陆生产—出口欧美"的"三角"特征，使得台湾出口大陆拉动就业的效应弱于台湾自日本进口替代就业的效应，从而带来劳动力失业率的上升。

结论二：两岸货物贸易有助于提高台湾岛内整体的实际工资，尤其是对台湾的资本技术密集型的制造业。但两岸货物贸易会引致台湾进行防御性技术创新，增加对熟练劳动力的需求，从而扩大岛内熟练劳动力与非熟练劳动力的工资差距。另外，两岸货物贸易的"三角"特征也弱化了两岸货物贸易对台湾岛内实际工资的促进作用。

结论三：在国际金融危机和欧债危机持续蔓延、两岸经济合作制度化开启的背景下，两岸货物贸易对台湾劳动力市场的影响发生变化。单从两岸关系来看，2010 年后，台湾出口大陆拉动就业量减少，台湾自大陆进口替代就业量上升，台湾出口大陆对工资的提升作用与自大陆进口对工资的抑制作用都在增强，但前者大于后者。两岸货物贸易规模仍对台湾就业和工资变动的贡献最大，但贸易结构的贡献在上升；从台湾地区与不同国（地区）别的贸易来看，相较于欧美日，台湾出口大陆对岛内就业和工资的拉动作用更大，台湾自大陆进口对台湾就业的替代和对工资的抑制作用明显更小。

结论四：两岸服务贸易往来集中在劳动密集型服务业部门，但由于台湾当局的政策限制，两岸服务贸易的往来并不乐观。在此背景下，台湾对大陆服务贸易出口对岛内劳动力就业的积极作用并未现象，台湾对大陆服务贸易的进口对岛内劳动力就业产生了替代作用。值得注意的是岛内境外来台直接投资对岛内劳动力就业产生了替代作用，这与岛内产业转型升级、生产性服务业发展动力不足有关。基于 GTAP 模型的评估结果显示，《海峡两岸服务贸易协议》的签署对岛内劳动力市场的影响为正面效益，但效益幅度并不明显，尤其是《海峡两岸服务贸易协议》的未实施对岛内劳动力就业的潜在积极影响也未得到有效发挥。

值得说明的是，本书分析并总结两岸贸易影响台湾劳动力市场的主要机制，它们之间是相互影响、相互作用的。H-O 理论通过商品价格机制建立贸易影响要素报酬的系统理论，南北贸易理论建立了贸易与技术进步的分析框架。但目前没有理论能够将主要机制统一在一个框架下。本书也只在各个模型中单独提炼出两岸货物贸易影响岛内劳动力市场的机制，尚未将不同作用机制结合起来考虑，这是本书的缺陷，也是未来努力的方向。台商赴大陆投资是两岸经贸往来的主要活动之一，尤其最近几年，台商赴大陆投资规模有超过两岸货物贸易规模的发展趋势。台商赴大陆投资也会对岛内劳动力市场产生较大的影响，本书只是将其作为外部因素，考虑它是否影响两岸货物贸易与劳动力市场的关系，并没有深入研究台商赴大陆投资对岛内劳动力市场的直接影响。

二、对结论的进一步说明

如前所述，两岸贸易对岛内就业产生冲击的同时对岛内工资具有促进作用，因此，两岸贸易对台湾劳动力市场存在双重效应。就此一点，我们就不能简单否定两岸贸易往来。另外，本书所得结论具有短期分析的特征。一方面，20 世纪 90 年代两岸货物贸易规模才逐渐扩大，至今，仅有 20 多年比较系统和完整的两岸货物贸易数据，这也是本书主要采用 1992 年以来的数据进行实证检验的原因。另一方面，本书所选取的分析阶段正是台湾产业结构转型升级时期。产业结构转型升级成功需要一个长期过程，但短期面临挑战，因此，两岸货物贸易对岛内部门资源配置产生影响，进而对岛内劳动力市场产生了短期冲击。两岸服务贸易往来对岛内劳动力就业的影响并不显著，部分原因在于《海峡两岸服务贸易协议》的搁置和未实施，台湾对大陆服务贸易出口的积极作用并未得到有效发挥。除此之外，实证结果显示岛内境外来台直接投资对岛内就业存在一定的替代作用，这与境外来台直接投资行业集中知识密集型服务业部门有关，这个结论也给我们一个启发：陆资少量且集中的资本密集型服务业并不一定对岛内劳动力就业产生替代作用。事实上，台湾劳动力市场的就业和工资处于低落状态有其内部原因，且是根本原因。正如台湾学者林慈芳（2011）和陈剑虹（2012）的研究指出岛内产业结构发展模式过于单一、所得分配失衡发展与就业市场不完善等是劳动力就业和工资处于低落状态的主要原因。

从长期来看，面临全球化、区域经济形成以及知识经济等三大潮流，各国（地区）之间的市场交易障碍日益降低，世界经济正加速成为一个单一市场。在此背景下，海岛型经济体的台湾实在很难立于全球化和区域化的潮流之外，只有实施积极对外开放，利用岛外市场需求发展台湾经济。同时，大陆的迅猛发展，并主导亚洲经贸整合，成为全球最重要的贸易市场之一。因此，在经济结构转型的关键时期，台湾与大陆应结合各自的优势，进行有效率的分工与合作，才能在区域经济整合中具有区域性及全球性竞争力，使岛内产业结构升级转型顺利，进而带动经济发展，最终使岛内劳动力市场恶化问题得到有效改善。另外，在这一方面，台湾地区可借鉴荷兰经济发展的成功之处，台湾与荷兰无论是经济规模、天然资源还是对外贸易均有许多共通点，荷兰依靠欧洲市场成功建成欧洲营运中心，促进荷兰经济增长和劳动力市场良好发展，而台湾则有机会依照荷兰模式发展成为亚洲区域营运中心，带动物流业、运输仓储业等快速发展，实现产业结构升级和经济增长，进而促进岛内劳动力市场良性发展。根本而言，台湾产业长期倾向低成本的竞争策略，忽略核心技术的掌握，再加上服务业发展缓慢导致产业发展失衡，产业的附加值下降，自然也就会压缩薪资的成长动能，再加上高等教育扩展太快，产业升级迟缓，导致劳动力城市供给和需求脱节，各产业人力超额供给，自然压抑薪资的成长。

事实上，受政治因素的干扰，台湾一直存在与大陆深化贸易关系的阻力，更难以有效利用大陆深具潜力的内需市场建设营运中心、提高全球和区域竞争力。在全球和区域竞争中，若缺乏竞争力，便会在优胜劣汰的竞争法则下被淘汰。对台湾而言，缺乏竞争力会导致岛内产业结构转型升级不顺畅而无法带动就业和工资的成长。

结合本书研究结论，本书认为完善台湾的劳动力市场，建立透明有效的信息传达机制，调整两岸货物贸易的"三角模式"，优化两岸货物贸易结构，将有助于提高台湾劳动力的就业水平和工资水平，从而减少两岸经贸往来的阻力，深化两岸经济合作，实现互利共赢。服务业已成为岛内劳动力就业的主战场，鉴于岛内经济发展的动力不足，服务业的发展需要境外投资的助力，限制两岸服务贸易往来，无助于岛内服务业的发展，从而影响服务业对岛内劳动力就业的吸纳能力，这也引致岛内高素质人才纷纷前往大陆一线城市寻找就业机会。因此，客观认识两岸经贸交流的积极作用和消极作用，促进两岸经贸交流健康发展，是当下岛内当局亟须认清的一个事实，尤其在专业分工程度日益深化，进而朝向更细化的国际分工趋势下，台湾应根据自有核心能力，积极发展与大陆经贸合作，利用大陆内需市场推进岛内产业结构的顺利转型和升级，最终实现岛内劳动力市场的良性发展。

第二节　对策建议

基于比较优势、市场驱动的两岸经贸往来为大陆和台湾经济社会发展均有益，尤其是日益密切的两岸经贸关系对台湾产生了巨大经济利益这一事实，是显而易见的。不过由于种种原因，两岸经贸交流合作未给台湾带来应有的更大利益，并且在已实现的经济利益的初次分配中也明显存在着产业、区域、群体等方面的不均衡，这是未来调整两岸经贸往来结构，进而平衡两岸经贸利益分配必须要努力的方向，改善这种格局进而真正提升台湾民众福祉的途径，应是摒弃意识形态的偏见，在理性与正确的观念下，采取有效的针对性弥补措施。基于此，本书致力于探讨的两岸贸易对劳动力市场中不同群体的就业和工资影响，针对本书研究结论中两岸贸易对劳动力市场低技术劳动力就业和工资的不利影响，以及《海峡两岸服务贸易协议》签署带来陆资流入的可能不利效应，围绕两岸经贸往来提出以下政策建议：

（一）把"蛋糕"做大是改善两岸贸易对不同类型劳动力利益分配的根本所在

2008 年以来尽管两岸经贸交流合作迅速发展，但受制于岛内保护主义心态与意识形态影响，扩大和深化两岸经贸交流的阻力依然很大，因此利益"蛋糕"无法充分做大。两岸 ECFA 的"早期收获"安排给台湾相关行业及群体带来立即明显的益处，但受惠范围十分有限，真正有利于台湾整体经济与民众福祉的ECFA 后续协议《海峡两岸服务贸易协议》与《海峡两岸货物贸易协议》却被迟迟搁置。此外，陆资入台对台湾的就业、产业发展均有明显的经济利益，台湾方面却是设置重重障碍。因此，岛内有人一方面反对扩大两岸经贸交流合作，一方面又抱怨两岸经贸交流合作对台利益不大，这在逻辑上是十分矛盾的。

需要说明的是，在经济全球化大背景下，收入差距扩大化趋势在全世界具有普遍性，而台湾自身税收制度缺陷、经济持续低迷不振等内在因素更是其社会贫富差距扩大化的重要原因，将台湾贫富差距扩大归咎于两岸经贸交流合作毫无学理与现实的依据。实际上，如果失去大陆市场作为支撑台湾经济发展的动力来源，更加低迷的台湾经济将会进一步恶化台湾社会的收入分配状况。因此，岛内相关机构应进一步加大与大陆市场的合作，拓宽岛内产业的生存空间，做大两岸经贸合作的利益这块"大蛋糕"，在岛内进行初次和重注再次分配的公平。

（二）加强两岸服务业领域合作，促使服务业领域的低技术劳动力获益

要改变两岸经贸交流合作的对台利益过于集中在制造业的格局，除了台湾要致力于提升自身服务业竞争能力外，唯有加强两岸服务业领域的交流合作。近年随着两岸开放政策的扩大，台商赴大陆投资的产业重心已逐渐转向服务领域，遗憾的是已经签署的《海峡两岸服务贸易协议》迟迟无法生效，让两岸服务业领域合作的许多商机可望而不可即。与制造业相比，台湾服务业中小企业的比重明显较高，由于两岸服务业合作进程的滞后，也影响了中小企业在两岸往来中利益分配中不利局面的改善。目前大陆陆续出台多项措施提振台湾中小企业发展和台湾劳动力在大陆就业的优惠措施，建议相关方面保持理性，认真研读惠台措施，提取有利于岛内发展的措施进行督促和落实。本书建议：一方面，结合近几年发布的"惠台31条"和"惠台26条"和2018年韩国瑜的货出去、人进来政见，建议加强对台湾南部基层工作，与高雄市府协商，有条件地协助高雄的农渔畜牧业者以及其他中小型企业与生产者，共同在南南合作的区域内争取合作机会并且促成订单，畅通高雄在地产品货畅其流的外销出路之时出手相助，让台湾南部农渔产货品可以销往大陆。此外，建议大陆鼓励个人旅游到台湾南部，尤其做青年旅行创造高雄农村休闲观光旅游，为乡村带进人气、提供在地就业机会、增加收入。另一方面，根据"惠台31条"第31项是为方便台湾同胞在大陆应聘工作，推动各类人事人才网站和企业在线招聘做好系统升级，支持使用台胞证注册登录。建议官方可以辅导人事人才网站和企业在线招聘（例如前程无忧、智联招聘）与台湾相关知名网站（例如104或1111人力银行）合作，透过企业联盟方式提供更多岗位给台湾青年，毕竟目前看到的104或是1111人力银行都是台商提供的就业岗位居多，建议大陆除了台胞证注册登录硬件升级之外，软件的内容提供也很重要，就利用现成的信息两岸人力银行资料内容串联互动，两岸一家亲的融合可以线从年轻人就业开始。

（三）提高惠台政策效益，促进不同群体利益分配的平衡

总体上两岸经贸往来应遵循市场规律，平等互惠地交流与合作，但基于两岸关系的特殊性，针对某些特定群体尤其是弱势群体实施一定优惠政策亦是合情合理，并有助于促进两岸往来利益在群体分配上的平衡。大陆方面应立足于提高惠台政策效益，认真梳理与调整相关惠台政策。

1.减少中间环节，让政策优惠落到实处。以所谓"三中群体"（中南部、中下阶层、中小企业）为代表的台湾社会基层民众是大陆惠台政策的特定对象。但现实中大陆往往无法直接面向台湾基层民众，需要借助多重"中间环节"，造成优惠政策效益在传递过程中相当程度的折损，如：台湾水果等农产品零关税进口的利益，直接惠及农渔户较少，更多的是中间贸易商受益。因此在相关政策执行上，应设法尽量减少中间环节，建构直达台湾基层民众的"通道"，把政策优惠落到实处。台南学甲镇的虱目鱼"契作"模式、福州超大公司在当地设置机构常态化采购台湾农产品等方式均值得推广。

2.加强制度规范，防范特权人士"寻租"行为。大陆出于善意与诚意，陆续出台了许多对台优惠政策，但因相关政策制定机制不尽完善，一方面在政策的制定中规范严谨、公开透明不足，另一方面在政策的执行中也存在不少体制及制度建设方面的问题，特别是缺乏有效的政策监督机制，不仅影响了惠台政策运行效率，还为特权人士"寻租"行为、特别人群垄断利益创造了空间。以大陆居民赴台旅游为例，由于在开放大陆居民人数规模、授权旅行社家数、"团客模式"规定与"自由行"开放等方面的政策限制，使得大陆居民赴台旅游政策的应有效应受到一定程度的弱化。

3.淡化官方色彩，充分发挥社会平台与民间渠道的作用。在大陆对台采购政策实施中，不少大陆省、市政府官员纷纷率团赴台进行"访问式"采购，这种官方推动模式并不太适合两岸关系的特殊环境，成效不尽理想。实际上，若能充分发挥社会平台、民间渠道的作用，推进"团体对团体""行业对行业""基层对基层""区域对区域"的交流格局，可能会收到更好的效果。"面板采购"受到两岸业界的普遍欢迎，主要就是因为采取行业对行业的合作机制，即时掌握供需动态，降低交易成本，达成两岸业者双赢。

（四）适当放松自然人流动准入条件，扩大经济开放水平

本书研究发现台商赴大陆投资拉动的台湾出口大陆占据一定的规模，但台资企业深耕大陆市场多久，取得成绩的同时也遇到许多挑战。加强对台资企业的支持和辅助，助力台资企业在大陆可持续发展，是有利于两岸经济往来，也

有助于台湾经济繁荣。

1.进一步放松对行业准入条件的限制

两岸行业合作范围内可适当放松自然人准入条件，如允许从事家政服务业的人员进入，也可以出台与准入人员相关的政策决策，让民众看到两岸同心同力促进共同发展的决心，同时也减少台湾地区民众可能怀有的"放松自然人流动准入条件可能会给台湾地区带来就业压力，怕大陆民众纷纷涌到台湾"抢饭碗"的担忧，更重要的是为了显示大陆想与台湾地区扩大经济合作范围、造福两岸人民真诚实意。这样可以使得大陆充裕的劳动力顺利地进入到台湾地区市场或是台湾地区的劳动力可以来到大陆寻求一个更广阔的市场，同时对扩大两岸经济合作范围有着很大意义和作用。

进一步深化知识技术密集型服务业的合作，实现两岸互利共赢。本书研究结论发现两岸之间的知识技术密集型服务业所占贸易比重最小，但同时该服务的进出口却也不断被低估，说明两岸之间进行的知识技术服务贸易越来越频繁，在此类目上的交流也越来越多，两岸应抓住势头开展进一步深化知识技术密集型服务业的合作，实现两岸互利共赢。

2.加强对大陆台资企业的支持

2019年台盟中央重大调研课题中显示大陆很多台企发展过程中存在共性问题：比如部分台资企业表示，国家出台很多很好的政策，但是传导到企业层面需要一定的时间。同时有很多优惠政策，企业只知其有而不知其如何获得，尤其对于中小台资企业，对政策的研读水平有限。因此，往往缺乏执行的路线图，导致好的政策变成空中楼阁，接受度与感知度不深。再比如中小型台资企业融资难融资贵且存在"隐形门"和"玻璃门"与大陆其他民营中小微企业一样，中小型和初创型台资企业同样面临普遍的融资难融资贵问题，不同的是台资身份带来的"隐形门"和"玻璃门"问题，部分企业反映国内的金融机构存在不受理、不办理台资企业贷款业务的情况，其中固然有台资中小企业缺乏抵押物和中国人民银行征信中心不掌握台资企业和个人信用记录的合理原因所在，但一些金融机构也存在对台资企业服务意识不强，不愿意花时间和精力对台资中小企业进行有效沟通和解答疑惑，有"嫌麻烦"的情况出现。针对这些问题，建议争取国家部委在行业准入门槛、从业许可等方面给予台资集中区域相应的行政审批权限，在大陆长期经营的台资企业尤其是外向型企业，对于外部环境的波动影响相当敏感，建议在"一带一路"建设中，国家发改委和相关地方政府在制定相关产业政策、编制投资项目目录、推动项目落地等环节，给予台资企业融入"一带一路"建设的发展机遇，引导和支持其开辟新市场，共享新机遇，实现新发展。尤其在国家级战略方面，让台胞享有同港澳同胞同等待遇的措施，为台资企业和台商台胞融入国家即战略方面提供政策支持。建议国家部委在行业准入门槛、从业许可等方面给予台资集中区域相应的行政审批权限，如目前在广东省境内，港澳同胞已允许开办个体诊所，而台胞仍未放开许可，建议相关部委酌情予以审定，适时放开许可，推动实现同等待遇。

（五）共同参与"一带一路"建设，贯彻落实《海峡两岸服务贸易协议》

民进党当局的"新南向政策"、蔡英文不承认"九二共识""一个中国"等政策或言论阻碍了两岸经贸正常往来，两岸交流和经贸发展严重停滞。当全球目光都聚焦在 2017 年 5 月 14 日召开的"一带一路高峰论坛"时，台湾却独自向隅，成了"经济绝缘体"。台湾方面应该清楚地认识到：即使没有台湾地区的参与，"一带一路"依然会顺利开展且不受任何影响，但台湾地区如果选择缺席"一带一路"，那么台湾地区未来的政治经济发展必将会因此而受到深远影响，最终受到伤害的只会是全体台湾人民。因此，为了台湾人民的福祉，为了两岸经济共同发展，两岸应该携手共同参与"一带一路"建设，共创幸福生活，共享美好未来。2013 年《海峡两岸服务贸易协议》的签订对两岸服务贸易发展有着积极的意义，两岸应切实执行《海峡两岸服务贸易协议》内容，为加强两岸服务贸易往来、提升经济水平建设共同奋进。

在全球贸易与投资规则加速调整的背景下，台湾的经济发展面临着机遇和挑战，其核心是服务业开放的路径选择，以及开放过程中配套政策的制定与实施。在此过程中，确保就业稳定和增长是必须考量的关键因素。根据岛内对大陆服务业分部门的开放情况和服务业开放对就业的影响效应，针对推动海峡两岸服务贸易的交流合作的具体建议如下：

1. 在服务贸易方面，由于资本密集型和知识密集型服务进口促进了服务业就业的增长，可以考虑提高市场准入和贸易便利化水平，努力扩大以软件和信息技术服务、金融服务、租赁与商务服务等为主的生产性服务进口。这些服务的进口可以有效推动关联性服务部门与制造部门的效率提升与价值链融入，进而带动产业发展，提升就业吸纳能力。由于劳动密集型服务部门总体开放水平相对较高，同时又牵涉较多的中低技能劳动力就业，对吸纳台湾中西部劳动力就业至关重要。劳动密集型服务进口会产生负的就业增长效应，因此需要关注劳动密集型服务部门的就业变动，保障就业稳定增长。

2. 在服务业利用境外来台直接投资方面，鉴于电信服务、金融服务和专业服务等服务部门具有较强的正向就业效益,应稳步扩大这些服务部门对大陆企业投资的准入水平。通过有序的境外投资引入继续扩大竞争、打破垄断,能加快营商环境的改善,提升投资者的信心,进而提升整体经济效率和拉动就业。

3.在配套政策措施制定方面,可分区域实施差别化的境外投资引入政策,创造适合当地条件的就业机会。在高技能劳动力较密集的地区,侧重改善知识密集型服务行业的外商投资环境;在中低技能劳动力较密集的地区,侧重改善劳动密集型和资本密集型服务行业的外商投资环境,以提升劳动力市场的供需匹配程度。

上述所有措施有利于岛内经济转型和产业升级,而经济转型和产业升级恰恰是改造劳动力市场就业和薪资成长低迷的关键所在(陈剑虹,2012)。因此,在促进两岸经贸往来良性发展的同时,在产业方面,岛内各方面要结合产业发展,做出相关规划和指引。比如引导制造业升级方面,岛内产业发展应掌握关键技术及产品开发的主动权;再将制造的思维转化为市场的服务导向,整合产品制造与服务内涵,加强产业竞争力,提升产业附加值,薪资的成长动力才会体现。再比如利用两岸经贸合作引导岛内服务业升级,结合科学技术发展提高生产效率及经营规模,融合创新创意发展新兴服务产业,优化产业结构,创造薪资成长的空间,拓宽人力资源发展途径和平台,建立产业发展与人力资源的协调机制,培育产业所需的人才与专业技能,使人才能充分利用发挥所长,促使劳动力就业匹配提高成功率。

附　录

附录 1　台湾地区制造业 25 个细分产业

传统劳动密集型制造业 （12 个）	资本技术密集型制造业 （12 个）	未分类制造业 （1 个）
成衣及服饰品制造业	电力设备制造业	其他制造业
纺织业	电脑、电子及光学制品制造业	
家具制造业	电子零组件制造业	
木竹制品制造业	非金属矿物制品制造业	
皮革毛衣	化学材料制造业	
食品制造业	化学制品制造业	
塑胶制造业	机械设备制造业	
橡胶制造业	基本金属制造业	
药品制造业	金属制品制造业	
饮料及烟草制造业	其他运输工具制造业	
印刷及资料储存媒体印制造业	汽车及零件制造业	
纸浆、纸及纸制品制造业	石油及煤制品制造业	

附录 2 台湾地区投入产出表 29 个行业

第一产业 （1个）	第二产业 （23个）	第三产业 （5个）
农林牧渔业	矿业及土石采取业	水电力及燃气供应业
	成衣及服饰品制造业	
	纺织业	
	木竹制品制造业	
	皮革毛衣及其制品制造业	
	食品制造业	
	塑胶制造业	运输及仓储业
	橡胶制造业	
	饮料及烟草制造业	
	纸浆、印刷制造业	
	电力设备制造业	批发及零售业
	电脑、电子及光学制品制造业	
	电子零组件制造业	
	非金属矿物制品制造业	
	化学材料制造业	金融及保险不动产业
	化学制品制造业	
	机械设备制造业	
	基本金属制造业	住宿及餐饮业
	金属制品制造业	
	运输工具制造业	
	石油及煤制品制造业	
	其他制造业 营造业	

附录 3　GTAP 服务业部门的行业分类对照

GTAP 产业部门类	台湾行业标准分类	
	细类	各类名称
营造工程业	3801	一般土木工程业
	3802	道路工程业
	3803	景观工程业
	3804	环境保护工程业
	3901	房屋建筑工程业
	3902	房屋设备安装工程业
	4001	机电、电信及电路工程业
	4002	管道工程业
	4003	冷冻、通风机空调工程业
	4100	建筑装修及装潢业
	4200	其他营造业
	9204	建筑物情结服务业
商品买卖	4551	汽车批发业
	4552	机车批发业
	4553	汽机车零配件、用品批发业
	4554	汽机车车胎批发业
	4721	加油站业
	4729	其他燃料零售业
	4741	汽车零售业
	4742	机车零售业
	4743	汽机车零配件、用品零售业

GTAP 产业部门类	台湾行业标准分类	
	细类	各类名称
商品买卖	4744	汽机车车胎零售业
	4791	中古商品零售业
	9511	汽车维修业
	9512	汽车美容业
	9592	机车修理业
	4411	米粮批发业
	4412	蔬果批发业
	4413	花卉批发业
	4414	家畜批发业
	4415	家禽批发业
	4416	水产品批发业
	4419	其他农畜水产品批发业
	4421	冷冻调理食品批发业
	4422	食用油脂批发业
	4423	烟酒批发业
	4424	非酒精饮料批发业
	4425	茶叶批发业
	4429	其他食品百货批发业
	4431	布匹批发业
	4432	成衣批发业
	4433	鞋类批发业

GTAP 产业部门类	台湾行业标准分类	
	细类	各类名称
商品买卖	4434	行李箱及手提袋批发业
	4435	服饰配件批发业
	4439	其他衣着、副食品批发业
	4441	家庭电器批发业
	4442	家具批发业
	4443	寝具批发业
	4444	室内装饰品批发业
	4445	摄影器材批发业
	4449	其他家庭设备及用品批发业
	4451	药品及医疗用品批发业
	4452	化妆品批发业
	4453	清洁用品批发业
	4461	书籍、文具批发业
	4462	运动用品、器材批发业
	4463	玩具、娱乐用品批发业
	4464	乐器批发业
	4470	钟表、眼镜批发业
	4480	首饰及贵金融批发业
	4511	木质建材批发业
	4512	砖瓦、砂石、水泥基制品批发业
	4513	瓷砖、贴面石材、卫浴设备批发业

GTAP 产业部门类	台湾行业标准分类	
	细类	各类名称
	4514	板玻璃批发业
	4515	漆料、涂料批发业
	4516	金属建材批发业
	4519	其他建材批发业
	4521	化学原料批发业
	4522	化学制品批发业
	4531	石油制品燃料批发业
	4539	其他燃料批发业
	4541	机械批发业
	4542	电力电子设备批发业
商品买卖	4543	事务机器批发业
	4544	电脑及其周边设备、软件批发业
	4545	精密仪器批发业
	4554	汽机车车胎批发业
	4560	综合商品批发业
	4570	商品经济业
	4591	饲料批发业
	4592	回收物料批发业
	4599	未分类其他批发业
	4620	食品百货零售业
	4751	百货公司业

GTAP 产业部门类	台湾行业标准分类	
	细类	各类名称
商品买卖	4752	超级市场业
	4753	连锁式便利商店业
	4754	零售式量贩店
	4759	其他综合商品零售业
	4611	米粮零售业
	4612	蔬果零售业
	4614	肉类零售业
	4615	水产品零售业
	4619	其他农畜水产品零售业
	4613	花卉零售业
	4619	其他农畜水产品零售业
	4631	布匹零售业
	4632	成衣零售业
	4633	鞋类零售业
	4634	行李箱及手提袋零售业
	4635	服饰配件零售业
	4639	其他衣着、服饰品零售业
	4641	家用电器零售业
	4642	家具零售业
	4643	寝具零售业
	4644	室内装饰品零售业

GTAP 产业部门类	台湾行业标准分类	
	细类	各类名称
商品买卖	4645	摄影器材零售业
	4649	其他家庭设备及用品零售业
	4651	药品及医疗用品零售业
	4652	化妆品零售业
	4653	清洁用品零售业
	4661	书籍、文具零售业
	4662	运动用品、器材零售业
	4663	玩具、娱乐用品零售业
	4664	乐器零售业
	4670	钟表、眼镜零售业
	4680	首饰及贵金属零售业
	4711	漆料、涂料零售业
	4719	其他建材零售业
	4729	其他燃料零售业
	4731	电脑及周边设备、软件零售业
	4732	精密仪器零售业
	4739	其他机械器具零售业
	4799	未分类其他零售业
	4791	中古商品零售业
	6292	典当业
	4811	电子购物及邮购业

GTAP 产业部门类	台湾行业标准分类	
	细类	各类名称
商品买卖	4812	直销业
	4819	其他无店面零售业
	9591	电器及电子产品修理业
	9599	未分类其他电器修理业
	9693	裁缝业
	5011	观光旅馆业
	5012	一般旅馆业
	5090	其他住宿服务业
	5110	餐馆业
	5120	饮料店业
	5191	饮酒店、啤酒屋
	5199	未分类其他餐饮业
运输仓储业	5310	铁路运输业
	5320	大众捷运系统运输业
	5331	公共汽车客运业
	5332	计程车客运业
	5333	一般汽车客运业
	5340	汽车货运业
	5390	其他陆商运输业
	5600	储配运输物流业
	5710	旅行业

GTAP 产业部门类	台湾行业标准分类	
	细类	各类名称
运输仓储业	5720	报关业
	5730	船务代理业
	5741	陆上货运承揽业
	5742	海洋货运承揽业
	5743	航空货运承揽业
	5750	陆上运输辅助业
	5761	港埠业
	5769	其他水上运输辅助业
	5770	航空运输辅助业
	5790	其他运输辅助业
	5801	普通仓储业
	5802	冷冻冷藏仓储业
	9640	停车场业
水上运输	5410	海洋运输业
	5420	内河及湖泊运输业
空中运输	5510	民用航空运输业
	5520	普通航空业
通讯服务业	5910	邮政业
	5920	快递服务业
	6000	电信业

GTAP 产业部门类	台湾行业标准分类	
	细类	各类名称
金融服务业	6211	"中央银行"
	6212	本地银行业
	6220	信用合作社业
	6230	农会、渔会信用部
	6240	信托投资业
	6250	邮政外汇业
	6291	票券金融业
	6293	信用卡业
	6294	金融投资业
	6295	民间融资业
	6296	融资性租赁业
	6299	未分类其他金融及辅助业
	6299	未分类其它金融及辅助业
	6311	证券商
	6312	证券投资顾问业
	6313	证券投资信托业
	6314	证券金融业
	6319	其他证券业

GTAP 产业部门类	台湾行业标准分类	
	细类	各类名称
金融服务业	6321	期货商
	6329	其他期货商
	6450	保险辅助业
	7401	投资顾问业
保险	6410	人身保险业
	6420	财产保险业
	6430	社会保险业
	6440	再保险业
	6490	其他保险业
工商服务	6611	不动产投资业
	6612	不动产经纪业
	6691	不动产管理业
	6699	未分类其他不动产业
	6721	汽车租赁业
	6722	船舶租赁业
	6723	货柜租赁业
	6729	其他运输工具设备租赁业
	6711	产业用机械设备租赁业
	6712	营造用机械设备租赁业
	6713	事务用机械设备租赁业
	6714	电脑及周边设备租赁业

GTAP 产业部门类	台湾行业标准分类	
	细类	各类名称
工商服务	6719	其他机械设备租赁业
	6731	运动及娱乐用品租赁业
	6732	影片及录影节目带租赁业
	6739	其他物品租赁业
	7201	电脑软件服务业
	7202	电脑系统整合服务业
	7209	其他电脑系统设计服务业
	7310	资料处理服务业
	7310	资讯供应服务业
	7321	网络资讯供应业
	8492	软件出版业
	7510	自然科学研究发展服务业
	7520	社会及人文科学研究发展服务业
	7530	综合研究发展服务业
	6911	律师业
	6912	代书事务服务业
	6919	其他法律服务业
	6920	会计服务业
	7000	建筑及工程技术服务业
	7101	室内设计业
	7102	集体电路设计业

GTAP 产业部门类	台湾行业标准分类	
	细类	各类名称
工商服务	7109	其他专门设计服务业
	7401	投资顾问业
	7402	管理顾问业
	7403	环境顾问业
	7409	其他顾问服务业
	7601	一般广告业
	7602	户外广告业
	7609	其他广告业
	7701	市场研究机民意调查业
	7702	摄影业
	7703	翻译服务业
	7704	兽医服务业
	7705	环境监测服务业
	7709	未分类其他专业、科学及技术服务业
	8750	艺人及模特等经纪业
	9201	人力供应业
	9202	保全服务业
	9203	微信服务业
	9204	建筑物清洁服务业
	9205	病媒防治业
	9206	影音业

GTAP 产业部门类	台湾行业标准分类	
	细类	各类名称
工商服务	9209	其他支援服务业
	9691	相片冲洗液
娱乐及其他服务业	7322	新闻供应业
	8491	有声出版业
	8510	电影片制造业
	8520	电影片发行业
	8530	电影片映演业
	8540	电影辅助业
	8610	广播业
	8620	电视业
	8630	广播电视节目供应业
	8710	技艺表演业
	8720	文学及艺术业
	8730	文艺服务业
	8741	职业运动业
	8742	运动场馆业
	8749	其他运动服务业
	8800	图书馆及档案保存业
	8900	博物馆、历史遗址及类似机构
	9001	游乐园业
	9002	视听及视唱业

GTAP 产业部门类	台湾行业标准分类	
	细类	各类名称
娱乐及其他 服务业	9003	特殊娱乐业
	9004	电子游乐场业
	9009	其他休闲服务业
	9610	洗衣业
	9620	理发及美容业
	9630	殡葬服务业
	9692	浴室业
	9699	未分类其他服务业
	9650	家庭服务业
公共行政、 教育医疗及 其他服务业	9811	政府机构
	9812	民意机构
	9820	防务事业
	7910	学前教育事业
	7920	小学
	7930	中学
	7940	职业学校
	7950	大专学校
	7960	特殊教育事业
	7990	其他教育服务业
	8110	医院
	8120	诊所

GTAP 产业部门类	台湾行业标准分类	
	细类	各类名称
公共行政、 教育医疗及 其他服务业	8191	卫生所及卫生室
	8192	医疗技术业
	8193	助产业
	8199	未分类其他医疗保健服务业
	8201	儿童机少年福利服务业
	8202	老人福利服务业
	8202	老人福利服务业
	8203	身心障碍者福利服务业
	8204	妇女福利服务业
	8209	其他社会福利服务业
	9301	废弃物清除业
	9302	废弃物处理业
	9303	废水处理业
	9309	其他环境卫生及污染防治服务业
	9410	宗教组织
	9421	工商业团体
	9422	自由职业团体
	9423	劳工团体
	9424	农民团体
	9491	政治团体
	9499	未分类其他组织

续表

GTAP 产业部门类	台湾行业标准分类	
	细类	各类名称
公共行政、教育医疗及其他服务业	9901	国际组织
	9902	境外领事馆
	9909	其他境外机构

参考文献

[1] [美] 安妮·克鲁格. 发展中国家的贸易与就业 [M], 李实, 刘小玄译, 上海: 上海人民出版社, 2015.

[2] 鲍晓华. 对台湾"产业空洞化"的检验——兼与台湾学者谢宽裕商榷 [J]. 世界经济研究, 2002, (4): 39—45.

[3] [美] 保罗·克鲁格曼, 茅瑞斯·奥伯斯法尔德. 国际经济学 (第五版)[M]. 海闻, 蔡荣, 郭海秋等译. 北京: 中国人民大学出版社, 2002.

[4] [英] 彼罗·斯拉法主编. 李嘉图著作和通信集 (第一卷)[M]. 郭大力, 王亚南译. 北京: 商务印书馆, 1962.

[5] 蔡昌言. 经济全球化对台湾劳工权益之影响——以劳工薪资变化为例 (1980—2000)[J]. (台) 台湾民主季刊. 2004, (3): 131—164.

[6] 曹小衡. 东亚经济格局变动与两岸经济一体化 [M]. 北京: 中国对外经济贸易出版社, 2001.

[7] 陈添枝. 台湾会发生产业空洞化吗?[J]. 中国论坛. 1988, (305): 78—80.

[8] 戴淑庚, 邓利娟. 两岸贸易对台湾经济影响的计量分析 [J]. 台湾研究集刊, 1998, (1): 1—11.

[9] 邓利娟. 台湾经济增长速度的新转变 [J], 厦门大学学报 (哲学社会科学版), 2002, (5).

[10] 邓利娟. 试析台湾"贫富型增长模式"的改变 [J]. 台湾研究集刊, 2005(3): 3—12.

[11] 邓利娟, 吴庆春. 当前台湾财政收支状况及发展趋势 [J]. 亚太经济, 2005(6): 54—56.

[12] 邓利娟. 台湾经济现状与前景分析 [J]. 厦门大学学报, 2006(3): 85—91.

[13] 邓利娟. 台湾经济从"奇迹"到"困境"发展过程的重新审视 [J]. 台湾

研究集刊 , 2009(2)：42—51.

[14] 邓利娟 . ECFA 与两岸金融合作双赢 [J]. 台湾研究集刊 , 2010(5)：46—56.

[15] [瑞典] 波特尔·俄林 . 区际贸易与国际贸易 [M]. 逯宇铎等译 . 北京：商务印书馆 , 1986.

[16] [美] 保罗·克鲁格曼 . 克鲁格曼国际贸易新理论 [M]. 黄胜强译 . 北京：中国社会科学出版社 , 2001.

[17] 龚明鑫 . 台湾失业率窜升的元凶 [J]. (台) 财讯 . 2001, (6): 273—276.

[18] 龚明鑫 . 进出口货品结构别复分类之修订 [R]. 台湾"财政部"委托研究计划 , 2004 年 .

[19] 顾莹华 . 对外投资对台湾就业的影响 [J]. (台) 经济前瞻 , 2002, (7): 63—66.

[20] 侯山林 . 正视日益严重的台湾失业问题 [J]. (台) 台经 . 2001, (3): 50—57.

[21] 洪蒉欣 . 台湾制造业厂商对外投资对母国公司劳动雇用之影响 [D]. 台湾政治大学行政管理硕士学程学位论文 , 2009 年 .

[22] 黄慈娴 . 海外直接投资与委外代工生产对生产力与工资的影响 [J]. (台) 中原学报 , 2005, 33(2): 289—304.

[23] 黄一玲等 . 近年来受雇员工薪资变动状况分析 [J]. (台) 主计 . 2006, (12): 68—75.

[24] 胡中祥 , 王其文 , 黄涛 . 两岸贸易对台湾总体经济影响的计量模型 [J]. 经济科学 , 2001, (1): 55—62.

[25] 胡少玲 , 刘旭 . 中国工业品贸易的就业效应 [J]. 财贸经济 . 2007(8): 88—95.

[26] 华晓红 , 郑学党 . 大陆和台湾产业内贸易研究 [J]. 台湾研究 , 2010, (3): 16—22.

[27] 江静仪 . 奥肯法则——台湾实证研究 [J]. (台) 经济论文 , 2006, 34(3): 355—389.

[28] 凯恩斯 . 就业、利息和货币通论 [M]. 北京：商务印书馆 . 1983.

[29] 赖文凤 . 经济全球化下台湾"产业空洞化"问题辨析 [J]. 台湾研究 . 2006, (3): 35—39.

[30] 李诚 . 入世后两岸失业问题及经济前景 [J]. (台) 远见 . 2001, (12):

176—1.

[31] 李非 . 台湾经济发展通论 [M]. 九州出版社 . 2004.

[32] 李非 . 海峡两岸经济关系通论 [M], 鹭江出版社 , 2008.

[33] 李嘉图 . 政治经济学及赋税原理 [M]. 郭大力 , 王亚南译 . 北京 : 商务印书馆 , 1962.

[34] 李仁耀 . 后两岸经济协议 ECFA 对高雄地区主力产业之影响评析 [R]. 台湾高雄应用科技大学研究报告 , 2010 年 .

[35] 李坤望主编 . 国际经济学 (第三版). 北京 : 高等教育出版社 , 2010.

[36] 李隆生 . 1991—2003 台商大陆直接投资对台湾经济的影响研究 [J]. 东南学术 , 2005, (4): 140—147.

[37] 林昱君 . 对大陆高出口一定高风险吗 ?[J]. (台) 经济前瞻 1995, (9): 52—57.

[38] 林祖嘉 , 黄启宏 . 对外投资与劳动结构调整 : 台湾的实证分析 [J]. (台) 人文及社会科学集刊 , 2006, 18(1): 171—214.

[39] 林武郎 . 台湾 "产业空洞化" 问题之再探讨 [J]. (台) 台湾经济论衡 , 2003, 1(4): 19—41.

[40] 林师模 , 杨琇如 . 双元劳动市场下产业结构转型与人力需求演变 [J]. (台) 亚太经济管理评论 , 2005, 9(1): 1—30.

[41] 林怡君 . 投资中国产业空洞化的思辨与拉锯 . (台) 台经 . 2006, (9): 82—90.

[42] 刘碧珍、史惠慈、杜巧霞 . 推动 ECFA 的经济思维 . (台) 经济前瞻 [J]. 2010, (1): 39—51.

[43] 刘震涛 , 王花蕾 . ECFA 与两岸产业合作研究 [J]. 福建论坛 (人文社会科学版), 2010 (9): 115—119.

[44] 刘瑞文 . 产业结构变迁对国内就业所得分配的影响 [J]. (台) 经济论文丛刊 , 2001, 29(2): 201—233.

[45] 苗坤龄 . 台湾地区受雇员工薪资变动趋势分析 [J]. (台) 主计 . 2005, (6): 63—70.

[46] 潘文卿 , 李子奈 . 台湾对祖国大陆经济的依存研究 : 一个基于联接模型的分析 [J]. 世界经济 , 2000, (12): 19—28.

[47] 潘文卿 , 李子奈 . 祖国大陆经济对台商直接投资的依存研究 : 一个基于联接模型的分析 [J]. 世界经济 , 2001, (10): 17—25.

[48] 瞿宛文.全球化与后进国之经济发展 [J]. (台) 台湾社会研究季刊，2000, (37): 91—117.

[49] 乔中珏，黄芳玫，罗竹平，吕雅茹.委外生产与研发投资对台湾薪资结构之影响 [J]. (台) 台湾经济论衡，2010, 8(11): 34—48.

[50] 邱秋莹.当前台湾失业率攀升之分析与对策 [J]. (台) "自由中国" 之工业 . 2002, (6): 1—44.

[51] 商务部.两岸经济合作协议研究报告摘要说明 [EB/OL], http: //www. mofcom. gov. cn/.

[52] 史惠慈，杨书菲，吴佳勋.ECFA 与台湾经济效益评估 [A]. 朱敬一主编 . ECFA: 开创两岸互利双赢新局面. (台) 财团法人两岸交流远景基金会，2009.

[53] 盛九元.ECFA 的后续发展：趋势、路径与步骤 [J]. 亚太经济，2012, (1): 126—130.

[54] 涂征，陈元勇.台湾产业升级过程中人力资源的开发 [J]. 亚太经济，2011, (1): 151—153.

[55] 台湾 "行政院主计处".产业管理表编制报告 [R]. 2006 年 12 月 . http: //www. stat. gov. tw.

[56] 台湾 "行政院主计处" 第八次行业分类报告 [EB/OL]. http: //www. stat. gov. tw.

[57] 王华.台商对祖国大陆投资与两岸贸易间的动态关系 [J]. 厦门大学学报，2008, (1): 77—84.

[58] 王涂发.解构 ECFA 神话 [N]. (台) 自由时报，2009 年 11 月 13 日 .

[59] 王峰，王博.台湾投资祖国大陆对岛内就业的影响——基于制造业的实证分析 [J]. 世界经济研究，2007(11): 73—88.

[60] 王燕飞，蒲勇健.中国对外贸易的劳动就业效应：贸易结构视角 [J]. 国际贸易问题，2009, (3): 10—19.

[61] 韦端.知识经济对失业与所得分配之影响 [J]. (台) "自由中国" 之工业，2002 (12): 22—42.

[62] 吴惠林.劳动力短缺与外籍劳工问题 [J]. (台) 台湾经济论衡. 1991, (3): 25—51.

[63] 吴忠吉.由经济发展历程看失业的问题 [J]. (台) 主计 . 2003, (3): 12—18.

[64] 吴荣义.台湾产业外移与产业空洞化的省思 [J]. (台) 台经 . 1990, (11):

18—21.

[65] 厦门市对台贸易促进中心编写 . 对台贸易手册 [M]. 北京：中国对外经济贸易出版社 , 2001.

[66] 谢宽裕 . 台湾产业外移与产业空洞化之检验 [J]. (台) 台湾经济金融月刊 , 1999, 35(8): 40—65.

[67] 辛炳隆 . 当前失业问题成因之探讨 [J]. 台湾中华研院社会问题研究推动会员会主办 . 2001 年 3 月 .

[68] 辛炳隆 . 全球化对台湾劳动市场之冲击 [C]. (台) 第四届人权保障工作研讨会 . 2010 年 9 月 .

[69] 台湾"行政院主计处" . 人力资源调查统计编制方法概述与名词定义 [EB/OL]. http: //www. stat. gov. tw/public/Data/871911671. doc. 2008 年 .

[70] 徐振明 , 林树明 . "国政"研究报告 . http: //www. npf. org. tw/. 2010 年 10 月 5 日 .

[71] [英] 亚当·斯密 . 国民财富的性质和原因的研究 [M]. 郭大力 , 王亚南译 . 北京 : 商务印书馆 , 1972.

[72] 叶日松 , 郭丽华 . 投资大陆对台湾经济的影响与展望 [J]. 中华管理评论国际学报 , 2006, 9(1): 1—33.

[73] 袁冬梅 . 对外贸易对中国收入差距的影响研究 . 华中科技大学博士学位论文 [D]. 2007.

[74] 喻美辞 . 南北贸易的技术进步效应与南北国家的就业变动 [D]. 厦门大学 , 2009.

[75] 于明宣 . 台湾失业率急剧上升的缘由 [J]. (台) 中国评论 . 2001, (8): 57—59.

[76] 余官胜 . 贸易开放的劳动力效应：基于中国数据的实证研究 [D]. 武汉大学 , 2010.

[77] 张光南 , 陈坤铭 , 杨书菲 . ECFA 对两岸三地的经济、贸易和产业影响——基于全球贸易分析模型 GTAP 的分析 [J]. 经济学 (季刊). 2012, 11(3): 873—891.

[78] 张燕生 . 国际金融危机对两岸经济合作的影响 [R]. 后 ECFA 时期两岸经济交流与合作研讨会 , 2010 年 9 月 .

[79] 张文檀 . 台湾失业问题研究：失业期间、双元劳动市场与一般均衡 [D]. 台湾文化大学经济研究所 , 2005.

[80] 张冠华 . 两岸经贸推动台湾产业升级和经济转型 [EB/OL]. http: //news. sina. com. cn/c/2006—03—24/09558519251s. shtml.

[81] 张圣英 . 自然失业率之研析——台湾地区之实证研究 [J]. (台) 台湾银行季刊 . 2004, (3): 264—288

[82] 张圣英 . 台湾地区失业率与经济变迁之研析 [J]. (台) 主计 , 2002, (7): 102—113.

[83] 张玉冰 . 两岸经贸关系发展特点及趋势 [J]. 北京联合大学学报 , 2007, 5(4): 40—43.

[84] 张冠华 . 后 ECFA 时期两岸经济关系发展方式的转变 [J]. 台湾研究 , 2010, (6): 12—18.

[85] 赵弘静 . 台湾地区高学历劳动力失业情势变迁之研究 . (台) 台湾经济金融月刊 , 1995, (9): 74—96

[86] 赵弘静 . 当前失业问题与因应对策 [J]. (台) 台湾经济金融月刊 , 2002, (6): 33—65.

[87] 赵晓霞 . 对外贸易、FDI 与中国城乡居民收入变化 [D], 浙江大学 , 2009.

[88] 台湾中华经济研究院 WTO 中心 . 两岸经济合作协议之影响评估 [EB/OL]. www. ecfa. org. tw. 2009 年 .

[89] 致理技术学院 . 因应东协加中、东协加日、东协加韩两岸签订 ECFA 对台湾就业市场之影响评估 [R]. 台湾"行政院劳委会"委托研究 , 2009 年 .

[90] 周添城 . 产业结构转变与产业空洞化 [J]. (台)"自由中国"之工业 . 1990, (10): 11—20.

[91] 周申、李春梅和谢娟娟 . 国际贸易与劳动力市场：研究述评 [J]. 南开经济研究 , 2007, (3): 107—123.

[92] 周申等 . 贸易结构与就业结构——基于中国工业部门的分析 [J]. 数量经济技术经济研究 , 2012, (3): 61—75.

[93] 庄宗明 , 黄梅波 . 两岸经贸合作研究 [M]. 北京：人民出版社 . 2007.

[94] 庄芮 , 张企申 , 华晓红 , 郑学党 . ECFA 早期收获全面实施对台湾产业之影响研究 [J]. 世界经济与政治论坛 , 2012, (5): 145—158.

[95] Acemoglu, D. Patterns of Skill Premium [J]. *The Review of Economic Studies*, 2003. Vol. 70(2): 199-230.

[96] Acemoglu, D. Why Do New Technologies Complements Skills? [J]. *The*

Quarterly Journal of Economics, 1998. Vol. 113 (4): 1055-1089.

[97] Arbache, J. S. Trade Liberalization and Labor Markets in Developing Countries: Theory and Evidence[A]. *The Institute for Applied Economics Research (IPEA)* , 2001. *Discussion Paper*, No. 853.

[98] Au, E. Hafez, Band Joly, P. *Technical Change and Demand for Labor in Canadian Manufacturing*[M]. *I*ndustrial Analysis Centre, Industry Canada, 2003.

[99] Baldwin, Robert E. and Cain, Glen G. Shifts in Relative U. S. Wages: The Role of Trade, Technology, and Factor Endowments[J]. *Review of Economics and Statistics*, 2000. Vol. 82(4): 580-595.

[100] Beaulieu, E. Benarroch, M. and Gaisford, J. Intra-industry Trade Liberation, Wage Inequality and Trade Policy Preferences. *University of Calgary, Department of Economics*, 2004. *Working Paper*, No. 6.

[101] Chang Hsiao-Chuan. International Trade, Productivity Growth, Education and the Wage Differential: A Case Study of Taiwan [J]. *Journal of Applied Economics*, 2003. Vol. 6 (1): 25-48.

[102] Chen Been-Lon and Mei Hsu. Time-Series Wage Differential in Taiwan: The Role of International Trade[J]. *Review of Development Economics*, 2001. Vol. 5(2): 336-354.

[103] Chen, T. J. & Ku, Y. H. The Effect of Foreign Direct Investment on Firm Growth: The Case of Taiwan's Manufacturers [J]. *Japan and the World Economy*, 2000. Vol. 12: 153-172.

[104] Chu, Yun-Peng. Equalization Effect of the Expansion of Labor-Intensive Exports: the Case of Taiwan [J]. *The Developing Economics*, 2001. Vol. 34(3): 235-66.

[105] Cuñat, Alejandro and Marc, Melitz. Volatility, Labor Market Flexibility, and the Patternof Comparative Advantage [A]. NBER, 2007. *Working Paper*, No. 13062.

[106] Davidson, Carl. Lawrence, Martin and Steven Matusz. The Structure of Simple GeneralEquilibrium Models with Frictional Unemployment [J]. *Journal of Political Economy*, 1988. Vol. 96 (6): 1267-1293.

[107] Davidson, Carl. Lawrence Martin and Steven Matusz. Trade and Search GeneratedUnemployment [J]. *Journal of International Economics*, 1999. Vol. 48:

271-299.

[108] Davis, D. R. Teehnology and Relative Wagesin A Global Eeonomy [J]. *European Economic Review*, 1998. Vol. 42(9): 1623-2633.

[109] Deardoff, A. V. and Hakura, D. S. Trade and Wages : What Are the Questions? [J]. In Bhagwati, J. , Kosters M. H. (eds.), *Trade and Wages: Leveling Wages Down* ? 1994: 76-104.

[110] Dutt, Pushan, Mitra, Devashish, and Ranjan, Priya. International Trade and Unemployment: Theory and Cross-National Evidence [A]. *Economics Faculty Scholarship, 2008. Working Paper, No. 68.*

[111] Dinopoulos, E. and Segerstrom, P. A Theory of North-South Trade and Globalization [A]. *Center for Economic Policy Research, Stockholm School of Economics, 2003.* WorkingPaper, No. 4140.

[112] Feenstra, Robert and Gordon Hanson. Foreign Direct Investment and Relative Wages: Evidence From Mexico's Maquiladoras [J]. *Journal of International Economics*, 1997. Vol. 42(3-4): 371-394.

[113] Feenstra, Robert and Gordon Hanson. Global Production Sharing and Rising Inequality's Survey of Trade and Wages [A]. *NBER*, 2001. *Working Paper*, No. 7.

[114] Findlay, R. Recent Advances in Trade and Growth Theory in M. G. Quibria (ed). Critical Issues in Asian Development: Theories, Experiences and Policies[M]. Hong Kong and New York: Published for the Asian Development Bank by Oxford University Press, 1995.

[115] Fisher, R. D. The Evolution of Inequality after Trade Liberalization [J]. *Journal of Development Economics*, 2001(66): 555-579.

[116] Flam, Harry and M. June Flanders. Heckscher-Ohlin Trade Theory [M]. *The MIT Press*, Cambridge, MA, 1991.

[117] Fan Simon. C and Cheung Kui-yin. Trade and Wage Inequality: The Hong Kong Case [J], *Pacific Economic Review*, 2004. Vol. 9(2): 131-142.

[118] Feenstra, R. C. and Hanson G. H. Global Production Sharing and Rising Inequality: A Survey of Trade and Wages [A]. In Fenestra, R. C. and Hanson G. H. (eds.), *Handbook of International Trade,* Amsterdam , North-Holland, 2003.

[119] Ge. Y. Regional Inequality, Industry Agglomeration and Foreign Trade:

The Case of China [M]. *UIBE. Mimeo*, 2004.

[120] Greenaway, D. Characteristics of Industrialization and Economic Performance under Alternative Strategies [M]. *Background Paper for World Development Report, Washington, D. C. World Bank*, 1987.

[121] Grossman G. The Employment and Wage Effects of Import Competition in the US [J]. *Journal of International Eonomic Integration*. 1987(2): 1-23.

[122] Grossman. G and Helpman, E. Innovation and Growth in the Global Economy [M]. Cambridge, MA: MIT Press, 1991.

[123] Hanson, G. H. and Harrinson, A. Trade, Technology, and Wage Inequality [J]. *Industrial and Labor Relations Review*, 1999(52): 271-288.

[124] Helpman Elhanan, Itskhoki Oleg and Redding Stephen. Trade and Labor Market Outcomes[A]. *National Bureau of Economic Research,* Inc. NBER, 2011. Working Papers, No. 16662.

[125] Helpman Elhanan. Labor Market Frictions as A Source of Comparative Advantage, with Implications for Unemployment and Inequality [A]. *National Bureau of Economic Research*, Inc. NBER, 2010. Working Papers, No. 15764.

[126] Helpman Elhanan, Itskhoki Oleg and Redding Stephen. Wages, Unemployment and Inequality with Heterogeneous Firms and Workers [J]. *National Bureau of Economic Research*, Inc. NBER, 2008. Working Papers, No. 14122.

[127] HelpmanElhanan, Itskhoki Oleg. Labour Market Rigidities, Trade and Unemployment[J]. *Review of Economic Studies*, 2010. Vol. 77(3): 1100-1137.

[128] Jones, R. W. A Three-Factor Model in Theory, Trade and History, *Balance of Payments and Growth* [M]. Amsterdam: North-Holland, 1971.

[129] Jones. R. W. and H. Kierzkowski. Globalization and the Consequences of International Fragmentation [C]. *Rudiger Dornbusch, Guillerm Caluo and Maurice Obsfeld. eds. Money. Faction Mobility and Trade: The Festschrift in Honor of Robert A. Mundell.* MIT Press, Cambridge, MA. 1998.

[130] Jones, R. And Ruffin, W. Trade and Wages: A Deeper Investigation [J]. *Review of International Eeonomies,* 2008. Vol. 16 (2): 234-249.

[131] Keller, Wolfgang. Do Trade Patterns and Technology's Flow Affect Productivity Growth? [J]. *The Word Bank Economic Review, 2000*. Vol. 14(1): 17-47.

[132] Krugman, P. Nowfor Something Completely Different: An Alternative

Model of Trade, Education and Inequality [A]. *In FeenstraR. C. (ed.), The Impact of International Trade on Wages, NBER,* The University of Chicago Press, 2000. 15-36.

[133] Krugman, P. Technology, Trade and Factor Prices [J]. *Journal of International Economics*, 2000. Vol. 50(1): 51-71.

[134] Krugman, P. A Model of Innovation, Technology Transfer, and the World Distribution of Income[J]. *Journal of Political Economy*, 1979. Vol. 87 (2): 253-266.

[135] Leamer, Edward E. What's the Use of Factor Contents? [J]. *Journal of International Economics,* 2000(50): 17-50.

[136] Lin, Chun-Hung. A and Peter F. Orazem. A Reexamination of the Time Path of Wage Differentials in Taiwan [J]. *Review of Development Economics*, 2004. Vol. 8 (2): 295-308.

[137] Li, Chol-Won. On the Policy Implications of Endogenous Technological Progress [J]. *Economic Journal, 2001*(111): 164-179.

[138] Moore, Mark P. and Ranjan, P. Globalizationvs. Skill-biased Technological Change: Implication for Unemployment and Wage Inequality[J]. *The Economic Journal*, 2005. Vol. 115 (503): 391-422.

[139] Xu, Bin. Endogenous Technology Bias, International Trade, and Relative Wages [J]. *Jouranal of International Economics*, 2001. 54(1): 112-147.

[140] Samuelson, Paul A. International Trade and the Equalization of Factor Prices [J], *The Economic Journal, 1948*. Vol. 58(230): 163-84.

[141] Santis, R. A. Intra-industry Trade, Endogenous Technological Change, Wage Inequality [J]. *International Economic Journal*, 2002(16): 59 -79.

[142] Slaughter, M. J. International Trade and Labor Market Outcomes: Results, Questions and Policy Options [J]. *Economic Journal*, 1998(9): 1452-1462.

[143] Rome, P. Endogenous Technological Change [J]. *Journal of Political Economy*, 1990. Vol. 98(5): 71-102.

[144] Rowthorn, Robert and Ramaswamy, Ramana. De-industrialization: Causes and Implications [M]. IMF Working Paper, 1997.

[145] Rowthorn, Robert and Ramaswamy, Ramana. Growth, *Trade and De-industrialization* [M]. *IMF Staff Paper*, 1999. Vol. 46 (1): 18-41.

[146] Stolper, W. F. , and Sanmuelson P. A. Protection and Real Wages [J].

Review of Economic Study, 1941(9): 58-73.

[147] Santis, R. A. Intra-industry Trade, Endogenous Technological Change, Wage Inequality [J]. *International Economic Journal*, 2002(16): 59-79.

[148] Schiff, M. , Wang, Y. , and Olarreaga, M. Trade-related Technology Diffusion and the Dynamics of North-South and South-South Integration [J]. *World Bank Policy Research Working Paper*, No. 2861, 2002.

[149] Thoenig, M. and Verdier, T. A Theory of Defensive Skill-biased Innovation and Globalization [J]. *The American Economic Review*, 2003. Vol. 93 (3): 709-728.

[150] Wood, A. Globalization and the Raise in Labor Market in Equalities [J]. *Economic Journal*, 1998(108): 1463-1482.

[151] Wood, A. How Trade Hurt Unskilled Workers [J]. *Journal of Economic Perspectives*, 1995. Vol. 9 (3): 57-80.